相互行為における
ディスコーダンス

言語人類学からみた不一致・不調和・葛藤

武黒麻紀子 編

ひつじ書房

目　次

会話の文字化記号　　　　　　　　　　　　　　　viii

序章　ディスコーダンスと言語コミュニケーション ……………… 1
武黒麻紀子

1. 本書の目的　　　　　　　　　　　　　　　　　1
2. ディスコーダンスをどうとらえるか
   　―人間の「社会性」の一側面として　　　　　2
3. discordance とディスコーダンス　　　　　　　5
4. 本書の構成　　　　　　　　　　　　　　　　17

第1部　日常体験としてのディスコーダンス

第1章　必然性としてのディスコーダンス
　　　　　在米日系企業における日米工員間の現場でのやり取りの事例
　……………………………………………………………… 31

砂押ホロシタ

1. はじめに―実践共同体における驚きとしてのディスコーダンス　　31
2. 調査現場―ミサキアメリカの事業展開と金型技術者の重要性　　33
3. データ収集の方法　　　　　　　　　　　　　　35
4. ディスコーダンスの事例
   　―プレス機の不具合とその原因についてのやり取りの分析　　35
5. ディスコーダンスの原因
   　―「素直に従え」の金型技術者と「説明が欲しい」工員たち　　47
6. 必然性としてのディスコーダンス　　　　　　　49
7. 結び―「驚き」から新しい常識へ常に発展途上の参与者たち　　53

第2章　ディスコーダンス現象の遍在性
台湾原住民族へのインタビューの場の語りから ……………… 61
荻原まき

1. インタビューにおけるディスコーダンス現象を探る―偏在性とは　61
2. コミュニケーションとしてのインタビュー
   　―言語人類学からのアプローチ　63
3. 社会記号論系言語人類学―「今ここ」と「過去」の語り　66
4. 台湾原住民族―歴史的、民族的、宗教的、言語的背景　67
5. 研究協力者とインタビュー分析―ディスコーダンスの射程　68
6. ディスコーダンス現象の偏在性
   　―多重的、動的であるコミュニケーション　78
7. 展望―ディスコーダンス分析とコミュニケーション研究　79

第3章　ゴシップに見られるディスコーダンスの分析
衝突に発展させないストラテジー ……………………… 83
山口征孝

1. 導入―ゴシップに見られるディスコーダンス分析の射程　83
2. ディスコーダンス現象を分析するための理論と概念　85
3. ゴシップのコンテクスト―実地調査の記録　94
4. 考察―ゴシップ分析から
   　ホワイト・マルチカルチュラリズム批判に向けて　102

第2部　見えにくいディスコーダンスと見えるディスコーダンス

第4章　調査者が構築するディスコーダンス
日本語母語話者女性による在日一世男性と韓国人女性の
戦争の記憶インタビューの分析 ……………………… 111
杉森典子

目次　v

1. はじめに―ディスコーダンスと言語イデオロギーの記号過程　　111
2. 歴史背景―今も続く日本列島と朝鮮半島の近代　　113
3. 韓国人の韓国語と在日の日本語についてのイデオロギー　　115
4. 戦争の記憶インタビューにおけるディスコーダンス　　117
5. おわりに―モノリンガル規範と言語的他者性が作り出す
　　様々なディスコーダンス　　131

第5章　ニュース・ディスコースにおけるディスコーダンス
語用・メタ語用としての翻訳の織り成す記号空間 ……………… 137
坪井睦子

1. ポスト冷戦期の世界とメディアの言語　　137
2. 言語実践としての報道と翻訳　　139
3. 記号間翻訳としてのニュース・ディスコース　　142
4. 国際ニュース・ディスコースにおけるディスコーダンス　　145
5. おわりに　　155

第6章　メタ語用としてのディスコーダンス
石垣島の「島と内地」の不一致を巡るコミュニケーション実践
……………………………………………………………………… 161

武黒麻紀子

1. はじめに―なぜ石垣島なのか？　　161
2. ディスコーダンス現象と理論的枠組み　　162
3. 『合衆国』な石垣島―多様性と差異化のはざまで　　164
4. 「島と内地」を巡る不一致が果たすメタ語用的機能の分析　　166
5. おわりに―小さな島にみるディスコーダンスが示す社会関係　　181

第7章　モノ、語彙、指標性
南太平洋の災因論的ディスコース ………………………………… 185

浅井優一

1.	序	185
2.	南太平洋の災因論	189
3.	アンディ・リティアを巡るディスコース	196
4.	「モノ」が喚起する文化的カテゴリーとその序列	202
5.	結―モノ化した指標性、ズレの形象化	208

第3部　社会記号過程としてのディスコーダンスと言語コミュニケーション

第8章　「荒らし」と相互忘却 ……………………………………………… 217
野澤俊介

1.	はじめに	217
2.	エスカレーション	218
3.	荒らし、群衆、おぞましいもの	219
4.	荒らしの記号的様相	222
5.	相互忘却―スルー、削除、放置、忌避	227
6.	おわりに	231

第9章　社会言語学とディスコーダンスの空間
葛藤と合意の絡み合いによる現代世界の編成と
プラグマティズムの原理 ……………………………………………… 237
小山亘

1.	導入―コミュニケーション論における「葛藤」と「合意」	237
2.	コミュニケーション研究の基底―プラグマティズムの コミュニケーション論における合意と葛藤	238
3.	社会記号論系言語人類学における合意と葛藤 ―適合性・適切さとその欠如、収束的適応と発散的適応	242
4.	コード・スイッチングに見られるディスコーダンス ―ミクロ・レベルでの不調和	245

5. 社会、および社会理論に見られる合意理論と
   葛藤理論との絡み合い―ミクロからマクロまで　　247
6. 社会言語学・方言学における「葛藤」
   ―相補的分裂生成と社会文化変容　　249
7. 二重意識―マイノリティ意識とその一般性・普遍性　　253

あとがき　　261
索引　　263
執筆者紹介　　265

会話の文字化記号

本書では、会話の文字化記号は Sacks et al. 1974 と Du Bois et al. 1993 を参考に、以下の方式とする。

[　]	発話の重複箇所
(0.0)	発話の途切れている間の秒数(0.1 秒単位)
=	発話が途切れなく続いている箇所
.	下降調イントネーション
,	発話の続くイントネーション
?	上昇調イントネーション
:	音の引き延ばし
@	笑い
下線	音量の増大や強勢・強調
XXX	不確かな聞き取り
((　))	注記

序章

ディスコーダンスと
言語コミュニケーション

武黒麻紀子

1. 本書の目的

　英単語の discordance は「不協和性、耳障りな音、不一致、不和、軋轢、（地層の）不整合」を意味する。本書では、この discordance（ディスコーダンス）という語を、言語・非言語的媒介を問わずコミュニケーション全般において一致や調和にない状態を指し示すメタ概念として提示し、言語コミュニケーションにおける「不調和・不一致・不協和・不整合」といったディスコーダンスの事例分析と理論的考察を展開する。

　本書所収の論文は、言語コミュニケーション実践に見られるディスコーダンス現象について、言語人類学的視座を共通軸に、相互行為の「今・ここ」の共時性に加え、歴史性やミクロとマクロを結ぶ全体性との関連で論じていく。努力や調整を試みても調和や協調が達成されない事例や、最初から調和を志向せず、むしろ不調和や不一致を求めているがゆえにどこまでも交わらず平行線をたどるようなディスコーダンス現象の事例を積み上げ、これまでディスコーダンス的な現象を探求してきた社会科学的な研究蓄積と社会記号論系言語人類学の理論的な枠組みとの接点を見出す理論的な論考を提示する。本書の目的は、（1）ディスコーダンスを発話出来事内部での扱いにとどまらず、そこから現代社会の特徴や言語イデオロギーを探るべく論じること、（2）記号過程としてのディスコーダンスを取り上げ、言語コミュニケーションにおける調和性や均衡の前提を再考すること、である。

2. ディスコーダンスをどうとらえるか
―人間の「社会性」の一側面として

　本書では、ディスコーダンスを、人間の「社会性」にかかわる現象として、また諸学（主には人文学・社会科学）を参照しながら言語コミュニケーションがかかわる「全体」の複雑な相互作用、歴史的な過程の一部として捉えることを試みる。

　地球上では、多くの生物が複雑な社会生活を営んでいる。よく知られている通り、人間と同様、猿や蟻、蜂などの集団にも階層構造や労働の分配組織があり、高度なコミュニケーション能力を駆使しながら、組織化された交通輸送やコロニー形成、そして時に戦闘も行う。人間とよく似た社会生活を送っているようでいながら、こうした動物と人間とが根本的に異なる点に、人間のもつ、特殊な社会的連帯を作る能力、「社会性」が挙げられる（Enfield and Levinson 2006）。ホモ・サピエンスである人間が、地球上の食物連鎖の頂点に立つことができたのも、この社会的な連帯を作ることができる社会性という特徴によるとすら言われている（Harari 2014）。

　人と人とが生活を営み、群れを成していけば、困難や難題にも突き当たる。その都度、それを乗り越え、より複雑な社会組織を構成し、維持していくためには協力体制を敷いていくことが欠かせないが、その過程では争いや衝突も出てこよう。人間の特徴でもある社会性とは、協力も衝突も不可避なものとして持ちあわせているからである。そして、そのどちらもが言語コミュニケーションと切り離して考えることはできない。

　言語学的にも、協力や連帯は無縁な話であるどころか、一部の下位分野はこれをもとに大きく発展したといっても過言ではない。言語コミュニケーションを、それを使って生活する者や社会とのかかわりで捉えていく社会言語学や語用論の分野では、その創成期でもある 1960 年代頃からたった 20 年ぐらいの間に次々と提示されて以来、今日まで頻繁に引用、援用され続けている理論的枠組みや概念がある。主なものとして、Gumperz（1964）やHymes（1974）のスピーチ・コミュニティ（言語文化共同体）、Grice（1975）の

「協調の原理」や「会話の公理」、そのグライスの論文が出版される前段階でグライスに触発されて生まれた Lakoff (1975) の「ポライトネスのルール」、これに端を発し Goffman (1967) を借用して誕生した Brown and Levinson (1987) の「言語的ポライトネスに関する普遍性理論」、やはりグライスを下敷きにした Leech (1983) の「ポライトネスの公理」や Sperber and Wilson (1986) の関連性理論が挙げられよう。他にも列挙すべき研究は多々あるが、言語コミュニケーションに関わるこうした一連の理論や考え方の根幹には、まさしく Grice (1975) の「協調の原則」が言及指示するが如く、協調や合意、共有、円滑なコミュニケーションへの志向が見られる (cf. Gal and Woolard 1995)。

こうした理論は、今となっては言うまでもなく、厳しい批判に晒されてきた。それは、西欧社会の一部の階層の話者に特化したような文化概念としての言語使用の原則を理論化したにすぎず、言語文化の多様性がごく限られた層の論理に埋没してしまったという根源的な問題による (Rosaldo 1980; Keenan 1976; Hymes 1986; 小山 2008; Hanks, Ide and Katagiri 2009; Senft 2016)。それでも、社会的に協力し連帯を作ることが、人間という種をほかの生物種から際立たせる特徴であるならば、言語使用を通じて人間が合意や協調に至るまでに着目し、その過程を詳らかにしようとする研究課題に、ここまで膨大な熱量が注がれてきたことも、ある程度は理解できよう。

しかし、冒頭で述べたように、協調、共生だけでは暮らせない。コインに表と裏があるように、同意や協調、協力の裏で、争いや意見の不一致、相反が生じていることは経験的事実であるし、一度こじれた争い事が和解や調停に至らず、泥沼化したまま膠着状態にあることの方が多いとさえ言われる (Grimshaw 1990)。あからさまな争いではなくても、当事者の誰かしらが、何らかの違和感をかかえて、窮屈な思いをしていることも多々あろう。それにもかかわらず、たとえば、社会言語学では、言語文化共同体 (スピーチ・コミュニティ) の概念ひとつをとっても、ある社会的ユニットにおける合意形成や解釈の共有にばかり注目してきた結果、その裏にある闘争や競争、疎外を生み出す過程が軽視されてきたという反省がある (Gal and Woolard

1995)。他方、社会科学的な立場から言語にまつわる諸問題を研究する分野では、争いや疎外、差異が生じる過程でのアイデンティティやイデオロギーの形成は長きにわたり中心的な研究課題の1つとなってきた(ibid.)。昨今は特に、危機言語や少数言語、ディアスポラ(難民・移民)をめぐる言語政策、言語使用に潜む差別やイデオロギーなど、政治色の濃い研究が次々と発表されている (Blommaert 2001; Hill 2008; Lempert 2012; Handman 2014; 岡本 2016 など)。人間がその歴史を通じて協力や共生によって前進してきた陰で闘争や疎外にも関わらざるを得なかったことを考えると、こうした研究の方向性もまた当然の帰結であろうと思われる。そして、その研究成果が持つ社会的な意義に、今以上に関心が向けられてよいのではないだろうか。

「ディスコーダンス」という聞きなれない概念を中心に編まれた本書は、このような社会科学で主流な研究動向と同じ潮流に乗り、これまでの語用論や社会言語学を批判的に捉え、新たな展開を生み出そうという意図を持っている。3節以降で詳しく説明するディスコーダンスとは、広くコミュニケーション全般において「一致や調和にない状態」を指す。卑近な例でいえば、個人あるいは集団間にみられるいざこざ、行き違い、不仲、不和、齟齬、対立となるし、昨今の情勢で言えば、地球規模で共生や調和を模索する動きの裏で加速しているようにも思われる衝突や分断、憎悪でもある。このようなディスコーダンス現象に遭遇したとき、見逃したり、あきらめたり、忘れようと努めたり、時間とともに自然と忘れたりする一方で、何かの契機にディスコーダンスが強く認識され、それが積もり積もって争い状態に移行していくこともある。各段階のコミュニケーション出来事の場では何が起きているのか、何を引き金に「不一致や不調和」が「対立や攻撃、闘い」へと激化していくのか、それが相互行為の過程でどのように交渉され、一応の安定状態に至ったり、至らなかったりするのか。言語コミュニケーションにおけるディスコーダンス現象の奥にどのような現代社会の特徴やイデオロギー、それを象徴する理由が潜んでいるのか。本書は、全体学的思考をもって、記号的な関係の相互作用や過程を実証的に探り、理論的に論じる試みである。

3. discordance とディスコーダンス

本節では、最初に英語の discordance の語の語源や意味を振り返る。そこから「ディスコーダンス」の定義に移行し、コミュニケーションにおけるディスコーダンス現象を先行研究や関連する概念を交えて紹介する。さらに、本書所収の論文で中心的に取り上げられる理論的枠組みの理念を説明し、本書全体が目指す方向を論じる。

3.1 discordance―語源と意味

discordance という語は、英語の会話でもあまり使われることがなく、英語話者以外にとってはなおさら聞きなれないと思われる。本項では、英単語 discordance の語源を遡って、それが現在意味するところを探ってみたい。

discordance という英単語は、the Oxford English Dictionary（以下、OED）によると、ラテン語の *discordāntia/discordāre* から来たもので、14 世紀半ばには使われていた。discordance には、ラテン語の *discordāre* を語源に持つ動詞 discord が含まれ、「非～、不～、逆の」という意味をもつ接頭辞 dis- が、heart（心、心臓、胸）を意味する cor-/cord- についている。本書が取り上げる名詞の discordance は、17 世紀頃までに 2 つの意味（1. The fact of being discordant: disagreement, want of concord, 2. Discord of sounds: harsh or dissonant noise）を有していた。以下がその用例の一部である。

> （1656）HOBBES *Liberty*, etc. The discordance between the action and the law.
> （1619）The whole concordance of the world consists in discordances.

現在の Merriam-Webster Dictionary を参照するに、discordance の意味は "1. lack of agreement or harmony, the state or an instance of being discordant, 2. discordant sounds or noise" であるから、OED に記された 17 世紀頃の意味を基本的に引き継いでいる。研究社新英和大辞典では、discordance は「（音の）

不協和性、耳障りな音、（感情などの）不一致、不和、軋轢、（地層の）不整合」とあり、当然ながら英語のそれに対応している。discordance の同義語には、conflict、struggle、controversy、antagonism、argument、contention、quarreling（係争、闘争、論議、敵対、議論、口論、論争、喧嘩）があることより、discordance は一致や調和にない状態だけではなく、対立的で相克的な争い関係も含みうる。

　要するに、discordance は、明示的には接頭辞 dis- が示す「一致、調和、協調、和合、協和の『逆』」を意味し、暗示的には同義語が表す闘争や競争を含意する「不一致、不調和、不和、相反、軋轢、不協和」の意味をもつ。これが 3.2 で述べる「ディスコーダンス」の定義の根底にあることをまずは記しておきたい。

　なお、「ディスコーダンス」というカタカナ語は、筆者が調べられた範囲では、統計的な手法の説明や報告内で使われる「ディスコーダンス優先（優越）指標」、「ディスコーダンス行列」、「ディスコーダンス集合」が圧倒的に多かった。

3.2　ディスコーダンス―本書での定義

　英単語 discordance とこれに関連する語彙の意味を踏まえたうえで、本項では関連する先行研究や概念を振り返りながら、本書が扱うディスコーダンス（以下、カタカナ表記とする）の輪郭を明らかにしていく。ラテン語由来の英単語 discordance を和語に直さずにカタカナで表すのは、メタ的な分析概念として新たに提示するにあたり、カタカナ語としても馴染みが薄く、使用頻度が低いことを逆手にとって、概念の新奇性を表したいからである。

　まず、本書におけるディスコーダンスの概念を再確認する。前項で見た通り、英単語の discordance は、人間を含む生物間のみならず、OED の用例にあるような事物、たとえば法律、音楽などさまざまな事柄間で、調和や一致にない状態、を指し示している。その定義の基本にあるのは、**あらゆる記号的な空間における事物と事物の間に、調和や一致がない関係性**である。特に言語コミュニケーションに焦点を当てている本書では、ディスコーダンス

を、「**言語コミュニケーションとそれに関わる社会文化的、記号的空間において、一致や調和、協調、和合、協和がない状態**」と捉える。ただし、既に3.1で述べたように、英単語 discordance の同義語が争いや論争の意味を強く含むため、ディスコーダンスは争いにある状態も含意する。しかし、「一致や調和にない状態」が必ずしも「争いにある状態」や「対立状態」とは限らない。日常のコミュニケーションの卑近な例でいえば、あとで思い返すと腹立たしさを感じたり、納得のいかない気持ちになったり、陰で文句を言ったとしても、コミュニケーション場面では相手への反対意見や対立を表明しなかったり、攻撃や口論を我慢し抑制した、ということもある。明らかな争いに至らなかったがために、相手はそうした背景を知らずにいるかもしれない。前述した本書でのディスコーダンスの定義が辞書的な意味にできる限り忠実であるために、闘争、口論、敵対的な状態を含んだり含まなかったりする余地がある点で、柔軟さを残していると思われる。

　ここからはディスコーダンスに関連する概念や用語を取り上げ、共通点や相違点をみながら、ディスコーダンスの概念と本書で取り上げようとするディスコーダンスの範疇を固めていく。強調しておきたいのは、本書が立脚する理論的枠組みの中心に据えられるパース記号論（3.4 参照）を含む社会科学の視点からも、ディスコーダンスやそれに深く関わる対立、不和、相克は長い間の主要な探求課題であったということである。この点に関しては、本書最終章の小山（第9章）が社会科学研究に見られるディスコーダンス的な現象と概念のもつ有効性を俯瞰的に論じているので、そちらに譲りたい。本章では、本書を手に取る研究者に、より馴染み深いと思われる談話分析や社会言語学、批判的談話分析、異文化コミュニケーション寄りの先行研究を中心に関連する概念に触れて、本書のディスコーダンスの捉えかたとその方向性を示したい。

　ディスコーダンスが意味する「不調和や不一致」とは向かうベクトルが真逆を指しているけれども触れておくべきものには、Grice（1975）の会話における「協調の原理」がある。グライスは、会話は基本的に協調性を志向する行為であるとして、4つの会話の公理（量・質・関連性・作法）を提示し、話

者が会話の目的や流れに沿って、公理を遵守した適切な発話をすることで円滑な会話が可能になると論じた。ディスコーダンスは「協調の原理」で対象外であった側面、つまり協調を志向しない言語コミュニケーションの諸側面にも焦点をあてようとしている点で、グライスとは全く異なる前提に立つ。日常言語哲学者として言及指示的機能を中心に考える言語観から逃れることができなかったとすら言われるグライスの議論の限界（Hymes 1986）に対し、言及指示的機能以外に言語がもつさまざまな機能にも注目し、人間の社会性による特徴のうちの1つを捉えるために、メタ概念であるディスコーダンスを提案する。

　次に、ディスコーダンスの語の意味にも迫る不一致（不同意）(disagreement) と対立・衝突 (conflict) に関する研究を通して、ディスコーダンスの概念を使って本書が捉えようとする範疇を考えてみたい。disagreement や conflict がなぜ起こり、言語やジェスチャーでどのように示され収束に至るのかという点は、沈黙や目線、体の向きなど相互行為上のあらゆる資源をもとに文化的要素も絡めて分析されてきた (Tannen 1981, 1998; Pomerantz 1984; Schiffrin 1984; Sacks 1987; Grimshaw 1990; Kakavá 1993; Mori 1999; Georgakopoulou 2001; 白井 2009; Angouri and Locher 2012; Sifianou 2012 他多数)。disagreement というのは、"an oppositional stance (verbal or non-verbal) to an antecedent verbal (or non-verbal) action" (Kakavá 1993: 36)（「先行するバーバル（あるいはノンバーバル）な行動に対する（バーバルあるいはノンバーバルな）反対のスタンス」）[日本語訳筆者] の定義が代表的で、より具体的には、「前で取られた見方との関連で、それに同意するよりも反対の立場にあること」[日本語訳筆者] ("stands in relation to a previously taken position and is in opposition rather than in agreement with it" (Angouri and Locher 2012: 1550) となる。disagreement が同意や一致ではなく反対の立場を指す点では、一致や同意の逆を意味するディスコーダンスと重なる。ただ、ここで参照した研究のほとんどが、言語やジェスチャー、体の向き、視線など参与者が五感を使って把握できる形で示された不同意や不賛成、反対を対象としていることからもわかるように、disagreement は主に言及指示内

容レベルで示された意見の相違や不同意を指す(ibid.)。明示的な不同意や反対がない場合は、分析上 disagreement とは捉えられてこなかった。相容れない要素がありながらも、明らかな不同意や反対がない不調和をも含むのがディスコーダンスとすると、ここに disagreement とディスコーダンスを同一と見なすことのできない理由がある。さらに、本書で捉えようとするディスコーダンスは、冒頭で述べた人間の社会性という視野から、それが社会実践を統制する機能を持ちうることを考慮に入れた点が特徴でもある。相互行為で観察される一回的出来事として微視的に分析されることが多かった disagreement の研究に対し、本書ではメゾからマクロへ広く社会文化的実践を規定しうる観点からディスコーダンス現象を取り上げるという違いがある。

　対立・衝突・葛藤(conflict)は、ディスコーダンスの同意語でもあるため、類似性が高い。対立に関するこれまでの研究では、前提として2人以上の個人や2つ以上のグループが対立(opposition)(Grimshaw 1990; Philips 1990)し、そこに対比(contrast)(Atkinson and Drew 1979)があり、時に争い(Simmel 1995 [1908])状態にあること、と捉えられてきた。対立が激化すると、言語コミュニケーション上での暴力(violence)や攻撃(aggression)を伴う場合もある(Grimshaw 1990; Kulick 1993; Briggs 1996; 野澤 本書第8章)。ここまでくると対立を緩和し、協調や調和、共存に向かっていくことは極めて難しく、事態の膠着化や泥沼化によって未解決のまま終わることが多いと論じられてきた。

　disagreement と conflict の概念と関連する研究を見渡すと、本書が定義するディスコーダンスは、conflict に似て争いや対立を時に含み、disagreement のような明示的な不同意・不一致でもある。しかし、conflict ほどの激しい攻撃ではなく、disagreement よりもさらに緩い不一致、たとえば明示的ですらなく、主観的な心理レベルでの調和や一致がない状態をも指すメタ概念と捉えられる。

　心理に触れたついでに、Goffman (1967) の discomfiture について簡単に述べておこう。ゴッフマンは embarrassment(当惑)を論じた中で、それを uneasiness(不安)や discomfiture(狼狽)とほとんど同じ意味(a continuum of meanings）で用いて、個人が社会的失態によって感じる心理状態ととらえた。ゴッフマンの考える当惑は、無意識のうちに出る行動や振る舞い（目や顔を伏せる、声が震える、赤面する、汗がふき出る）など目に見える形で示されるときもあれば、体調の変化（ふらつく、呆然とする、のどが渇くなど）のように当事者が主観的に感じとるものでもある。そして、狼狽の程度が軽ければ、「目に見える混乱、目に見えない混乱もあまりそれとわからない」（ゴッフマン 2002: 97）けれども、当惑や狼狽は、基本的に、不自然さ、不愉快さ、不安、冷静さの欠如、葛藤、対立などを生むとされている。当惑した個人とそれを目の当たりにした他人や集団が相互行為の中で感じ取る不快感や違和感をとらえた discomfiture（狼狽）・当惑は、ディスコーダンスの結果、生じてくる感情にも通じている。

　最後に、日々の社会的実践の１つとして取り上げられることが多くなったインポライトネスについて触れておきたい。インポライトネスは、ポライトネスから派生したメタ概念で、語用論研究では被引用回数が最大とされるBrown and Levinson（1987）のポライトネス理論との関連も深い（Lachenicht 1980; Culpeper 1996）。説明するまでもなく、ブラウンとレヴィンソンによるポライトネスは、フェイスの概念を軸に定義され、自分や相手のフェイスを尊重し、コミュニケーションを円滑に行うための言語行動を指す。インポライトネスは、その逆、すなわち相手のフェイスをある程度意図的に侵害する、あるいはそうした侵害行為が起こりうることを相手に気付かせるような失礼のある言語行動である（Culpeper 1996, 2008, 2010; Culpeper, Bousfield and Wichmann 2003; Bousfield 2008）。話し手に明確な攻撃の意図があるとされる無礼さ（rudeness）も含まれ（Kienpointer 1997）、インポライトネスは、コミュニケーション出来事が起きているコンテクストに照らし合わせて、慣習からあえて逸脱することで生じる「非協調的で競争的な言語行動」と考えられている（Kienpointer 1997; Limberg 2009; Terkourafi 2008）。ここで本項の目的に照らして強調しておきたいことは、インポライトネスがディスコーダンスと似て非なるものという点である。インポライトネスが、かなり意図的に「非」協調を目指した競争原理に基づく「話し手」による言語行動である

のに対し、ディスコーダンスは意図的に「非」協調を目指した「話し手」中心の競争に限定されない。けれども、参与者間で調和や一致もないという意味で「不」調和・「不」一致である。

3.1 で見た辞書の意味や類似概念と比較して、本書が定義するディスコーダンスは、コミュニケーション上の激しい衝突や攻撃よりも、漠然とした「調和や一致がない」現象全般をも**メタ的に言い表す分析概念**である。これまでの研究で扱われてきたコミュニケーションにおいて言及可能で明確な反対、対立、明示的な攻撃だけではなく、本書では、より暗に示され、奥に潜み、それゆえに見逃されかねない不一致や不調和にも、焦点を当てていく。3.3 では、より具体的に、コミュニケーションにおけるどのような現象がディスコーダンスと考えられるのか、関連する研究を簡単に振り返って説明する。

3.3　コミュニケーションにおけるディスコーダンス現象

日常のコミュニケーションで、完全な一致や完璧な調和が見られることはほとんどない (cf. Lakoff 1973; Kádár 2017)。しかも、一致を見ず、調和がなく、さらに対立や争いまでもが起きるのは、極悪非道な一部の人間の悪行に限られてはない。あらゆる集団や社会関係 (例: 親子、夫婦、友人・知人、カップル、親族、師弟、上司と部下、同僚、教師と生徒／保護者／保護者間、近隣住民、店員と客、聖職者と信者、政治家同士、指導者と大衆、赤の他人同士など) で、当事者たちは、ぎこちなさや違和感、意見のずれ、行き違い、不仲、喧嘩、対立、葛藤といった、ある種のディスコーダンスを経験している。言うなれば、ディスコーダンスは特殊でも稀有でもなく、社会生活上ユビキタスな存在として、私たちの近くにある現象なのである (Goffman 1967; Grimshaw 1990; 小山 本書第 9 章)。

ディスコーダンス現象は、コミュニケーションの比較的ミクロな語用レベルから、メタ語用や言語イデオロギーを介して、よりマクロな社会実践にいたるレベルまで「動的な記号作用の一環として」見出される。3.2 で述べた disagreement や喧嘩、議論に見られる闘争や対立のほかにも、たとえば、コ

ミュニケーション・アコモデーション理論（communication accommodation theory）には、自分の話し方を相手のスピーチスタイルや発音、ジェスチャーから別のものとして離していく分岐・逸脱（divergence）がある（Giles, Coupland, and Coupland 1991）。東（2009）は、ウェールズ語に否定的な態度を見せられたウェールズ語母語話者が、標準英語から突然ウェールズ語に切り替えて、自分の発音を相手の発音から遠ざけていった面接実験の事例を紹介している。これも、相互行為の「今・ここ」の参与者間の談話レベルに見られるディスコーダンス現象である。さらに、言語使用に対し、期待ないしは想定される語用ルールからの齟齬および不一致もある。分かりやすい例を挙げると、自分より目下の者や介護者や看護師が常体で話しかけてくることに対し、目上の人間や、被介護者や患者、その家族が、メタレベルで期待していた敬体使用または敬意表現を受け取ることができないためにおぼえる違和感や不快感がこれにあたる（cf. 岡本 2016）。談話レベルのディスコーダンスは、相互行為の「今・ここ」では、数多見受けられる。本書の第1章から第7章までの分析にも、このレベルでのディスコーダンス現象が見てとれる。

　ミクロな語用から少し視界を広げていくと、相互行為を通じて作られ、維持され、社会文化的実践を統制するような言語イデオロギーまたはメタ語用にかかわるディスコーダンスが見受けられる。日本の刑事裁判の法廷談話を分析した吉田（2011）は、ただでさえ法廷では法律家たちによる法言語と一般市民（被告人、証人、傍聴人など）の日常言語にもとづく異なる談話、メタ語用、そして解釈枠組みが同時に存在しているところへ、日本語を介さない被告人や法廷通訳が入ると、さらに別の言語文化の解釈枠組みが入り込んでくる複雑さを論じた。そして、訳出された外国語話者の発話が日本語のメタ語用を基準に解釈されるため、ここにディスコーダンスが生じることも浮き彫りになった。他にも日本語の敬語やいわゆる女性語・男性語の使用は、コンテクストに加えて話し手の属性や期待される役割を「反映した」語用規則に基づくと長らく論じられてきたが（Ide and McGloin 1990; 井出 1997; れいのるず 1993）、話者の言語使用を実証的に見ると規範と実践との間に乖離が

ある。このことから、個々の話者がもつ言語およびジェンダーにまつわるイデオロギーが伝統的に前提とされてきた言語イデオロギーと合致したり対抗したり、アイデンティティ形成の過程で交渉しあって個々の言語実践に結び付いているという議論に発展してきた（Okamoto and Shibamoto 2004; Nakamura 2014 ほか多数）。こうした分析は、ディスコーダンス現象が、人と人との関係性においてだけではなく、社会文化的実践を統制してきた言語イデオロギーやメタ語用といったレベルでも見られることを示している。空港で働くインド人従業員の英語を分析した Gumperz（1982）が、同じ英語話者でもイングランド人と比べてインド人は愛想が悪く非協調的との評価を受ける理由として、下降イントネーションによる異なるコンテクスト化の合図があると分析した研究も、語用レベルとメタ語用レベル双方のディスコーダンス現象を取り上げたものと解釈できる。本書所収の論文のうち坪井（第5章）、武黒（第6章）、浅井（第7章）が取り上げた例もこの類のディスコーダンスを映し出す。

　さらに、マクロな社会実践としてのディスコーダンス現象にもなると、言語や言語使用をめぐって生じる社会的不均衡や不平等にも繋がっていく。フランスの社会学者ブルデューは、世の中のさまざまな言語市場という場において、言語変種それぞれには社会階層や社会的地位といった力関係が反映されていて、変種間に差異や格差が生み出されていることを指摘した（Bourdieu 1991）。言語実践における不均衡や不平等は、教育制度を通じて次の世代へと引き継がれ、再生され、定着していくことで、それが社会組織の一部となっていく。このほか、近代化の過程でも、言語をめぐるディスコーダンス現象は顕著なものであった。近代国家の形成期は往々にしてナショナリズムや資本主義、軍国主義の台頭とも重なり、そこでは言語も重要な役割を担っていた。国語、公用語、標準語が認定され、国民国家を名実ともに盛り上げる威信言語としての力を有していく一方、それ以外の言語変種は、中央対周辺という構図に巻き込まれ、負の烙印を押されることもあった。日本の明治期以降の標準語励行や方言撲滅運動、方言変種消滅の進行、少数言語の言語権といった事例は言語をめぐる不均衡性を如実に示している

(cf. Anderson 1983; Crystal 2000; ましこ 2001; 宮岡・﨑山 2002; 砂野 2012 ほか)。また、公用語がないアメリカ合衆国での English-only Movement/Official English Movement やバイリンガル教育、エボニックス (Ebonics/African American Vernacular English (AAVE)) をめぐる国民的大論争も、(標準) 英語の覇権に対する AAVE あるいは移民の継承語、ネイティブ・アメリカン言語といった、言語 (あるいは変種) 間での対立に加えて、国としての結束や教育・就労面で圧倒的に有利な英語を優位と考えるか、はたまた移民国家としての寛容さや多様性に重きを置いて選択肢を持つべきか、といった言語イデオロギーのレベルでの不一致・不調和を示す事例である[1]。また、紛争で国を追われた難民や移民が避難先・移民先で直面する言語面での不平等、ヘイトスピーチや侮蔑的な発言、差別主義者でないと称する人間が無意識のうちに繰り返している差別発言の類も、不調和、不一致、対立が社会実践の一部ともなったディスコーダンス現象の最たるものである (Roberts 1992; Briggs 1996; Mey 2001 [1993]; Hill 2008; Blommaert 2001, 2010; 岡本 2016)。本書所収の野澤 (第8章)、小山 (第9章) が、こうしたマクロな点からディスコーダンス現象を暴き出す。

　このように、ディスコーダンス現象は、個々の参与者が感じる不一致や違和感、齟齬のようなものでありつつ、社会文化史的な軸をから見ると、それが言語使用を通じて作られ、繰り返されていった結果、イデオロギー的特徴を持って現代の社会文化的実践を統制している可能性が高いものであることが分かる。したがって、その分析にあたっては、「今・ここ」における一回的出来事のように見えて、そこに経験的な連続性があり、段階的に重なり合ったりしながら、全体が繋がったものとして包括的にとらえることのできるアプローチが必要となる (cf. 小山 2008; Carr and Lempert 2016)。本書では、それを社会記号論系人類学の理念に見出し、3.4 で説明する。

3.4　社会記号論系言語人類学の視座からみたディスコーダンス

　社会記号論系言語人類学は、現在ではアメリカ合衆国のシカゴ大学、ミシガン大学人類学部を拠点に、主に北米から発展、伝播してきている。その理

念は、小山 (2008) によれば、18 世紀のアレクサンダー・フォン・フンボルトの近代的な「宇宙誌」の思想に遡り、また同じドイツ生まれで 19 世紀後半北米に渡ってアメリカ人類学の礎を築いたフランツ・ボアスが実現しようとした「全体の学としての人類学」構想——全体性という理念的枠組みに規則性、形式性、個別性とを方法論的に結び付ける超越論的理念——がもとになっているという (024)。ボアスの弟子で詩学と文学の融合を目指したヤコブソンの「言語の 6 機能モデル」、ガンパーズやハイムズの「ことばの民族誌」がパース記号論とも呼応し、ヤコブソンの弟子シルヴァスティンによるコミュニケーション出来事を中心としたコミュニケーション・モデルの提示に至って、言語と社会・文化・歴史とを結びつけることのできる力強い理論的枠組みとして完成度が高まった (cf. シルヴァスティン 2009)。

　本書所収の論文は、程度の差こそあれ、この社会記号論系言語人類学の理念を共通軸に書かれている。執筆者によって、立ち位置や関わり方、分析に使う概念の取り上げ方は異なるため、以下では社会記号論系言語人類学が掲げる言語コミュニケーションの基本理念の概略を説明し、ディスコーダンス研究で、この理論が持つ有効性に絞って論じる。理論の詳細や解説は、文献 (Silverstein 1976; 小山 2008, 2009, 2011, 2012; 坪井 2013; 浅井 2017) を参照されたい。

　ボアス人類学やパース記号論が目指した全体性や包括性を視野に置く社会記号論系言語人類学では、言語をそれだけで独立した「システム」とは見なさず、人間、社会、文化、環境、宇宙といった全体 (holistic) と交わる中で位置づけていく。そして、言語には、何かについて何かを言う言及指示的機能と、何かを為し、何かについて指し示す社会指標的・相互行為的機能があるという前提にたつ (Silverstein 1976; 小山 2008)。科学的な学問分野としての近代言語学は、前者つまり言及指示的機能を主要な観察および分析対象としてきたが、言語人類学では、特に後者の社会指標的・相互行為的機能に注目する。言語が、それを使ってやりとりする人間や周囲の状況、社会文化、歴史との間を行き来して使われる過程で、言及指示や命題内容だけでなく、参与者のアイデンティティや社会関係などそこに無限に埋め込まれたコンテ

クスト情報を伝えるものであると考えるからである。そのため、社会記号論系言語人類学では言語がコンテクストの何かについて「指し示す」指標的機能を持っている点を核に、言語コミュニケーションを相互行為の「今・ここ」というオリゴに根差した動態的なものと捉える。

　パース記号論の「類像」や「指標」の概念をもとに、言語の持つ社会指標的・相互行為・詩的機能に目を付けた Jakobson (1960)、そしてシルヴァスティンによって精緻化された出来事中心のコミュニケーション・モデルをもってすれば、相互行為のある瞬間に起きた出来事は、無限に繋がる社会生活の一部として、またより広い社会文化史的なコンテクストとも（遠く）関わるものと捉えることができる。社会・文化史的コンテクストを射程に置いた言語人類学の視点を取り入れると、ミクロな「今・ここ」での出来事もメゾやマクロなより広いコンテクストに埋め込まれた一部であって、過去・現在・未来の間で双方向性を持ったものと考えることが可能となる。つまり、全体性・包括性をテーマとしたボアス人類学やパース記号論との連関がここに成り立つのである。

　ディスコーダンスは、言語の言及指示的側面に加え、本書の坪井（第5章）が力説する通り、人々のアイデンティティや力関係、感情が示される社会指標的側面で問題化することの多い現象である。また、相互行為の「今・ここ」を起点に一回的出来事であったディスコーダンスが積もり積もっていくとき、そこには時間という幅も関わっている。これまでの社会言語学や談話分析、会話分析では、共時的な分析が主流で通時性は重要視されてこなかったが（Blommaert 2010）、言語の指標性や類像性が社会文化や「史」的な状況とも強く結びついていることを前提とした社会記号論系言語人類学の枠組みには時間軸も必然的に組み込まれている。記号作用の一環としてのディスコーダンスを探求しようとする本書が社会記号論系言語人類学にその鍵となる理論的な立脚点を見出す理由はこうした点にある。

4. 本書の構成

　本書は、各事例がもつ個別性を重視しながら、そこに共通項や規則性、また言語コミュニケーション研究全般に向けた抽象性を探りつつ、ミクロとメゾ、マクロを繋げ、さらに人文学、文化科学、社会科学を結びつけていく最終章へと至って、全体として、本書が理論的に依拠する社会記号論系言語人類学の理念に近づこうとする形で構成されている。具体的には、それぞれが独立した研究を展開する 9 つの章を含む本書は 3 部構成からなる。**第 1 部「日常体験としてのディスコーダンス」**は、偶然にも異言語文化の接触を取り上げた 3 本の論考によって、ディスコーダンスが相互行為のどこにでも起こりうる日常的な体験であることが示される。この中では、ディスコーダンスを回避する最善の方法がなく対立が平行線のまま終わった事例や、ディスコーダンスの解決には至らないまでもトピックシフトやあいまいな返答によってそれ以上の衝突を避けディスコーダンスが頻繁にありつつも、調和に帰結した事例が紹介される。まず**砂押**は、在米日系製造企業の工場で働く日本人技術者と米人工員の意見が機械トラブルに関して全く噛み合わないまま終わったやり取りをもとに、協働作業の遂行過程ではディスコーダンスが必然的に現れることを分析する。参加者の（初期段階の）属性として日本人≒低い英語力≒高い技能・経験≒地位上、一方でアメリカ人≒ネイティブの英語力≒低い技能・経験≒地位下という構図は時を経て有機的に変化していく中で、参加者は常に、プラグマティズムでいう「驚き」(cf. 小山　本書第 9 章)を体験し続け、常に探検・学習を続ける発展過程の中にいる。したがって、当事者にとっては居心地が悪く、フラストレーションのたまる現象ではあっても、ディスコーダンスが避けて通れない日常的体験として現れてくる。続く**荻原**も、台湾原住民族へのインタビュー場面での語りから、ディスコーダンス現象の遍在性を指摘する。言わないほうがいいことを思わず言ってしまったという日常的に起こりうるディスコーダンスやコードスイッチングによってインタビュー枠組みそのものが崩れたフッティングの変化によるディスコーダンス現象の分析を通して、インタビューの話し手でも聞き手でもな

い撮影者の存在や、そこに居合わせた参与者らの歴史、民族、言語、宗教的背景が絡み合って「過去」が「今ここ」に縮図となって現れ、談話もディスコーダンスも多層的、動的に織りなされていることが示される。他愛もない日常会話の断片を見た**山口**は、そこでのゴシップ話内で多層的に現れるディスコーダンス現象を取り上げる。ゴッフマンの「儀礼としての相互行為」、及び相互行為が調和しているように見せるために発話者が用いる「如才なさ(tact)」(Senft 2009)の概念を使うと、日英語バイリンガルの豪州人3人が筆者に語った日本人女性に関するゴシップ内でディスコーダンスが起きたときの衝突回避のメカニズムが一貫性を持って説明できる。ここで示されるのは、ディスコーダンスをそれ以上深刻にしないために「儀礼的」如才なさを用いた非言及指示的・社会指標的意味の創造というストラテジーである。

第2部「見えにくいディスコーダンスと見えるディスコーダンス」は、言及指示レベルでディスコーダンスが明示化されない場合と明示化された場合とを分析した4本の論考からなる。最初の2論文からは、ディスコーダンスの不可視性によって、さらなる溝が生まれている可能性もあることが指摘される。その最初の事例は、1934年以前に生まれた人を対象に、記名とオンライン公開を前提とした戦争記憶についてのオーラルヒストリーのインタビューの一部を分析した**杉森**によって示される。杉森はこれまでに日本在住日本人と韓国人、米国在住の日系米国人、韓国在住の韓国人へのインタビューを行ってきたが、従軍慰安婦被害者や在日韓国人とのインタビューに際してはconflict(争い)も覚悟していたという。想定していたほどの衝突や対立は起こらなかったけれども、インタビューという会話出来事における参与者の関係性や歴史的背景からくるディスコーダンスがあるかもしれないことが示唆される。続く**坪井**は、国際ニュース報道の翻訳におけるディスコーダンスの不可視性という問題を取り上げる。ディスコーダンスは、語用・メタ語用としての翻訳という類像性(等価性)を指標的に創出するという記号過程に根差すため、そこで生じる言及指示的意味のずれよりも社会指標的意味のずれの方が大きくなり、ニュース・ディスコースにおいては社会指標的意味の再現にこそ困難が潜んでいることを論理的に導き出す。2001年米国同

時多発テロの首謀者とされるアルカーイダのウサーマ・ビン＝ラーディンが犯行を認めたとされる 2004 年のスピーチに関するニュース報道をもとに、社会指標的意味におけるディスコーダンスが明示化されにくいために、対立や衝突の芽を残す危険性があることを指摘する。

　第 2 部後半の 2 論文は、翻って、可視化されたディスコーダンス現象に着目する。ディスコーダンスが可視化されるとき、社会や文化を生み出す談話の過程としても、あるいは社会・文化的実践を統制する機能自体ともなることが示される。**武黒**は、石垣島での言語コミュニケーション実践の一部に、島と島外とを明示的に区別し、そこにディスコーダンスを見出す傾向があることを示す。そうしたディスコーダンスは、さらなる区別や差異化をもたらしネガティブなステレオタイプを増長していくことがある一方で、ディスコーダンス自体は解決なされなくても、それが問題の深刻化を防ぎ、参与者にある種の楽観さをもたらすことを例証する。言語コミュニケーションにおいて、調和や一致でなく、ディスコーダンスをあえて求めることで社会関係を次のよりき段階へと進めようとする実践を示す。次の**浅井**も、社会文化的な談話を生み出す過程としてのディスコーダンス現象、あるいは社会・文化の基底にディスコーダンスが存在することを、近年フィジー島で起きた出来事から炙り出す。現代フィジーでは、災厄や苦難の原因が説明される際、「現実（今ある状態）と真実（あるべき状態）に〈不一致〉がある」と考えられることが多い。その「真実（*dina*）」の所在は、政府保管文書、地域に語り継がれる神話、地域を統治する最高首長の存在など、実のところは不確かなもので、しかし「真実」自体は不問のまま、「現実と真実に不一致がある」とする談話、つまり「不一致なるもの」を可視化する行為自体が「真実（らしさ）」の所在とされる。浅井は、近年フィジー社会において儀礼の開催を巡って起こった対立や「民主化」と呼びうる政治的動向／言説を事例に、1)「一致／不一致なるもの」が人々の意識に上るようになる過程、2) 植民地期「以前」と「以後」という 2 つの社会文化的秩序の間に「一致／不一致」を見出そうとする談話が、現代フィジーを特徴付ける相互行為的ジャンルを成している点を指摘する。

第3部「社会記号過程としてのディスコーダンスと言語コミュニケーション」は、理論的な論考2本から成る。どちらも社会科学的な視座から、ディスコーダンスの記号的イデオロギーと、この概念が言語コミュニケーション研究に与える有効性を論じている。**野澤**は、オンラインでのコミュニケーション出来事を根拠にディスコーダンスが記号過程を成すことを導き出し、コミュニケーションのテロスの再考を直接的に促す。具体的には、「荒らし」と描写される現象を取り上げ、その記号的イデオロギーをメディアエコロジーに見出そうとする試みである。ここで野澤は、荒らしの「対称的分裂生成」と、その収束に向けた言語的・社会技術的方策―「スルー」、「放置」、「削除」、忌避―がどのような条件下で達成可能であるかに着目する。「不調和」や「不一致」が「調和」や「一致」を否定する対義概念以上に、コミュニケーションのテロスの前提としての一致・合意・調和ではなく、ディスコーダンスがそれ自身の社会記号的過程を形成していることを浮き彫りにする。最終章を飾る**小山**は、その独創的な理論展開により、ディスコーダンス現象を社会科学の歴史的文脈や研究蓄積の中に位置づけ、社会科学の諸分野の知見に依拠しつつ、プラグマティズム／社会記号論系言語人類学の理論的枠組みを用いてディスコーダンス現象の記述・解釈を試みる。まず、合意理論と葛藤理論という社会科学における2つの基礎的な志向性に言及したうえで、葛藤理論と、他方、プラグマティズム／社会記号論系の言語人類学の理論的枠組み、これら両者の間の親和性・連続性を確認する。それをうけて、言語人類学のみならず、コード・スイッチング（二言語併用）研究、ラボヴ系の古典的な社会言語学、方言研究、社会心理学（特にコミュニケーション適応理論）で探究されてきた葛藤、衝突、相克、分裂、発散、対立、対照などに関わる現象をディスコーダンスの範疇に収まるものとして相互に結びつけて記述・分析する。特に、文化人類学者ベイトソンの言う「相補的分裂生成」、言語学者ヤコブソンの詩的機能論に関わる「対照ペア」、社会学者／プラグマティスト／黒人活動家デュボイスの言う「二重意識」などに関する議論をディスコーダンスの概念を基軸に関連づける。そのうえで、デュボイスの言う二重意識を重要な参照項として展開されてきたアフリカ系アメリカ

人言語文化に関する諸研究をディスコーダンス研究の一翼を担うものとして再提示する。以上のように、葛藤（および、葛藤と合意との対立・絡み合い）に焦点を当て、それにまつわる、社会科学諸分野において探究されてきた現象をディスコーダンスに関わる事例として相互に結びつけて記述・分析することにより、現代社会の編成やそのコミュニケーション様態についての社会言語学的研究、より広くは社会文化の理論的探究においてディスコーダンスの概念が持ちうる有用性の一端を照射する。

　本書の事例研究では、ディスコーダンス現象が、そのまま個人や集団の中で収束したり、その回避や軽減、解消に向かっていく例もあれば、更なるすれ違いを生んでいく例、コミュニケーションの始めから調和や協調を志向することなく、それがどこに向かっているのかも分からないまま、時には事態が勝手に収束したり、忘却されていく例も示される。つまり、ディスコーダンスを本来コミュニケーションがあるべき調和や一致に欠いた「不完全な、理想的でない状態」ととらえるのではなく、それがあること自体、またそれを求めていくことまでもがコミュニケーションの前提となりうる可能性が示唆される。本書全体を通してみると、そうしたディスコーダンス自体が記号過程として成立し、またコミュニケーションの前提やテロスにもなりうることが、社会科学的な研究知見にも依拠して、導き出される。ディスコーダンスというメタ概念を軸に、執筆者それぞれが問いやデータを持ち寄り、パース記号論、フンボルト、ボアス人類学が標榜する「全体の学としての言語人類学」の理念に向かっていこうとする熱意を強く示すことができたと言ってよいであろう。

　葛藤（conflict）トークに関する論文を編集した Grimshaw（1990）がその序論で述べたと同様、本書に関わった執筆者たちは、協調や調和、共生を否定したいわけでも、対立や衝突を奨励したいわけでもない。ただ、言語コミュニケーションを人間・社会・文化・歴史との有機的な繋がりから議論していく際には、綺麗事や理想論だけでは済まない側面があることを冷徹に直視する必要性と、人間の陰の部分を炙り出すような言語コミュニケーション研究に、今以上に光が当てられてよいのではないかという思いを共有している。

混沌とした「現実」の中にディスコーダンスを突き止め、そこから、社会とは、人間とは、言語コミュニケーションとは、を探求していく挑戦は、これからも長く続くことになろう。

注

1 1996年カリフォルニア州オークランド教育委員会が黒人英語（Ebonics/AAVE）を独自の文法体系を持つ独立した言語と見なし、公立学校でAAVEでの授業を認めたことから火を噴いた。

参考文献

Anderson, Benedict. (1983) *Imagined Communities: Reflections on the Origin and Spread of Nationalism.* London: Verso.

Angouri, Jo and Miriam A. Locher. (2012) Theorizing Disagreement. *Journal of Pragmatics* 44: pp. 1549–1553.

浅井優一 (2017)『儀礼のセミオティクス―メラネシア・フィジーにおける神話／詩的テクストの言語人類学的研究』三元社

Atkinson, J. Maxwell and Paul Drew. (1979) *Order in Court: The Organization of Verbal Interaction in Judicial Settings.* Atlantic Highlands: Humanities Press.

東照二 (2009)『社会言語学入門（改訂版）―生きた言葉のおもしろさに迫る』研究社

Blommaert, Jan. (2001) Investigating Narrative Inequality: African Asylum Seekers' Stories in Belgium. *Discourse and Society* 12(4): pp. 413–449.

Blommaert, Jan. (2010) *The Sociolinguistics of Globalization.* Cambridge: Cambridge University Press.

Bourdieu, Pierre. (1991) *Language and Symbolic Power* (John B. Thompson, ed.; translated by Gino Raymond and Matthew Adamson). Cambridge: Polity Press.

Bousfield, Derek. (2008) *Impoliteness in Interaction.* Amsterdam: John Benjamins.

Briggs, Charles. L. (1996) *Disorderly Discourse: Narrative, Conflict, and Inequality.* Oxford: Oxford University Press.

Brown, Penelope, and Stephen C. Levinson. (1987) *Politeness: Some Universals in Language Usage.* Cambridge: Cambridge University Press.

Carr, Summerson E. and Michael Lempert. (2016) *Scale: Discourse and Dimensions of Social*

Life. Oakland: University of California Press.

Crystal, David.（2000）*Language Death*. Cambridge: Cambridge University Press.

Culpeper, Jonathan.（1996）Towards an Anatomy of Impoliteness. *Journal of Pragmatics* 25: pp. 349–367.

Culpeper, Jonathan.（2008）Reflections on Impoliteness, Relational Work and Power. In Derek Bousfield and Miriam A. Locher.（eds.）*Impoliteness in Language: Studies on its Interplay with Power in Theory and Practice*, pp. 17–44. Berlin and New York: Mouton de Gruyter.

Culpeper, Jonathan.（2010）Conventionalised Impoliteness Formulae. *Journal of Pragmatics* 42: pp. 232–245.

Culpeper, Jonathan, Derek Bousfield and Anne Wichmann.（2003）Impoliteness Revisited: With Special Reference to Dynamic and Prosodic Aspects. *Journal of Pragmatics* 35: pp. 545–579.

Enfield, Nick and Stephen C. Levinson.（eds.）（2006）*Roots of Human Sociality: Culture, Cognition and Interaction*. Oxford: Berg.

Gal, Susan and Kathryn A. Woolard.（1995）Constructing Languages and Publics: Authority and Representation. *Pragmatics* 5（2）: pp. 129–138.

Georgakopoulou, Alexandra.（2001）Arguing about the Future: On Indirect Disagreements in Conversations. *Journal of Pragmatics* 33: pp. 1881–1900.

Giles, Howard, Justine Coupland, and Nikolas Coupland.（1991）Accommodation Theory: Communication, Context, and Consequence. In Howard Giles, Justine Coupland, and Nikolas Coupland.（eds.）*Contexts of Accommodation*, pp. 1–68. Cambridge: Cambridge University Press.

Goffman, Erving.（1967）*Interaction Ritual: Essays on Face-to-Face Behavior*. New York: Pantheon Books.（ゴッフマン・アーヴィング　浅野敏夫訳（2002）『儀礼としての相互行為―対面行動の社会学新訳版』叢書・ウニベルシタス、法政大学出版局）

Grice, Paul H.（1975）Logic and Conversation. In Peter Cole and Jerry L. Morgan.（eds.）*Syntax and Semantics 3*, *Speech Acts*, pp. 41–58. New York: Academic Press.

Grimshaw, A.（1990）*Conflict Talk*. Cambridge: Cambridge University Press.

Gumperz, John.（1964）Linguistic and Social Interaction in Two Communities. In Benjamin Blount.（ed.）*Language, Culture and Society* 14, pp. 283–299.

Gumperz, John.（1982）*Discourse Strategies*. Cambridge: Cambridge University Press.（ガンパーズ・ジョン　井上逸平・出原健一・花崎美紀・荒木瑞夫・多々良直弘訳『認知と相互行為の社会言語学―ディスコース・ストラテジー』松柏社）

Handman, Courtney. (2014) *Critical Christianity: Translation and Denominational Conflict in Papua New Guinea*. Oakland: University of California Press.

Hanks, William F., Sachiko Ide, and Yasuhiro Katagiri. (2009) Introduction: Toward an Emancipatory Pragmatics. *Journal of Pragmatics* 41(1): pp. 1–9.

Harari, Yuval Noah. (2014) *Sapiens: A Brief History of Humankind*. Vintage.（ハラリ・ユヴァル・ノア　柴田裕之訳（2016）『サピエンス全史―文明の構造と人類の幸福』河出書房新社）

Hill, Jane H. (2008) *The Everyday Language of White Racism*. Malden, MA: Wiley-Blackwell.

Hymes, Dell. (1974) *Foundations in Sociolinguistics: An Ethnographic Approach*. Philadelphia: University of Pennsylvania.

Hymes, Dell. (1986) Discourse: Scope Without Depth. *International Journal of the Sociology of Language* 57: pp. 48–89.

Ide, Sachiko, and Naomi Hanaoka McGloin. (eds.) (1990) *Aspects of Japanese Women's Language*. Tokyo: Kuroshio.

井出祥子編（1997）『女性語の世界』明治書院

Jakobson, Roman. (1960) Closing Statement: Linguistics and Poetics. In Thomas A. Sebeok. (ed.) *Style in Language*, pp. 350–377. Cambridge, MA: MIT Press.

Kakavá, Christina. (1993) *Negotiation of Disagreement by Greeks in Conversations and Classroom Discourse*. Ph.D. Dissertation, Department of Linguistics, Georgetown University.

Kádár, Daniel. (2017) *Politeness, Impoliteness, and Ritual: Maintaining the Moral Order in Interpersonal Interaction*. Cambridge: Cambridge University Press.

Keenan, Elinor O. (1976) The Universality of Conversational Postulates. *Language in Society* 5(1): pp. 67–80.

Kienpointner, Michael. (1997) Varieties of Rudeness: Types and Functions of Impolite Ttterances. *Functions of Language* 4-2: pp. 251–287.

小山亘（2008）『記号の系譜―社会記号論系言語人類学の射程』三元社

小山亘（2009）「シルヴァスティンの思想―社会と記号」シルヴァスティン・マイケル『記号の思想　現代言語人類学の一軌跡―シルヴァスティン論文集』pp. 11–233. 三元社

小山亘編（2011）『近代言語イデオロギー論―記号の地政とメタコミュニケーションの社会史』三元社

小山亘（2012）『コミュニケーション論のまなざし』三元社

Kulick, Don. (1993) Speaking as a Woman: Structure and Gender in Domestic Arguments in a New Guinea Village. *Cultural Anthropology* 8(4): pp. 510–541.

Lachenicht, Lance G. (1980) Aggravating Language: A Study of Abusive and Insulting Language. *International Journal of Human Communication* 4: pp. 607–88.

Lakoff, Robin. (1973) The Logic of Politeness: Or Minding Your P's and Q's. In C. Corum, T. C. Smith-Stark, & A. Weiser. (eds.) *Chicago Linguistic Society* 9, pp. 292–305.

Lakoff, Robin. (1975) *Language and Woman's Place*. New York: Harper & Row.

Leech, Geoffrey, N. (1983) *Principle of Pragmatics*. London: Longman.（リーチ・ジェフリー・N　池上嘉彦・河上誓作訳(1987)『語用論』紀伊国屋書店）

Lempert, Michael. (2012) *Discipline and Debate: The Language of Violence in a Tibetan Buddhist Monastery*. Oakland: University of California Press.

Limberg, Holger. (2009) Impoliteness and Threat Responses. *Journal of Pragmatics* 41: pp. 376–394.

ましこひでのり(2001)『イデオロギーとしての「日本」―「国語」「日本史」の知識社会学』三元社

Mey, Jacob. L. (2001 [1993]) *Pragmatics: An introduction, 2nd edition*. Oxford and Malden, Mass.: Blackwell.

宮岡伯人・﨑山理編(2002)『消滅の危機に瀕した世界の言語』明石書店

Mori, Junko. (1999) *Negotiating Agreement and Disagreement in Japanese: Connective Expressions and Turn Construction*. Amsterdam: John Benjamins.

Nakamura, Momoko. (2014) *Gender, Language and Ideology: A Genealogy of Japanese Women's Language*. Amsterdam: John Benjamins.

Okamoto, Shigeko and Janet Shibamoto Smith. (eds.) (2004) *Japanese Language, Gender and Ideology: Cultural Models and Real people*. Oxford: Oxford University Press.

岡本真一郎(2016)『悪意の心理学』中公新書

Philips, Susan U. (1990) The Judge as Third Party in American Trial-Court Conflict Talk. In Allen D. Grimshaw. (ed.) *Conflict Talk*, pp. 197–209. Cambridge: Cambridge University Press.

Pomerantz, Anna. (1984) Agreeing and Disagreeing with Assessments: Some Features of Preferred/Dispreferred Turn Shapes. In J. Atkinson and John M. Heritage. (eds.) *Structures in Social Action*, pp. 57–101. Cambridge: Cambridge University Press.

れいのるず秋葉かつえ(1993)『おんなと日本語』有信堂高文社

Roberts, Celia et al. (1992) *Language and Discrimination*. London: Longman Publishing.

Rosaldo, Michelle Z. (1980) *Knowledge and Passion: Ilongot Notions of Self and Social Life*. Cambridge: Cambridge University Press.

Sacks, Harvey. (1987) On the Preferences for Agreement and Contiguity in Sequences in Conversation. In G. Button and J. R. E. Lee. (eds.) *Talk and Social Organization*, pp. 54–69. Clevendon: Multilingual Matters.

Schiffrin, Deborah. (1984) Jewish Argument as Sociability. *Language in Society* 13 (3): pp. 311–335.

Senft, Gunter. (2009) Trobriand Islanders' Forms of Ritual Communication. In Gunter Senft and Ellen B. Basso. (eds.) *Ritual Communication*, pp. 81–101. New York: Berg Publishers.

Senft, Gunter. (2016) The Trobriand Islanders vs H. P. Grice: Kilivila and the Gricean Maxims of Quality and Manner. 第 41 回応用言語学講座公開講演会　名古屋大学大学院

白井香織(2009)「不同意の間接的発話行為に関する異文化比較研究―日本語とアメリカ英語の場合」『千葉商大紀要 47』pp. 8–101. 千葉商科大学

Sifianou, Maria. (2012) Disagreements, Face and Politeness. *Journal of Pragmatics* 44 (12): pp. 1554–1564.

Silverstein, Michael. (1976) Shifters, Linguistic Categories, and Cultural Description. In Keith H. Basso and Henry A. Shelby. (eds.) *Meaning in Anthropology*, pp. 11–55. Albuquerque, NM: University of New Mexico Press.

シルヴァスティン・マイケル(2009)『記号の思想　現代言語人類学の一軌跡―シルヴァスティン論文集』小山亘編　三元社

Simmel, Georg. (1995 [1908]) Conflict. In Kurt Wolff. (ed. and trans.) *Conflict and the Web of Group affiliation*, pp. 11–123. New York: Free Press.

Sperber, Dan and Deirdre Wilson. (1986) *Relevance: Communication and Cognition.* Oxford: Basil Blackwell. (内田聖二・宋南先・中達俊明・田中圭子訳 (1999)『関連性理論―伝達と認知』研究社)

砂野幸稔(2012)『多言語主義再考―多言語状況の比較研究』三元社

Tannen, Deborah. (1981) "New York Jewish Conversational Style." *International Journal of the Sociology of Language* 30: pp. 133–149.

Tannen, Deborah. (1998) *The Argument Culture: Moving from Battle to Dialogue*. New York: Ballentine Books.

Terkourafi, Maria. (2008) Toward a Unified Theory of Politeness, Impoliteness, and Rudeness. In Bousfield, D., and Locher, M. A. (eds.) *Impoliteness in Language: Studies on its Interplay with Power in Theory and Practice*, pp. 45–74. Berlin and New York: Mouton de Gruyter.

坪井睦子(2013)『ボスニア紛争報道―メディアの表象と翻訳行為』みすず書房

吉田理加 (2011) 「法廷談話実践と法廷通訳―語用とメタ語用の織り成すテクスト」『社会言語科学』第 13 巻 第 2 号 pp. 59–71.

第1部
日常体験としてのディスコーダンス

第1章

必然性としてのディスコーダンス
在米日系企業における日米工員間の現場でのやり取りの事例

砂押ホロシタ

1. はじめに―実践共同体における驚きとしてのディスコーダンス

　本章ではディスコーダンスの事例として、在米日系製造企業（以下ミサキと呼ぶ）の現場で繰り広げられた日本人技術者とアメリカ人工員間のやり取りのビデオ映像・聞き取り調査・参与観察のデータを分析する。1997年のフィールドワーク当時、ミサキは設立12年目の北部工場（以下、北部）と、立ち上げて8ヶ月の南部工場（以下、南部）があったが、筆者は北部で聞き取り調査と現場観察、南部で4ヶ月にわたる参与観察、現場のやり取りのビデオ録画、聞き取り調査を行った。この2ヶ所でのデータから、共時的・通時的両方の検証を試みる[1]。

　Sunaoshi（2005）では、異文化コミュニケーションにおける参与者を歴史的行為者とみなす重要性を説き、同フィールドワークのデータで、お互いの言語理解度が非常に低い参与者同士が、それにもかかわらずコミュニケーション方略を駆使して協働作業を成し遂げていく様と、その歩み寄りの動機付け、あるいは歩み寄りを可能にした歴史的・社会的要素を幾つか提示した。それに対して本章では、両者間のやり取りで見られたディスコーダンスの側面に着目する。とはいえ武黒（本書序章）も述べている通り、「うまくいった事例」と対極の現象としてではなく、コミュニケーションがリアルタイムで起こっていく中で起こるべくして起こった、協働作業遂行への過程の1つとして捉える。

プラグマティズムにおいては、ディスコーダンスは参与者がコミュニケーションで遭遇する出来事、すなわちこれまでの自分の中で前提化されてきたものとは異なる対象に対する「驚き」の１つと捉え、これが参与者の探求・学習・習慣化をもたらす思考を生むとしている（小山　本書第９章）。当該現場においてディスコーダンスはまさにこの「驚き」との遭遇から表出したものと言え、参与者が協働作業を遂行し進歩を遂げていく中で必然的に現れ、経験される過程である。そしてその進歩の過程とは継続的なものである。なぜなら理解とはしたか、しないかの白黒でなく、生きていく中で知るべきことと無視することを選ぶ技の（Wenger 1998: 41）繰り返しの過程であるからだ。ミサキで言えば、話題の主要テーマを理解し見失わないことが最重要で（Sunaoshi 2000; 砂押 2002）、他の例えば語用関連のことは優先順番が低かった。

　そして本章では、この過程が起こっていた工場現場を実践共同体（Community of Practice）と捉える。社会言語学に初めてこの概念を紹介した Eckert and McConnell-Ginet（1992: 464）によれば、実践共同体とは何かの試みのために協働で従事する人の集まりであり、協働の試みの過程の中から実践が生み出される、という。端的に言えば社会的学びの過程によって定義されたドメインであり（Meyerhoff and Strycharz 2013: 430）、そこでは迅速な情報伝達、その共同体独特の道具や内輪話の存在、専門用語や仲間内の言い回し、すぐ本論に入ることのできる状況などが観察される（Wenger 1998: 125–126）。ミサキの工場はまさにこの条件にぴったりと当てはまる場である。「社内では目指していることは同じだし、よく使う言葉も限られている。だからしばらくすれば何が起こっているか見当がつくようになる。でも知らない人がいきなり（英語で）話しかけてきたら何を言っているのかわからない」（岸）。「だからこそ渡米して１年そこそこの技術者でも仕事ができる。それでも問題があったら、現場に行って見せればいい。双方から理解したい気持ちがあるからできるんだ」（宮田）。

　本章でもう１つ触れたい概念に（社会言語学的）尺度・物差しの問題（problems of scale）を挙げる。Carr and Lempert（2016）は社会学関連の分野で、あ

る意味使い古された尺度をお決まりのように分析で使用し続けることを問題視しており、当事者たちが自ら形成する尺度を実証的に見ていく必要性を説く。本章の参与者は自動車の車体パネルを製造する工場で働く日本人とアメリカ人であるが、このようなやり取りは異文化コミュニケーションと認識され、その人の国籍、この場合なら日本人対アメリカ人だということを分析用物差しにしてきがちであった。あるいは関連して、使用言語と参与者の言語習熟度、つまりこの場合だったら英語がネイティブか、あまり喋れないかを主尺度とするのである。そしてこの2つの尺度以外はあまり考慮に入れられてこなかった。しかし実際はその実践共同体において、どのような尺度が構築され重要視され使用されているのかを見ていかなければやり取りの背景や結果を正しく理解できないであろう。ミサキで最も重要視されていた尺度は何と言っても金型を修繕する技能である。本章で検証するディスコーダンスのやり取りも、この尺度の持つ重要性に深く関連している。

2. 調査現場—ミサキアメリカの事業展開と金型技術者の重要性

　日本に本社を持つミサキは中小企業に位置付けられ、国内外の有名自動車メーカーの車体製造（ドア、ボンネットなど）で業績を伸ばし、業界では定評ある下請け会社だった。車体製造に優れるということは、言い換えればその車体をプレスする金型を作り[2]調整する技術に長けているということである。12年前にMidwestと呼ばれる米国北部にミサキアメリカを設立し、幾つものメーカーのプロジェクトを抱える工場が稼働していた。さらに今回は、ある欧州系自動車メーカー（以下、Euro Car）の新車モデル発売に先立ち、Deep Southと呼ばれる米国南部にあるEuro Carの組み立て工場近くに工場を設立していた。筆者がアシスタント業務の傍らフィールドワークの許可を得て4ヶ月滞在したのは[3]、この新車の大量生産を間近に控え試作品の製造と金型調整に緊迫した空気もしばしば流れる最終段階の時であった。

　高品質の車体製造のために必要不可欠なのが金型技術者の技である。1枚の車体パネル（例えば右前ドア）を作るのには、5対（雄型と雌型のペア）の金

34 第1部 日常体験としてのディスコーダンス

型を数十トンの力がかかるプレス機にはめ込み、1枚のスチール板を順次プレスしていく。技術者に言わせると、その過程はあたかも「1枚の折り紙を全くシワのない3Dの形に仕上げる[4]」ことに似ていて、その複雑な形状形成のため、5回に分けてプレスしなければならない。大量生産に見合う品質の車体パネルが全て整うには2年ほどかかるのが普通である。技術者は5回プレスされて出てきた車体パネルの不具合（シワやヒビなど）を見て、5対のうちどの対のどこを調整すればその問題が解決されるのか判断し、修繕（研磨したりなど）する。熟練技術者の手はパネルの表面をなぞることで0.1mmほどの誤差も感じ取ることができる[5]。彼らは高校または専門学校卒業後現場叩き上げでこの技を積み上げてきた。

　ミサキが海外工場設立に乗り出してからは、この金型技術者たちを何名か送るのが必須になった。国際ビジネスの分野で長く認識されているように、多国籍企業がこの技術移転、つまり本社の持つ技術を現地にうまく移転できるかどうかが成功の鍵の1つとなる（Doz, Santos, and Williamson 2001; Kotabe, Martin, and Domoto 2003; Sunaoshi, Kotabe, and Murray 2005）。ミサキの場合、金型技術者を長期滞在（数ヶ月から数年）させ、経験の浅い現地工員を指導しつつ金型調整を行わせていた。

　英語力は非常に低い金型技術者がほとんどで、出向命令が出発の数ヶ月前に出されてから「高校卒業以来初めて勉強というものをし（＝付け焼き刃で英語を学び）」渡米した、という話はよく耳にした。一方現地で雇われた工員も、地元の高校あるいは専門学校卒業で、たまたま仕事の口を探していたという者がほとんどで、日本語や日本文化についての知識は皆無のようであった。このような状況で上記のような、0.1mmまでの誤差を正していかなければならず、同時に未経験者を教育し、しかも常に迫る納期に間に合うよう仕事を遂行していくためのコミュニケーションで、参与者たちがジェスチャー（Sunaoshi 2000; 砂押 2002）やユーモア（Sunaoshi 2004）を駆使して協働作業を可能にしていたのだが、行き違いや困難もまた日常茶飯事であった。

3. データ収集の方法

　本章では、参与観察、聞き取り調査[6]、ビデオ録画された現場でのやり取りの会話分析を主な調査方法とした。ビデオ録画は金型保全部とプレス部で行われた。金型保全部では前述の金型の調整が行われ、プレス部では5対の金型を使って車体をプレスしていたが、工場内のこの2部署で日米工具間が最も頻繁に協働作業をしていた。ビデオ録画は筆者が現場に馴染んだフィールドワーク後半に、この2部署で働く日本人またはアメリカ人数名にお願いして主資料提供者になってもらい、その人がコードレスマイクを装着していつものように作業するのを、筆者が1、2時間カメラを持って追いかけながら録画した。本章ではその中の1つを詳細に観察する[7]。

　ビデオ録画では、最初の数分こそカメラを意識した場面も見られたが、すぐに目の前の作業や問題に夢中になり、筆者とカメラの存在は忘れられていた場合がほとんどだった。

4. ディスコーダンスの事例
—プレス機の不具合とその原因についてのやり取りの分析

　この項では、ビデオ録画された日本人技術者と米人工員間のやり取りの1つに着目して分析していくが、ディスコーダンス現象以外の部分の言語的・非言語的特徴について簡単に断っておく。まず米人工員による簡略化した様式（simplified register）[8] の使用、話題を管理する映像的ジェスチャーの双方からの多用（Sunaoshi 2000; 砂押 2002）、英語力が極めて限られている日本人技術者のブロークンな英語、と同時に業務関連の単語（本例では modify、production、fix）は英語力に関わらず全員が承知しており頻出した（Sunaoshi 2002, 2005）ことなどであるが[9]、これらについては既に他で論じているので詳しい説明は割愛する。

サイドウォールの問題[10]

参与者：
I 石毛（金型保全部技術者）
R ロブ（金型保全部工員）
D ディック（プレス部長）
M マックス（プレス部工員）
W 若宮（機材部出向者）

　この例の参与者は金型保全部の石毛とロブ、プレス部のディックとマックス、機材部の若宮である。石毛は長期出向者の1人で、渡米後約8ヶ月経っており、同時期に渡米した技術者の中では比較的英語ができる方であった。ロブもほぼ同期間金型保全部で働いてきた工員で、おそらく日本人の技術者数名と日々働き様子がわかっているということと人柄から日米工員間のやり取りの仲介役（interactional mediator）の役割を度々することが他の例の分析からもわかっている（Sunaoshi 2005）。ここでも石毛とプレス部の2人の間を行ったり来たりする様子が観察された。ディックはプレス部長で、2人のうちではより経験があり権限も持つ。マックスは若手の工員である。若宮は工場内の機械等設備の整備を行う機材部の出向者だ。

図1　石毛とロブが不具合のあるパネルを一緒に触っている。（3行目）

第1章　必然性としてのディスコーダンス　37

((RとIが不具合のあるパネルのところまで歩いてくる。))

01. R:　　[do you know this problem?

　　　　　〈腰を下ろし、不具合部分を指差し、触る〉

　　　　　(この不具合知ってます？)

02. I:　　[〈腰を下ろし、同じ部分を触る。他の部分も触る〉

03.　　　　((RとIは黙ってパネル表面を触り続ける。))

04. I:　　(now)＝＋＋　〈パネル全体を指差す〉

05. R:　　　　＝Iを見る

06. I:　　many oil.＝　　　　　　(xxx)＝

　　　　　(オイル多い)

07. R:　　　　＝{ }{ }　　　　　　＝uh: I don't know

　　　　　　　　　　　　　　　　(ええと、わからないけど)

08. I:　　I think eh inner/ inner area,＝　　　{ok.}{ }

　　　　　　　　　〈内側を指差す〉

　　　　　(内側、内側のエリアは大丈夫)

09. R:　　　　　　　　　　　　＝{ }

(10.0)

10. I:　　material　＋＋＋ too much oil.

　　　　　　　　〈人差し指でパネル表面を数回こする〉

　　　　　(材料(＝スチール板)、オイルが多すぎる)

11. R:　　{ }

　　　　　立ち上がる＝

12. I:　　　　　　＝立ち上がる

13.　　　　((RとIはプレス部に向かい、到着する))

　このやり取りの前に、サイドウォールと呼ばれる車体パネルの不具合につ
いて、プレス部の2人がロブに報告している。次にその具合を見てもらお
うと、ロブがプレス部に置かれた不具合のあるパネルのところに石毛を連れ
て行き、この不具合について知っているかを聞いている(1行目)。石毛はこ

れに応答し、無言のままパネルを手で触り始め、ロブも一緒に触り出す。この動作は金型保全部の工員にとってはごく普通のものだ。6行目で石毛は、問題の原因を「many oil（オイルが多い）」と言っている。しばらくして10行目で石毛が「too much oil（オイルが多すぎる）」と改めて断言している。ロブは頷き、2人は立ち上がりプレス部の2人のところへ向かう。

図2　左からロブ、マックス、石毛。パネルを指差す石毛に対してマックスが首を振っている。（22–24行目）

16. R:　well he's saying something about the oil.
　　　　（石毛はオイルのことを何か言っている）
17. M:　ain't got no oil (on that side)
　　　　〈I を見て、首を振る〉
　　　　（オイルなんか（そっち側には）ないよ）
18. D:　nothing.
　　　　（全然ない）
19. M:　nothing. no oil.
　　　　〈I の方を向く　I の方に少々歩み寄る〉
　　　　（全然ない。オイルはない）
20. I:　〈M の方に歩み寄る〉

第1章　必然性としてのディスコーダンス　39

21. M:　no oil on that side

　　　　〈I の方を向いて〉

　　　　(そっち側にはオイルはない)

22. I:　〈パネルを見て、M と R を見る〉(but the first panel,)

　　　　　　　　　　　　　　　　　〈パネルを指差す〉

　　　　　　　　　　　　　　　　　(でも最初のパネルは)

23. M:　no　　　　　the first panel (ʼs done)

　　　　〈首を振る〉

　　　　(いや、最初のパネル(は終わってる))

24. I:　[really?

　　　　〈パネルを指差し、体を半分パネルの方に向ける〉

　　　　(本当に？)

25. M:　[{yeah} (xxx)

　　　　(ああ)

…

31. M:　righ/ left handʼs worse + left handʼs worse.

　　　　〈不具合部分を指差す　I を見て頷く〉

　　　　(右、左の方がひどい、左側の方がひどいんだ)

32.　　((M と I はお互いから再び体を離し不具合部分を見始める。R も見ている))

33.　　((I はパネルの前に腰を下ろし、M は立ち去る))

34. R:　〈I の脇に座る〉　oil is turned off=

　　　　　　　　　　　　(オイルは止めてある)

35. I:　　　　　　　　　　　　=R を見る

36. R:　no 〈ʼthatʼs itʼ (終わり)のジェスチャー〉　no oil.

　　　　(ない)　　　　　　　　　　　　　(オイルはない)

37. I:　〈R を見る〉　no oil?

　　　　〈パネルを指差す〉

　　　　(オイルはない？)

38. R:　{ }

39.　　((IとRはパネルをもう一度見る))
40. I:　　若宮.〈立ち上がる〉

図3　不具合のあるパネルの前に戻り、石毛に説明するマックスと
2人の間に立つロブ。（30–31行目）

　16行目でロブがディックとマックスに向かって、石毛は何かオイルの問題だと言っていると伝える。するとすかさず17行目でマックスが「ain't got no oil（オイルなんかないよ）」と返している。18行目でディックも「nothing（全然ないよ）」と同意し、マックスはさらに19行目で強い調子で「nothing, no oil（全然オイルはない）」と断定している。どうもオイルが原因というのは、この2人にとってありえない、という様子だ。
　22行目で石毛は最初のパネルについて何か言おうとするが、すぐ、「それは問題ない、もう完了している」とマックスに遮られる。31行目でマックスは、左側の方が不具合がひどい旨を石毛に説明している。オイルが原因と言うなんて、石毛がまだ問題をよく把握していないと思っての付加説明と思われる。石毛はかがんでパネルを検証し始め、残りの3人はその場を離れる。
　次にパネルを検証している石毛にロブが「oil is turned off（オイルは止めてある）」（34行目）とプレス部の2人が言ったことを伝えている。そして36

行目で念を押して「no oil」と断定的に言っている。これに対して石毛は上昇イントネーションでただ「no oil」とロブの言ったことを繰り返し、あとはパネルを見続ける。そして 40 行目で「若宮」と言い、若宮の助けを借りに立ち上がる。

その後ここには記載していない 20 行の間に起こったことは以下のとおりだ。若宮がやってきて、石毛と 2 人で問題について話し合っている。同時にプレス部の 2 人とロブもパネルを見たりプレス機をチェックしたりしながら問題について話し合っている。（しかし双方間のやり取りはない。）この録画時点でマイクを付けていたのはロブだったので、石毛と若宮の会話は聞こえなかった。しかし後で確認したところ、石毛が言っていたオイルとは、パネルを前のプレス機から次のプレス機にスムーズに動かすためのローラーに長い間蓄積したオイルのことだと言う。長い間に蓄積したものなので、簡単に抜けない。これをどうやって処理するかを若宮と 2 人で話しあっていたと言う。つまり、日本人技術者の言っているオイルとはプレス部工員が量を調節できるオイルとは別物ということになる。2 組はそれぞれ違うオイルの話をしていたのだが、お互いにそれはわかっていない。

62. I:　〈ローラーを指差しつつプレス機に歩み寄る〉（xxx）modify modify

　　　　　　　　　　　　　　　　　　　　　　　　（XXX 修正、修正）

63.　　（（R と D と M の 3 人は I を見る））

64. I:　modify=

　　　（修正）

65. D:　　　　={they'd} better

　　　　　　〈険しい表情で、機材部を指差しながら〉

　　　　　　（しなきゃダメだ）

66. I:　（xxx）modify

　　　　〈ローラーを指差す〉

　　　　（XXX 修正）

42 第1部 日常体験としてのディスコーダンス

67. D: they'd better

〈機材部を指差す。険しい表情〉

（しなきゃダメだ）

68. M: （how are =they modifyin'）

（どうやって修正するんだ）

69. D: =they'd better

（しなきゃダメだ）

　米人工員3名が問題を話す中で、ディックはロブに、車体を収めている
自動車メーカー Euro Car が、この問題が数ヶ月解決していないので次の生
産サイクルまでに解決するよう通達してきた、と伝えている。ディックはプ
レス部長として、Euro Car からの要請と現場の問題の間でプレッシャーを
常に受けて仕事をする立場だ。そこへ若宮との話が終わった石毛がやってき
て3人の話に割って入る形で「modify, modify（修正、修正）」と言っている
（62行目）。若宮との会話の内容を顧みると、ここで石毛が本当に言いたかっ
たことは「we must modify the roller（ローラーを修正しないといけない）」あ
るいは「Wakamiya will modify the roller（若宮がローラーを修正するから）」
といったようなことではないかと考えられるが、石毛はただ「modify,
modify（修正、修正）」とだけ言っている。これに対しディックは機材部の
方を指差しながら、「they'd better」という、彼らがやらないことにはどうし
ようもない、といった非常に強い言い方をしている（65行目）。この時の
ディックの表情は真剣で声は厳しい調子である。そして同じことを67、69
行目で繰り返している。

70. I: uh yeah but: now Wakamiya say ++ now modify, but: <u>oil</u> too much.

（ああ、そうだけど、今若宮が言ってる、今修正。でも、オイルがありすぎる）

71.   （（間。DとMは理解できない様子でIを見る。フラストレーションの表情））

72. M: [〈首を振る〉

73. D: [don't think so (like) <u>before</u> there was more

〈首を振る〉   〈'more' のジェスチャー〉

（違うだろう。だって前はもっとあった）

74. M: last time there was more

（前回はもっとあったんだ）

75. D: I think it's (xxx) uh: (xxx)? (xxx)?   that's the oil

〈R を見る〉〈I にうなずく〉

（XXX ええと XXX だと思うよ？　そのオイルだ）

76. I: ああ? +++

〈疑っている表情で〉

77. D: very very small

（すごくすごく少ない）

78. I: but look like eh too much.

〈フィーダーとローラーを指差す〉

（でも多すぎるようだよ）

79. D: 〈理解できないという表情で I の指差す方を向く。首を振る〉

80. M: 〈フィーダーとローラーを一瞥し、D と I を見、首を振る〉

ここで 70 行目に、石毛がもっと詳しく説明するのだが、そこで先程言った「oil too much」の主張を再度述べている。これを聞いてディックとマックスは「何を言っているんだ」とでも言わんばかりのフラストレーションのたまった表情で石毛を見返している（71 行目）。マックスは無言で首を振り（72 行目）、その後の数行でディックとマックスが、前に比べてオイルはない、そんなはずはない、という主張を繰り返している。それにもかかわらず、78 行目で石毛の反応は「but look like eh too much（でも多すぎるみたいだけど）」である。ついに 79 行目と 80 行目で 2 人は「わからない」と言った表情で無言で首を振っている。

44　第1部　日常体験としてのディスコーダンス

89. I:　Wakamiya say modify modified=
　　　　（若宮は修正する、修正した、って言っている）
90. R:　　　　　　　　　　　　　　　　={yeah}〈耳をIの方に向ける〉
91. I:　but: +〈'twisting' ジェスチャー〉oil〈ローラーの動き〉oil
　　　　　　　　　　　　　　　　　　　　　　　　　　〈手を前に動かす〉
　　　　oil (xxx) uh: oil too much　　　　I said "why" "oh yeah yeah yeah"
　　　　　　　〈床のパネルを指差す〉〈若宮のいる機材部を指差す〉
　　　　（でも、オイル、オイルが多すぎる。「なぜ」と言ったら「ああ、はいはいはい」って）
92. R:　{ } uh Press people, they say narrow maximum
　　　　　　　　　　　　　　　　　〈両手で圧力をかけるジェスチャー〉
　　　　pressure=　=cannot=
　　　　（プレス部の連中は最大圧力を制限しているから　ありえない、って）
93. I:　{ }　　=yeah=　　=because〈ローラーを指差す〉modify.
　　　　　　　　　（ああ　だって　修正）
94. R:　{ }=　　　　　　　　　　　　={ }
95. I:　　=they are not understand,=
　　　　　　〈プレス部を指差す。苦々しい表情〉
　　　　　　（あいつらはわかってない）
96.　　（（RとIは不具合のあるパネルのあるところに戻る））
97. R:　uh: Dick + says + Euro Car said must fix
　　　　〈パネルを指差す〉　　　　〈不具合部分を指差す〉
　　　　+ before + next + production
　　　　　　　　　　〈手を回す〉（（滑舌の良いクリアな発音で））
　　　　（ディックが言うには、Euro Carが次の生産までに直せって言ってるって）
98. I:　(xxx) production=　　　(xxx) production?=
　　　　〈機材部を指差している？〉
　　　　(XXX 生産、XXX 生産？)
99. R:　　　　　　　　={ }　　　　　　　　　={ }

100.I: uh: ++ really?

〈思案している〉

（ええ、本当？）

101. （（2人は後ろを向く））

102.R: {yeah}〈パネルの方を再び向く〉this time ok

〈パネルを軽く指差す〉

but next time + must be <u>fixed</u>=　　I don't know

（ああ、今回はいいけど、次回までには直せって。よくわからないけど）

103.I: 　　　　　　　　　　　　　　　=｛ ｝

　ディックとマックスは持ち場に戻り、沈黙を守っていたロブは、同じく持ち場に戻り始めた石毛を追いかける。ロブに気づいた石毛は91行目で「でもオイルが多すぎる」と再び述べ、非常に拙い言い方で、おそらく若宮がそのことを承知しているというようなことを伝えているようだ（89、91行目）。それに対しロブは、プレス部の連中は、オイルのレベルを最小限にしているので、オイルが原因のはずはないと言っているんだ（92行目）、と補足説明を試みる。が、95行目でついに、石毛がプレス部を指差しつつ、苦い表情で「they are not understand（わかってない）」と言っている。ここでロブは会話の矛先を変え、先程ディックから聞いた、Euro Car が次の生産サイクルまでにこの問題を修正するよう迫っていることを伝える（97行目）。このミサキ全体の優先事項を聞き、石毛は即反応している（98、100行目）。

104. （（RとIはパネルから離れる。途中、IはWともう1人の日本人技術者に会う。3人の会話は聞こえない。3人はプレス機の前まで来て止まる。しばらく沈黙の後、WとIが話し出し、一部聞き取れる。））

105.W: ただ + わからないけど :

〈プレス機を見ながら〉

106.I: 連中は直せっつってるから/ 型も直せなんて言われた（んすよ:）

（（怒った声で））

107.W: ほんと

108.I: 今は(xxx)　ベストな状態になるんだ: なんか(それでも xxx)
　　　　　　　　　〈米人的大きなジェスチャー伴う話し方を真似しながら〉

109.W: 〈苦笑い、向きを変えて歩き出す〉一応取りあえず見に行った方がいいよ

110.　　((W達がその場を離れる。I はそれを見送りながらずっと脇に立って待っ
　　　　ていた R の方を向く。R は I に近づいていき、注意を払っている様子))

111.I: Wakamiya say { } { } "sorry" { }
　　　　(若宮は「悪い」って言っている)

112.R: oh he he he he @
　　　　(ああ、ははは(笑))

113.　　((R と I はプレス機を見る))

114.I: 〈ローラーを指差す〉(now) very wet
　　　　　　　　　　　　((今)すごく濡れている)

115.R: { } is he going to fix?
　　　　(若宮は直すの？)

116.I: yeah { } maybe
　　　　(うん、かなあ)

117.R: now?
　　　　〈プレス機を指差す〉
　　　　(今？)

118.I: {yeah}
　　　　(うん)

(3.0)

119.I: ばーか((独り言のように))

120.R: @

…

130.R: OK
　　　　〈軍手をはめる動作をする　((＝作業に戻ろう、の合図)))〉

131.D: （garbage）

〈どこか別の方を指差す〉

（ゴミ）

132.R: 〈厳しい表情で周りを見回す〉

104行目以降、石毛はさらに相談するため若宮のところへ行くのだが、そこで若宮に、プレス部はオイルが問題ではないと言い張り、原因は金型の問題（＝技術者の責任）だと言われた、と言っている。106行目の怒った声、108行目の揶揄するような米人身振りの真似から石毛のフラストレーションと怒りが伝わって来る。（しかし実際ディックは65行目と67行目で若宮の機材部の方を指していたようなので、こう取ったのは誤解と思われる。）後に録画が終わった後、石毛は筆者に「アメリカ人のこういうとこ嫌いですね。知りもしないくせに。」と言っている。

この間ロブはプレス部の2人のところへ再び出向くが、2人からオイルが原因ではない、Euro Carから修正せよとどれほどのプレッシャーを受けているか、という話を再び聞かされる。ロブは聞き役に徹し、ただ、「問題は解決するから」ということを伝える（122–129行目、ここでは省略している）。ロブは今回も日本人技術者と米人工員の間を行ったり来たりする役目だったが、双方から当てにされ負担な時がある、と筆者に聞き取りの際言っている。119行目が石毛の最後の発話だが、「ばーか」と言い捨てている。そして131行目のディックの最後の発話も「garbage（ゴミ）」である。修正を入れる、という点は確認でき、双方仕事に戻ったのだが、苦々しい思いを持ったまま終わった、というのが読み取れる。そして間に入ったロブは厳しい表情のままプレス部を離れている（132行目）。

5.　ディスコーダンスの原因
―「素直に従え」の金型技術者と「説明が欲しい」工員たち

このやり取りで、一体何が起こったのだろうか。まず、石毛と若宮のやり

取りと筆者への事後説明から、不具合の原因はローラーに蓄積したオイルというのは間違いなさそうだ。そして、石毛はその原因について言語的には伝えられていないが、やり取りの過程で何度もローラーを指差している（62、66、78行目）。さらに114行目では、ローラーを指差しつつ「(now) very wet（今すごく濡れている）」とローラーの状態描写を試みている。一方ロブも、プレス部の2人も、おそらく経験不足から（そしてプレス部の2人は自分の主張に夢中になって）オイルとローラーのつながりが全くわからないままだった。

　石毛は若宮に対しては日本語で怒りとフラストレーションを露わにした（106、108行目）のだが、その直後ロブに対しては若宮が謝っている、と折れた言い方をしている（111行目）。ロブは原因が分からないままプレス部の2人に、ただ修正されることを伝えて取りあえず事を収めている。

　しかし石毛と米人工員との間の経験差は明らかで、ならばなぜもう少しわかりやすく説明して誤解を解かないのだろうか、と疑問もわくところだが、ここに今回のディスコーダンスの原因の1つがありそうだ。

　部長の宮田に言わせると、現段階で経験のある世代は、ミサキ本社で昔ながらの職人堅気、先輩につき「見て覚えろ」「一を言って十を知れ」というやり方で育ってきた。やっとやらせてもらえて失敗したら怒鳴られ、それでもわからないところは教えてはもらえず、見て技を盗まないといけなかった。そんな一人の石毛にしてみると、技が上なのが明らかな先輩（自分）の判断は素直に聞き信じるものであって、反論するなどありえない厚顔無恥のことではないか。その怒りが「知りもしないくせに」という言葉になったのではないか。つまり、仮に（可能性としては低いかもしれないが）日本人の若手がこのように反論したら同じように怒っていたに違いない。ただミサキアメリカでは米人≒技能低い・経験浅い、という構図があるため、「アメリカ人のこういうとこ嫌いですね。」という一般化した非難になったと思われる。

　北部も立ち上げ後2年ほどは「ただ日本人のやり方に従え」の姿勢だった。怒鳴り声が上がるのも普通のことだったらしい。副社長は米人に、なぜそうするのか日本人は説明してくれないと言われたそうだ。まさに当該場面

でもこれが起こったのではないか。しかしこの「見て覚えろ」は米人だけでなく日本人の若手にも通用しなくなっていることがわかり、方針を変えざるをえず、結果標準化や最新機械の導入と、マニュアル化できる「技術」は日英図解付きで極力マニュアル化したという。それでも最も肝心な部分は手でしかできず、その「技能」の部分はやはり根気よく教えていかねばならない[11]。

　一方プレス部側からすれば、自分の持ち場で起こった問題に精一杯判断したことを表明するのはごく自然であり、もし違うというのなら、納得できるよう説明してほしい、それが当然だ、というところであろう。実際ロブは最近来た北部からの米人ヘルプ2人から修正技術について十分な説明を受けられたので、普段よりずっと早く学び理解することができたとコメントした。見て学ぶことが多いが、言語の壁がなければもっとずっと早く技が伝達できるだろう、と。しかしそのような説明・解説はこのやり取りではなされなかった。石毛の英語力は流暢に説明するには拙いものだが、それよりも石毛の「常識」は、そもそも説明する必要がない、素直に見て聞いて学ぶのが当然だ、というものだろう。ロブはまた、新しいことを学ぶ時「なぜ」を知りたいのに説明を得るのが困難なのが1つの問題だと言っていた。結果、噛み合わないまま双方フラストレーションをためて、それでもミサキの優先事項である Euro Car からの要請に応ずるべくやり取りは終了し、それぞれ持ち場に戻って行ったのだ。

6.　必然性としてのディスコーダンス

6.1　ミサキ日米工員が持つ初期の属性

　南部だけを考えれば、日米工員は確かに8ヶ月毎日協働作業を続けてきたという積み上げがあるのだが、ミサキ全体として北部と南部を比べると、10年以上工場経営と技術移転の問題に取り組んできた北部に対し、まだ初期の言ってみればカオス状態の中にいる南部があり、より大きな構図が見えてくる[12]。

50　第１部　日常体験としてのディスコーダンス

表1　ミサキの従業員が持つ属性

	金型修繕技能・経験	英語力	会社での地位
日本人出向者	高い技能・経験	英語力低い	地位高い
米人工員	低い技能・経験 [13]	ネイティブ英語力	地位低い

　ミサキでの仕事、それに関わるやり取りに関与する従業員の属性は表１のようになる。

　ミサキでの日本人とアメリカ人は、特に初期段階では国籍以外の３つの要素を以上の組み合わせで持っており、やり取りでの力関係や方向性、歩み寄りの度合いに影響する重要な尺度として複雑に絡み合っている状況であった [14]。特に金型保全部では技能・経験という尺度が重要視された。両者は日々の業務に深く関わるこの３つの要素全てにおいて対照的で、すり合わせが難しいのは想像に難くない。しかしまた、この３要素は時と共に変化していくものである。実際北部ではベテランから新入りまで何層にもわたる従業員がいたが、米人も平工員からチームリーダーやアシスタント・マネージャーに昇進した者が何名もおり、技能も未経験からある程度の金型修正を任せられるほどに熟達してきた米人も少なくなかった [15]。英語力に関しては、米人側からは、日本人とのやり取りを繰り返すうちに自分なりのコミュニケーション方略を編み出し日々実践している者、日本人側からは、当時はほぼ皆無だった英語力が、今はずっと楽に話せるようになった、という変化を聞いた [16]。

6.2　「驚き」に対応してきた北部の積み上げ

　もちろんそれで全て協働作業とコミュニケーションの問題が解決され容易になったということではない。しかし北部のスタッフが聞き取り調査で明らかにした問題は、南部に比べ、やはり積み上げを感じた。例えば「日本人が話しているのを聞くと、早くて単語の切れ目がどこなのかわからない。それでふと考えたんだ。日本人も俺らが喋っている時どこからどこまでが単語なのかわからないんじゃないかって。それで単語の切れ目をつけて喋るように

した。」（アレックス）のように言語使用そのものに関するコメントは両工場で出てきたが、大きく言えば、北部の方が振り返る年月の積み上げがある分、スタッフのメタレベルでの言及がより活発に正確に表現され、現在直面している課題もより発展度の高いものだった。つまり、「驚き」に直面した後、その違いについてどう実際に対応していくのか、自分なりあるいはミサキ北部ならではの現時点での対策や指針の話も多く出てきた。北部の歩んできた軌跡として聞き取り調査の結果を分析すると技の伝達など協働作業そのものに関わることに加え、福利厚生 [17] や仕事外の付き合い [18] ひいては地元との関係づくり [19] にまで及ぶが、南部ではまだ現場での試行錯誤が多々見られその他のことまでは十分に手が回っていない印象であった [20]。

　例えば北部の副社長と金型部長は「親しみやすく」現場の工員とやり取りしやすくするため、英語のファーストネームを使用していた。部長の宮田は5年前に来た当初、米人がわざと質の悪いパネルを作り解決策を求めてきて試されたという。しかしきちんと対応できたのを見て信頼するようになってくれたそうだ。岸は「米人をうまく使っていかないと、回っていかない」と感じている。トマスは、最初は手を沢山使わなくてはいけないので大変だが慣れるとずっと楽になるとコメントし、5年前の宮田もそうだったと部長をからかった。当の宮田は赴任当時皆が「よそよそしい」と感じ、30分前に出勤してタイムカードを押すところでタバコを吸いつつ従業員を待ち、「Good morning.」「What's your name?」「I just arrived. Nice to meet you.」を繰り返したという。

　管理職として気づく違いも幾つも出た。例えば「問題に対して米人の方が上司にはっきりと指示を出して欲しがり、それに従うのを好む。言い換えれば責任を持ちたがらない。でも日本の指示の出し方はもっと曖昧で、どう取るかは部下次第であり、そのうち何人かが『じゃあやろう』となり、その人達はやがてもっと責任の重い仕事を任せられるようになる」（岸）。他にも仕事の進め方で、「米人上司なら『これを直せ』だけど、日本人上司は過程を重視する」（マーク）などがあった。問題は言語や話せないということよりも、文化的（副社長）、物事の進め方の違い（例えば納期や「急ぐ」という感

52 第1部 日常体験としてのディスコーダンス

覚の違い)の方で、もちろん個人差もある(ベン)。また実質的対策の1つと
して、定期的に労働関係専門の法律家を呼び、中間管理職を教育していると
いう(副社長)。

6.3 南部を見守る北部―ディスコーダンスは必然的過程

ここで興味深いのは北部の副社長始め日本人管理職皆が、この苦労の過程
を必要なプロセスと考えていることで[21]、それが南部の立ち上げの仕方に反
映されているようであった。南部での新プロジェクト立ち上げに向けて、北
部からは日米両方の経験者を数名ずつ短期・長期で南部に送ってサポート体
制を作っていた。しかし手取り足取りというのではなく、南部独自の発展を
見守るという姿勢があった(cf. Tobin, Hsueh, and Karasawa 2009[22])。南部よ
り一足先に欧州で立ち上げた工場があり、そこでも北部がかつて初期に経験
したようなトラブルが起こっていると聞いているが、皆これをくぐり抜けな
いといけない、なぜなら「現地工員と働いていくことは、双方からの学びの
期間であり、このプロセスは変わらない」(副社長)からだ。また、北部では
今でも新しい技術者が日本から来ると、他に日本人がほぼいない夜勤に時々
わざと入れるという。こうすると先輩の日本人に頼らず米人と嫌でも直接仕
事をしなければいけないので、体当たりでコミュニケーションをするしかな
い。「乱暴かもしれないが、この方が良いコミュニケーションにつながる。
良い悪いは別としてな」(宮田)。大企業のように事前研修をする金銭的時間
的余裕のないミサキは、この「実践あるのみ」「現場主義」と言われる方針
に支えられているようであった。「技術者が渡米すると、英語の音に慣れる
まで1年位かかるが、日本で積み上げてきた技は素晴らしい。それを見た
周りが彼らを認めることでコミュニケーションがはかどる。だから下手に喋
るよりはやった方が早い」(宮田)。実際、「日本人技術者に何か修正につい
て言われたらもっと素直に聞くけど、米人技術者だったら内容を再確認する
かもしれない」(ベン)というコメントもあった。その中で使われるコミュニ
ケーションツールは「スケッチ、書くこと」(トマス)、「数字、印刷物」に
加え、「誰かが怒鳴っていたら大事だとわかる。フラストレーションや怒っ

た表現は分かりやすい」(ベン)。つまり、ディスコーダンスを表明する感情表現も意思疎通(つまり仕事遂行)の大切な手がかりと捉えられていたのだ。

こうして試行錯誤しながら12年歩んできた北部では、以上のように日米共、層の厚いメタレベルのコメントがいくつも出された。この常に変化し進化していくプロセスの中で、あるやり取りが「成功」した場合と何らかのディスコーダンスが見られた場合というのは真逆の現象ではない。どちらも複数の要素が絡み合った中で繰り広げられるミサキの日々の現実のスナップショットである。そこでは両方の側面が共在してやり取りが展開する方が普通なのではないか。「(機材部で若宮と働いてきて)お互いに違うことを話していた、という誤解の場面はあるが、何も道が見つからなかったことはない」(アレックス)。

ミサキでの「成功」とは、やり取りの結果、目の前の仕事を遂行し納品先のメーカーに満足してもらうことである。一方ディスコーダンスとは何らかの調和を欠く状態である。会社の優先順番として、メーカーの要請(納期までのトラブル解決、納品数の指定)が命である、という絶対的な使命がある以上、それを満たすことが他のすべてに優先する。よって、やり取り上ディスコーダンスが起こっていても、他の問題、例えば日勤をしたばかりで疲れていても、とにかくその要請を満たすことに集中し一刻も早く解決しなければいけない、というのは全員が理解していることだ。南部でも北部でもディスコーダンスは常にリアリティーとしてあるが、その種類や度合い、期待されるやり取りのレベルは多少違うものだったし、両工場それぞれの実践共同体[23]で常に変化していくものであろう。

7. 結び―「驚き」から新しい常識へ常に発展途上の参与者たち

日系車体製造工場での日米工具間の協働作業のやり取りで見られたディスコーダンス現象を、プラグマティズム、実践共同体、尺度(Scale)などの概念と結びつけ論じてきた。この共同体の参与者は常に、プラグマティズムでいう「驚き」を体験し続け、探検・学習を続ける発展過程の中にいると言

54　第1部　日常体験としてのディスコーダンス

え、その意味でディスコーダンスは当事者にとって居心地の悪く、フラストレーションのたまる現象であると同時に、避けて通れない日常的体験である。

　本章で見てきた「探求・学習・習慣化」は、参与者たちにとって今・ここで意義があり必要性に迫られたものであった。ここで探求とはプロジェクト

表2　本章に登場したミサキ社員の一覧

	仮名	工場	所属・肩書き*	ミサキアメリカでの期間	聞き取り調査の方法**
1	アレックス	南部	機材部	8ヶ月	30分(個)
2	ベン	北部	アシスタント・マネージャー(工→)	6、7年	2時間(グ)、1時間(グ)、ランチ(グ)
3	ディック	南部	プレス部長	8ヶ月	録画対象者
4	副社長	北部	副社長	12年	2時間(個)1時間(グ)
5	石毛	南部	金型保全部技術者	8ヶ月	録画対象者、仕事の合間(個)
6	岸	北部	金型部長(エ→)		1時間(グ)
7	マックス	南部	プレス部	8ヶ月	録画対象者
8	宮田	北部	部長(技→)	5年	1.5時間(個)、1時間(グ)、ランチ(グ)
9	ロブ	南部	金型保全部チームリーダー	8ヶ月	録画対象者、仕事の合間(個)
10	トマス(ドイツ出身)	北部	金型部コーディネーター	5年	1時間(グ)
11	若宮	南部	機材部出向者	8ヶ月	録画対象者
12	ミキ	北部	管理職アシスタント	9年	2時間(グ)電話(個)

*　(工→)、(技→)(エ→)は未経験の工員、金型技術者、そしてエンジニアからそれぞれ今のポジションに就いたことを表す。

**　(グ)＝グループで行った聞き取り。(個)＝個人で行った聞き取り。

協働を可能にし、日々与えられる課題を遂行できる工具間でのコミュニケーションを確立しようとすること。学習とは、その（より良い）やり方を学んでいくこと。そして習慣化とは、「驚き」と取り組んだ結果学んだことを次回以降のやり取りに新しい「常識」として取り入れていくことだ。この過程は常に現在進行形であり、日米工具自身は常に発展途上の状態でこの過程を歩んでいるということである。もちろんどのような発話出来事においてもこの原則は当てはまるだろうが、本章の参与者たちが繰り広げるやり取りはその様子が際立って観察できたコンテクストの１つであると言える。

注

1 以下聞き取り調査の抜粋を交えながら論じていくが、文中名は全て仮名で、章末の表2にこの章に登場するミサキ社員の一覧を載せたので参照されたい。

2 金型は自動車メーカーのデザインに基づき日本のミサキ本社で作られ、米国ミサキ始め海外の工場に輸送された。

3 業務は書類の翻訳から出向者とその家族の生活のサポートまで、英語の補助が要る全ての領域にわたったが、手が空いた時は聞き取り調査や録画をする許可をいただいた。

4 修業中のロブに言わせると、金型修繕技術を習うのは「スープを作るのに似ている。ちょうどいい味になるまでは薄すぎるか濃すぎるかだ。」そしてより難しい仕事は「ボールを投げるのに似ている。いい投げ方を見せてもらうことはできても自分でできるようになるには長い間練習する必要がある。」

5 経験ある金型技術者はマイカーを買いに行っても習慣で車体を触ってしまい、工場での完成度がどの位の時生産された車なのかわかってしまうそうだ。

6 聞き取り調査の協力者は北部・南部合わせて27名だった。北部では座って話を個人または数名で聞く方式をとったが、南部ではこの形式は堅苦しく緊張を生むことがわかり、現場で仕事の合間やタバコ休憩の最中に話してもらった。

7 書き起こした全15場面の中の１つである。

8 話し手志向の Foreigner Talk（Ferguson 1971）というよりは、日本人技術者の発する英語のパターンを聞いて真似し、経験から培われたもののようだ。実際南部では、北部から手伝いに来ていたアメリカ人の古参が数名いたが、彼らの英語が一

56 第1部 日常体験としてのディスコーダンス

番わかりやすいと評判だった。

9 さらに環境的にも、現場では数十トンのプレス機やクレーンなど大型機械が常時作動していてノイズが大きく、ネイティブ同士でも普通に会話するのが難しいことがままあった。

10 本書統一の会話の文字化記号に加え、本章では以下の記号を使用している。

+, ++, +++	それぞれに短い、中間の、そして長めの間を示す。
(now)	聞き取りにくく、おそらくこうであろうということば。
〈首を振る〉	〈 〉内はジェスチャー。
no oil?	発話の下の〈 〉は上の発話と同時に起こっているジェス
〈パネルを指差す〉	チャーを表している。
(オイルはない?)	その下の( )内はおおよその日本語訳。
{ }	うなずき。
righ/ left hand	自己修復。

11 現在北部の課題は底上げで、数値化されていた。何かを修正するのに日本人標準技術者なら1時間(達人なら0.8、0.5あるいは0.2時間の時もある)のところ、当時の北部の平均は1.5〜1.6時間で、目標は1.3時間にすることだった。

12 規模的にも南部が100余名であったのに対し、北部は約500名で抱えているプロジェクトも複数であった。

13 副社長の弁では、北部の最初の時と同じように、南部の立ち上げに際し地元のありとあらゆる人を雇わねばならなかった。ただ北部でも腕のいい工具を雇うあるいは維持するのは今でも大きな課題であり、よって未経験者を雇わざるをえない状況は続いている。

14 地位と技能は必ずしもイコールではなかった。工場は大きく事務所と作業現場のエリアに分けられ、事務所にデスクを構える管理職は大卒のエンジニアが多く、一方金型技術者と現場部署の部長(manager)とその補佐は大体現場をベースにしていた。前者は英語力やエンジニアの知識に優れ管理職であるが、実際金型を修繕する経験と技は熟練技術者に比べて限られていることが多かった。

15 他社に引き抜かれたり辞めたりする工具もいる一方、年月と技術・技能を積み上げてきた米人工具も多数おり、ミサキという実践共同体を形成・発展させてきた主要メンバーであると言える。

16 ただこの変化は少なくともこの段階ではある程度制限付きだった。例えば地位については、トップクラスの管理職は日本人で占められていたし、日本人でアメリカ人を直属の上司に持つ者はいなかった。米人の技能は上がっても、すでに職人技を長年積み上げてきた日本人技術者に比べれば差は歴然である。そして日本人の英語も、残業続きの激務をこなす中「実践あるのみ」で対応していくので、流

第1章 必然性としてのディスコーダンス 57

暢とは言えなかった（例外は副社長）。

17 例えば北部では特に短期出向者の強い要望で、少なくとも日に1回は和食が食べられるように5年前から社員食堂には日米両業者が入っていた。筆者が聞き取り調査に出向いた際も、米人工員がハンバーガーやホットドックをほおばり、日本人出向者はサンマ定食やカレーを食すという光景だった。南部にはこのシステムはまだなかった。

18 北部・南部共、時折仕事後にカラオケ（両工場共近くに居酒屋や和食屋があった）や飲みに行くことは挙がったが、北部ではさらに一緒に狩猟に出かける、敷地内にある池でピクニック、家族も呼んでクリスマスパーティー、奥さん同士料理を習い合う、などが日米工員が共に会社の外ですることとして挙げられた。

19 北部は地元でいい評判を得ているようで、日本人技術者は外でもユニフォームで歩くのですぐわかり、「うちの息子が仕事探してるんだけど、今空きはあるの？」と話しかけられたりするという。

20 南部に派遣された長期出向技術者3名とその家族の不満を北部から聞き取り調査に来たことがあったが、理由の1つは福利厚生に関してだった。また、北部の比較的近くには日本人にありがたいサービス（公立学校でのバイリンガル教育など）が受けられる大都市があり、南部での生活はその点でもよりやりにくかったと言えるだろう。

21 北部にはバイリンガルの日本人女性が2名常駐し、正式には管理職アシスタントながら実際は出向者全般の生活諸々の補助（航空券の手配から奥さんの出産の立会いまで）をしていた。通訳も業務の1つだが、日々の現場に呼ばれることは、特に最近はあまりないし、うち1人ミキは、いつまでも自分を頼りにしてばかりでよくないのである時点から現場に出向かないことにしたという。

22 Tobinらは幼稚園・保育園を社会化（socialization）の場と捉え米中日3ヶ国の園で1日ビデオ録画しそれぞれの先生らに見せた反応と合わせて分析したが、日本で際立っていた特徴の1つに子供同士で問題が起こっても先生はすぐ介入せず見守る、というものがあった。これは子供同士の社会的つながりを本人たちで経験から学ばせようとする方針からだったが、ミサキ北部の管理職の姿勢はこの事例を彷彿とさせる。

23 ミサキ全体として1つの実践共同体と言えるが（だからスタッフが工場間を行き来して仕事できるが）、その中で北部、南部、本社というように各工場も独自の実践共同体であろう。

参考文献

Carr, Summerson E. and Michael Lempert. (2016) Introduction: Pragmatics of Scale. In Summerson E. Carr and Michael Lempert (eds.) *Scale: Discourse and Dimensions of Social Life*, pp. 1–21. Oakland: University of California Press.

Doz, Yves L., José Santos, and Peter Williamson. (2001) *From Global to Metanational: How Companies Win in the Knowledge Economy*. Boston: Harvard Business School Publishing.

Eckert, Penelope and Sally McConnell-Ginet. (1992) Think Practically and Look Locally: Language and Gender as Community-Based Practice. *Annual Review of Anthropology* 21: pp. 461–490. Palo Alto: Annual Reviews.

Ferguson, Charles A. (1971) Absence of Copula and the Notion of Simplicity: A Study of Normal Speech, Baby Talk, Foreigner Talk, and Pidgins. In Dell Hymes (ed.) *Pidginization and Creolization of Languages*, pp. 141–150. London: Cambridge University Press.

Kotabe, Masaaki, Xavier Martin, and Hiroshi Domoto. (2003) Gaining from Vertical Partnerships: Knowledge Transfer, Relationship Duration, and Supplier Performance Improvement in the U.S. and Japanese Automotive Industries. *Strategic Management Journal* 24(4): pp. 293-316. Malden: Wiley.

Meyerhoff, Miriam and Anna Strycharz. (2013) Communities of Practice. In J. K. Chambers and Natalie Schilling (eds.) *The Handbook of Language Variation and Change (Second Edition)*, pp. 428–447. Malden: Wiley-Blackwell.

Sunaoshi, Yukako. (2000) Gesture as a Situated Communicative Strategy at a Japanese Manufacturing Plant in the US. *Cognitive Studies* 7(1): pp. 78–85. 日本認知科学会.

砂押由佳子 (2002)「異文化コミュニケーションにジェスチャーが果たす役割—ある日系工場における日米従業員間での意思疎通の事例」齋藤洋典・喜多壮太郎編『ジェスチャー・行為・意味』pp. 160–182. 共立出版

Sunaoshi, Yukako. (2004) "This is what we have in common": Use of Humor between Japanese and American Factory Workers. *Texas Linguistic Forum* 47: pp. 209–218. Austin: Department of Linguistics, The University of Texas at Austin.

Sunaoshi, Yukako. (2005) Historical Context and Intercultural Communication: Interactions between Japanese and American Factory Workers in the American South. *Language in Society* 34: pp. 185–217. Cambridge: Cambridge University Press.

Sunaoshi, Yukako, Masaaki Kotabe, and Janet Y. Murray. (2005) How Technology Transfer Really Occurs on the Factory Floor: A Case of a Major Japanese Automotive Die Manufacturer in the United States. *Journal of World Business* 40: pp. 57–70. Amsterdam: Elesvier.

Tobin Joseph J., Hsueh Yeh, and Mayumi Karasawa. (2009) *Preschool in Three Cultures Revisited: China, Japan, and the United States.* Chicago: The University of Chicago Press.

Wenger, Etienne. (1998) *Communities of Practice: Learning, Meaning, and Identity.* Cambridge: Cambridge University Press.

第 2 章

ディスコーダンス現象の遍在性
台湾原住民族へのインタビューの場の語りから

荻原まき

1. インタビューにおけるディスコーダンス現象を探る
—偏在性とは

　研究者の研究方法の 1 つとして、フィールドワークをし、協力者にインタビューをするという方法がある。一般的には、聞き手(研究者)の「質問」に対して、話し手(研究協力者)が「答える」といった構図がよく見られる。インタビューには、初対面のインタビューもあれば、フィールドワークを繰り返し、ラポール(相互信頼)の関係も構築されている状態でのインタビューもある。また教室のような場所でのインタビューもあれば、話し手の自宅でお菓子を食べながらのインタビューもあるだろう。つまり、一口にインタビューといっても、お互いの関係性、インタビューの場所など、様々な、それぞれのコンテクストの中でインタビューがなされているといえよう。最近では IC レコーダーでの録音のみならず、ビデオで動画を撮り、ジェスチャーや非言語も視野に入れた分析も増えてきているため、コミュニケーション研究においても、より詳しいインタビュー時の分析が行われるようになってきている。

　このようなインタビューにおいて、聞き手にとっていい話が聞けた時、つまり、研究者にとって研究のための「おいしい」データがとれた時は問題ないが、しばしば聞き手が描いていた答えが聞けないこともある。例えば、よいコミュニケーションが取れなかった時や、話し手があまり語ってくれな

かった時、またインタビューそのものが成り立たなくなってしまう時などが
それに当てはまる。実は、このようなことはインタビューに限らず、日常で
もよく見られることでもある。また明示的なものだけではなく、気づかずに
通り過ぎてしまう些細なズレや不調和、不一致もあり、武黒は本書序章にお
いてこれらの現象をディスコーダンス現象と呼んでいる。本章では、「おい
しい」データではなかったインタビューデータ、つまり、インタビューにお
けるディスコーダンス現象に注目し、談話のどのようなところに見られるの
か、その偏在性について論ずる。

　コミュニケーション研究では、Grice（1975）の「協調の原理」やBrown
and Levinson（1978）の「ポライトネス理論」などの理論を援用し、「調和」、
「一致」に目を向けた研究が多く、ディスコーダンス現象は避けるべきであ
るという認識が多かった。しかしこうした一連の理論はすでに批判の対象と
なっている（小山2008；シルバスティン2011）。そのような中、ナラティブ
におけるコンフリクト（conflict）に着目した研究（Grimshaw 1990；Briggs
1996；Kakava 2001）なども見られるようになってきた。ディスコーダンス現
象にも関わるコンフリクト・トーク（conflict talk）とは、コミュニケーション
時に相手の行為や考えとの対立から生じる話のやり取りであるが、捉え方は
文化や集団によって違い、肯定的にとらえられる文化もある（林2008）。こ
のようなコンフリフトを含んだディスコーダンス現象は、実はごく普通に見
られる社会現象でもある。実際に目の前で明示的に行われたこと、つまり意
識にのぼりやすい現象のみならず、暗示的なもの、違和感レベルのもの、見
逃しがちなものも含まれ、本章におけるディスコーダンス現象は、メタレベ
ルの概念ともいえる（坪井2013；武黒　本書序章）。

　本章では、インタビューをコミュニケーションの1つととらえ、インタ
ビューで見られたディスコーダンス現象、特に台湾原住民族へのインタ
ビューの場における談話に見られた2つのディスコーダンス現象に着目し、
分析を行った結果、言わない方がいいことを思わず言ってしまい、その後の
いわゆる「空気が一瞬固まった」ことにより起きた、トピックシフトという
「語りの内容のディスコーダンス現象」、そして日本語でのインタビューの最

中に語れなくなり、中国語へコード・スイッチング[1]し、インタビューという枠組みそのものが崩れた「フッティングの変化によるディスコーダンス現象」が見られた。しかし、大きな諍いや衝突といった現象は見られず、気付かずに通り過ぎてしまうようなレベルであったり、「聞き手」、「話し手」以外の第三者の存在により起きたディスコーダンス現象であったり、そしてなによりも、これらの現象がミクロ・マクロといった1つの決まった場所で起こった現象ではなく、その所在は遍在性を持つものであることが推察された。つまり、コミュニケーションにおけるディスコースが多層的で動的であるがゆえ、ディスコーダンス現象の遍在性も高くなると言えるであろう。

　以下、インタビューという場、そのコミュニケーションに関わっている人間関係、個人的な歴史的背景を含め、インタビューを相互行為の1つととらえ、コミュニケーションとしてのインタビューの場において見られたディスコーダンス現象の遍在性について論じる。

2.　コミュニケーションとしてのインタビュー
―言語人類学からのアプローチ

　この節では、ディスコーダンス現象が見られたインタビューの場というものを再考する。まず、インタビューをコミュニケーションの1つとしてとらえ、そのインタビューの場のコンテクストの重要性、また聞き手と話し手の役割、関係性、多重性について示し、インタビューという意識下の中で行われるメタコミュニケーションの概念も踏まえ、述べる。

　インタビューは基本的に「聞き手」と「話し手」がおり、相互行為が行われている段階で、コミュニケーションの1つといえるであろう。しかし単に「聞き手」の質問と「話し手」の応答だけのやり取りではない。コミュニケーションとしてのインタビューを考えた場合、インタビューの場というコンテクスト、「聞き手」と「話し手」の多重性、またメタコミュニケーションの概念をも含んだインタビューというものも視座に入れ、もう少し深く掘り下げる必要があると思われる。

64　第1部　日常体験としてのディスコーダンス

　まずここで、インタビューの型というものを見てみよう。ティム（2005）によると、インタビューには以下のような型がある。
(1)構造化インタビュー
(2)半構造化インタビュー
(3)非構造化インタビュー

　(1)構造化インタビューとは、協力者からの反応だけを引き出し、聞き手は自分の考え、解釈を加えず、単純に質問を繰り返すインタビューである。回答が標準化されやすいため、比較しやすい特徴があるが、その言葉の裏に隠された、また捨象されたものは見えない型となっている。それに対して、比較的自由なインタビュー方法である(2)半構造化インタビューは、得られた回答に対して明確にすること、詳しく話すことも要求できる型である。そして、(3)非構造化インタビューとは、協力者の視角に関心が当てられ、質的に深く掘り下げられる型である。これは協力者の考え方をより一層理解することができる特徴を持っている。

　インタビューでは、以上のような基本の3つの型が頻繁に使用されているが、よく考えてみると、インタビューの仕方次第で話し手の語りが変化する、とも言えよう。加えて、話し手の語り方、ジェスチャー、表情などの言語的・非言語的なこと、また聞き手も含んだインタビューの参与者、インタビューの場所、時期、回数、参与者の背景、ラポール構築に至るまで、様々なことが語りに影響を及ぼし、さらに語りが変化するとも考えられる。これはコンテクストの概念を詳細にモデル化した Hymes（1986 [1972]）の「SPEAKING」にも通じる。「SPEAKING」とは、S = setting（場所・場面）、P = participants（参加者）、E = ends（目的）、A = act sequence（行為の連鎖）、K = key（調子）、I = instrumentalities（メディア・媒体）、N = norms（行為者・記述者・解釈者の規範）、G = genre（ジャンル）と、コミュニケーションを分析する際にどのようなコンテクストに注目すべきかを、それぞれの要素の頭文字を繋げて示したものであり、上記のインタビューの場において為されていることを分析する際にも注目すべきポイントとなるであろう。

またハイムズと共に言語人類学において重要な遺産と見られている Goffman（1981）は、「聞き手」と「話し手」の多重性を示していることで知られ、これはインタビューの分析にも重要な含意を持つ。ゴッフマンは、「話し手」は単なる「話し手」ではなく、「発話者（animator）」、「発話内容の著者（author）」、「発話内容の責任主体（principal）」という 3 つの役割の複合体であることを示した。同様に、「聞き手」も細分化し、「聞き手」には、「承認されている聞き手（ratified hearers）」と、「承認されていない聞き手（unratified hearers）」が存在するとした。「承認されている聞き手」には、「直接発話を受ける者（addressee）」と、「受けていない傍観者（side participant）」が区別されている。そして「承認されていない聞き手」は、「傍聴者（bystander）」、「盗聴者（eavesdropper）」、「立ち聞きする者（overhearer）」に分けられる。これらはコミュニケーションの進行にともない、動的に変化し、構築されていくものでもある。後述するが、本章におけるインタビューのデータ 1 では、「聞き手（筆者）」と「話し手（台湾原住民）」だけではなく、「傍聴者（撮影者）」の存在も大きく関わっていること、データ 2 ではこれらの役割が動的に変化し、どのような場面でどのような立ち位置を示すかを表すフッティングがシフトする現象が見られたことから、このゴッフマンの議論は有用であろう。

また Briggs（1986）、松木（2005）も、談話はインタビュー時の「質問－回答」などの前後関係だけでなく、その物理的、社会的、文化的コンテクストの中に位置づけられていると述べていることから、インタビューとは、様々な背景が絡み合い、（再）構築されていくコミュニケーションの 1 つであるといえる。「インタビューをする・受ける」という枠組みに沿って、聞き手は話を聞き、話し手は語る。つまり、「これはインタビューである」というメタコミュニケーション的な意識下で行われるものがインタビューであり、この枠組みが重要な役割を果たしていることも念頭に入れつつ、メタコミュニケーションの概念も視野に入れた分析が必要であると考える。

インタビューをコミュニケーション、つまり相互行為と考えることは、「言われていること」＝言及指示的側面と、「為されていること」＝社会指標

66　第1部　日常体験としてのディスコーダンス

的側面の両面からディスコーダンスを研究することでもある。すなわち、ミクロベルルからマクロレベルを包含できるコミュニケーション理論である社会記号論系言語人類学の枠組みが援用できると考え、次にこの社会記号論系言語人類学について概観する。

3.　社会記号論系言語人類学―「今ここ」と「過去」の語り

　社会記号論系言語人類学（Silverstein 1976；小山 2008；シルヴァスティン2009）は、言語と文化人類学を結び付け、言語と文化・社会との関係を統合する枠組みを、Peirce（1986 [1932]）の記号論を基軸に構築しようとする学問である。ここでのコミュニケーション理論は「出来事モデル」とも呼ばれるが、それが示唆するように言語人類学においては、コミュニケーションが「出来事（event）」を中心に概念化されており、コンテクストを指し示すことにより、新たなコンテクストを創り出すものとしている。この理論によれば、コミュニケーションの基点（相互行為の中心）には「オリゴ（origo）」がある。そのようなオリゴを基点とするコミュニケーションは、「状況的な適切さ（前提とされる状況への適合性）」と「創出的な効果（新たな状況を創り出す効力性）」の両側面を持つ「出来事」として、理論化されるようになっていった（小山 2008）。つまり、「過去」から「今ここ」だけではなく、どんでん返しのような「今ここ」から「過去」へと双方向的に働くものであるとしている。特に本章でのインタビューの語りでは、体験談の語りということもあり、「今ここ」の「私」と「過去」の「私」が、「今ここ」と「過去」を行き来しながら語るため、何を、どのように語るのかにより、何が為されているのか（いたのか）が解釈可能となるといえる。

　コミュニケーションというものは、インタビューの場、参与者の関係性、言及指示的側面（語られていること）及び、社会指標的側面（アイデンティティ、権力）を含み込むかたちで成立している。そこには、調和、一致が見られるディスコースもあれば、不調和、不一致、葛藤・衝突など、明示的なものだけでなく、暗示的なもの、違和感レベルのものも見られることから、

ディスコーダンス現象もコミュニケーション理論によって解釈が可能である
と考える。本章において、上記のことが見られる「出来事」の場は、台湾で
の、日本語教育を受けた台湾原住民族の方へのインタビューという場である
ことから、次に研究協力者である台湾原住民の歴史的、民族的、言語的背景
を概観する。

4. 台湾原住民族—歴史的、民族的、宗教的、言語的背景

　台湾は、オランダ時代（1624–1661）、鄭成功時代（1661–1683）、清朝時代
（1683–1895）、日本統治時代（1895–1945）、戦後は中国国民党の一党支配と、
様々な国の支配を受けてきた。しかし 2017 年の現在は、民進党が政権を
握っている。本章の研究協力者は、日本統治時代の最後の時期に生まれ、生
まれた時からすでに台湾は日本の領土の一部であったことから、この世代は
「自分も日本人であった」という意識が一層強い世代でもある（上水流
2010）。

　民族も複雑で、本省人（閩南系漢族 70%、客家系漢族 15%）、戦後移住し
てきた外省人 13%、原住民族 2%、これら 4 つの民族が同居している多民
族社会である（邱 2013）。ちなみに、「原住民族」という表現は、台湾におい
ては正式な名称となっているため、「原住民族」を使用する。

　原住民族はさらに 16 の民族に分かれており（2017 年現在）、それぞれが民
族の言語、文化を持っている。同時にキリスト教も伝わり、台湾の総人口の
2% を占める原住民族の 80% がキリスト教徒となっている。清朝時代には平
地人（漢人）が山地へ侵入し事件を起こしたことから、原住民族の自主防衛手
段として「隘勇線」と呼ばれる境界を作成した（臺灣総督府民生部殖産局
1904；武越 1905）。またその「隘勇線」は日本統治時代にも引き継がれ、原
住民族を囲い込むものとしても使用され、原住民側は線を越えた者に対し馘
首（首狩り）を行ったりと、抗争を繰り返した歴史がある（戴 1981；近藤
1992）。その後「高砂義勇隊」として日本とともに出兵した経緯も持つが、
「日本人」として生きてきた彼らは、戦後台湾に帰還すると、今度は中国人

として生きなければならず、価値観を 180 度転換させなければならない時代となっていた (林 1998)。その際、「日本語」が大きな意味を持つこととなる。

　日本統治時代において、日本語教育は統治する手段として必要なものであった。原住民族へは、警察管轄下であった教育所において日本語教育が行われた (山路 1999)。原住民族に対する日本語教育は、現在の台湾にいる高齢者が話す日本語からわかるように、「成功した日本語教育」、「日本語教育の高い成果」などと言われることもあり (蔡 2003；中野 1997)、彼らのアイデンティティ確立の一助ともなっている (中野 2009)。しかし他方、それらの「日本語」は、「遺棄日本語」ともいえ、彼らの日本語はあくまでも「かれらの日本語」であると安田 (2011) は述べている。この日本統治時代の「日本語」により、終戦後に国民党に処刑されてしまった原住民もいた。つまり、私たち日本人が彼らの「日本語」を扱う際は、歴史的背景、民族的背景、宗教的背景、言語的背景が絡み合った「日本語」を考えなければならないといえよう。

　以上の歴史的、民族的、言語的、宗教的台湾のコンテクストに鑑み、実際にインタビューを行った研究協力者の個人的背景と談話データについて以下で述べる。

5. 研究協力者とインタビュー分析—ディスコーダンスの射程

　本章では、2 人の台湾原住民のデータを使用する。1 人目は、ルカイ族の A で、2013 年 8 月にインタビューを行った。3 回目となるこのインタビューは A の自宅のリビングで、筆者、筆者の知人である台湾人の撮影者 C とともに行った。自宅のリビングということもあり、A はリラックスした様子で時折ジェスチャーも交え語った。

　2 人目は、ツォウ族の B で、2013 年 8 月に B の自宅で行った初対面のインタビューである。この時も既出の台湾人の撮影者 C が同行し、終始撮影を行ってくれた。

第 2 章　ディスコーダンス現象の遍在性　69

　筆者と同行してくれた撮影者 C だが、日本留学の経験があり、日本語が理解できる。A との 3 回のインタビュー交渉、そして B との連絡はすべて C が取り付けてくれた。A とは 3 回目ということもあり、筆者同様、ラポール構築ができている。以上の経緯から、A、B 両氏は C が日本語が話せる台湾人＝中国語話者ということを知っている。ここで 1 つ C について特筆すべきこととして、C は南の地域の高雄に居住している中国語話者ではあるが、南の方でよく話されている台湾語(台湾閩南語、福佬語ともいう)はほとんど話さず、常に中国語(台湾華語)を使用していることをあげる。では、以下、A の語りから詳しく見てみよう。

　スクリプト中の記号は、本書の文字化記号に加え、A：研究協力者、O：筆者、発話末の((　　))：非言語行為、網掛け：反復を示す。

5.1　研究協力者 A

　1932 年(昭和 7 年)、屏東縣霧台郷で生まれたルカイ族の方である。現在プロテスタント系キリスト教の牧師をしている。6 歳の時に学校(教育所)に入り、日本語を学ぶ。12 歳の時に戦争が激化し、環境が一変する。その後、神学校へ行き、1959 年から牧師となる。現在、ルカイ語で子供たちにキリスト教の説教をしている。A は、ルカイ語、日本語、台湾華語ができ、ルカイ語が母語である。

5.2　データ 1

　データ 1 は、言わないほうがいいことを思わず言ってしまった語り、いわゆる「その場の空気が固まって」しまい、それを取り繕うために笑いでごまかし、トピックがシフトしたディスコーダンス現象である。この語りの導入として、A が伝道で来日した際に日本人に「以前していた首狩りを、入信後はしなくなったと話せと言われた」という語りがある。

01. A:　私達=神様=神様信じてね=イエスキリスト信じ[してね(左手を動かす)
02. O:　　　　　　　　　　　　　　　　　　　　　　　　　　[はい

70 第1部 日常体験としてのディスコーダンス

03. A: 人殺しはだめ（左手を横に振る）

04. O: はい

05. A: もうやっていな[い（左手を横に振る）

06. O: 　　　　　　[うー[ん

07. A: 　　　　　　　　 [ダメよ=人殺し=どうしてできる？どうして人殺す？

08. O: うん

09. A: ルカイ族ではないよ=だけじゃないよ（Oをじっと見、左手を振る）

10. O: うん[うん

11. A: 　　[私達=私達の山地の人はね=人見たらね

　　　　　　　　　　　　　　　　（両手を出し、Aの前方に視線を移す）

12. A: あんた殺さなかったらあんたに殺すで[しょ（銃を持つ真似をし、Oを見る）

13. O: 　　　　　　　　　　　　　 [はいはい[はい

14. A: 　　　　　　　　　　　　　　　　 [だからあんた必ず殺す

　　　　　　　　　　　　　　　　　　　　　（銃を持つ真似）

15. O: うんうん

16. A: その人にね

17. O: うんうん[うん

18. A: 　　　 [私たちの生活

19. O: うーん

20. A: 山の人の生[活

21. O: 　　　　 [うんうん

22. A: しかし今=違います[よ

　　　　　　　　（「しかし」でOから視線をAの右方向に移し、左手を振る）

23. O: 　　　　　　　　 [はい

24. A: 神様信じて=あんな悪いことしないです[よ（右手を振る）

25. O: 　　　　　　　　　　　　　　　　 [うーん

26. A: 悪いことしない=山の人悪いことしない（左手を振る）

27. O: はあ

28. A: 反対にね=山=平地の人はやっぱり人殺しますよ=平地の人

　　　　　　　　　　　　（Oを見ながら左手を前方に出す）

29. A: 山の人は=だ=や=やらない

　　　　　　　　　（視線をAの右方向に移し、左手、次に右手を振る顔も厳しい）

30. O: うー[ん

31. A: 　　　[みなさい=平地の人はね（左手を出す）

32. A: おお:（急に右方向を見る）

33. : （1.2）

34. A: ふふふ（撮影者を見ながら首を振る）

35. O: です[ね

36. A: 　　　[山の人はほんと=山の人は本当に変わりました（Oを見、両手を動かす）

37. O: うー[ん

38. A: 　　　[生活は本当に変わりました

39. A: イエス様を神=イエス様を信じてね=ほんとに生活変わりました

40. O: うーん

　このインタビューにおいて何が語られ、何が為されているのか、以下分析
を試みる。1行目以前からの流れを含め、21行目まではかつて「名誉」で
あった首狩りについて述べている。ルカイ族だけではなく、他の原住民族も
首狩りを行っており、そうしなければ自分たちの命が危なかった、と説明し
ている場面である。この時、Oがほとんど表情を変えず相槌だけでAの話
を聞いているためか、（首狩りをするのは）ルカイ族だけではなくほかの民族
もしたこと、さもなければ自分が狩られてしまうこと、などを力説してい
る。しかしキリストを信じてからは「山の人」は人殺しのような悪いことは
していない、と「人殺し」、「山の人」という語彙を反復して語っている。
22行目からは「山の人」の生活について、今は「過去」と違い、「悪いこと
していない」とジェスチャー、反復を交え語っている。28行目からは「平
地の人」を対局に出し、「平地の人」は「今ここ」においても「人殺し」を
していると語気を強め、非常に厳しい表情で語っている。ここまでをまとめ

ると、以前は「山の人＝首狩り（人殺し）＝悪」であったが、キリスト教入信により、「今ここ」においては、「山の人＝キリスト教＝善」vs.「平地の人＝人殺し＝悪」という二項対立的な構図となっていることが見て取れる。

31行目において、「みなさい」と牧師の説教ともとれるような口調となり、「平地の人はね」と話がまだ続くことが示唆される語りとなっている。しかしその時急に右方向を向き「おお」と発話する。そして沈黙の後に撮影者Cを見、「ふふふ」と首を振りながら笑った。言わないほうがいいことを、思わず勢いでうっかり言ってしまった際の、少年っぽさも残る少しバツの悪そうな笑いであった。これは、Aが今まで語っていた「悪」である「平地人」が、目の前の「今ここ」の「平地人」の撮影者でもあることに気付いたからである。そのためのごまかしの笑いと推察できる。特にAは、撮影者のCが台湾語を話さないため、「平地人」の中でも外から来た者（外省人）と感じた可能性もある（実際Cが外省人か本省人か不明である）。その後、AとCの関係性に気付いたOも、Aを、いわば救済する意味ですかさず「ですね」と発話し、その場の雰囲気の修正にかかった。そのため、その後「山の人の生活は変わった」という反復とともに「平地人」の話から「山の人」の話へとトピックがシフトしてしまった。同時に「〜ました」という敬体の連続使用により、「イエス様」への尊敬、あるいは（表敬ではなく）品行[2]＝象徴的自己呈示となるような役割の転換、また自宅リビングでの会話であることから、公式的（「表局域」的）ナラティブ[3]への語りのモードの変化がうかがえた（Goffman 1959, 1967）。この場面の後「悪いことはしない」と語りを続け、（キリスト教徒に相応しく）「人殺し」という言葉は出ないままであった。すなわち、Aの「牧師」としてのアイデンティティが表出された語りに落ち着いた。

この語りで為されていることとして、まず、「山地人」と「平地人」の関係性があげられる。4節でも概観したが、日本が台湾へ行く以前から、「山地人」と「平地人」は対峙関係にあった。かつて「平地人」が「山地人」の生活の糧であったクスノキ（樟脳）を断りもなく山へ侵入し、勝手に伐採し奪い、そこから紛争に発展した経緯がある。この紛争時に首狩りも行われてい

たため、「山地人」は「人殺し」を行う民族でもあった。しかし戦争終了後、キリスト教が入ってきてからは、「山地人」は「人殺し」などしない、いい民族になったのである。28行目で使用された「やっぱり」という言葉が、以前もそうしたように、「平地人」は現在においても「人殺し」というかつての歴史を繰り返していることを示している。日本が統治した際、日本語教育は山に文明をもたらしてくれたものであった。当時は「日本人になる」と信じていたAであったが、それはAにとっては通過点であり、その後のキリスト教入信がより強いアイデンティティを形成するものとなった。すなわち、この語りにおける「空気が固まった」という現象は、実はインタビューの場の参与者の歴史的関係性——山地人(語り手A)、平地人(撮影者C)、日本人(聞き手O)——が縮図となって現れた語りとなっていた。

　以上をまとめると、「今ここ」のインタビューにおいては、「空気が固まった」、「笑いでごまかした」という、見逃しそうな小さなディスコーダンス現象が見られた。しかしまず、Aが実際に「今ここ」のOとのインタビューにおいてトピックを変えたことに言及すれば、それは「今ここ」で為された「トピックシフト」というミクロなディスコーダンス現象と言えよう。他方、歴史的背景、民族的背景を踏まえて分析すると、100年以上の前の「過去」が前景化され、非常に複雑な関係性がディスコーダンス現象を引き起こしていることも推察された。すなわち、ディスコーダンス現象というものは、「ミクロ」、「マクロ」といった1つの決まった場所ではなく、遍在性をもつものとしてうかがえた。では次にもう1つのデータを見てみよう。

5.3　研究協力者B

　Bは1940年(昭和15年)、嘉儀縣阿里山郷で生まれたツォウ族の方である。教育所での日本語教育は受けていないが、家族が日本語を話していたため、日本語の環境で、比較的裕福な家庭に育った。父親は民族のリーダー的存在で、日本人とも懇意に付き合っていたという。しかしそれが仇となり、無実の罪で国民党に処刑される。父親の死をきっかけに、プロテスタント系キリスト教に入信した。現在は音楽活動で亡き父の想いを表現している。

5.4 データ2

ここでは、インタビュー時にインタビューというフレームが崩れてしまった場面を取り上げる。崩れた原因は、それまで日本語で語っていた研究協力者が語りの途中で泣いてしまい、それ以上日本語で話せなくなり、中国語にコード・スイッチしてしまったことであった。コード・スイッチングとは、「2つの異なる文法システム、あるいはサブシステムに属する言語の一節を、ことばの一連のやり取りの中で並置すること」(ガンパーズ 2007 [1982])であるため、コードスイッチングも使用言語(コード)のレベルでのディスコーダンス現象としてとらえ、分析を行う。

まず、以下の語りのイントロとして、家族や親戚が戦争に出兵する時の話をしている。当時子供だったBは戦争を怖いものとは思っておらず、むしろ「面白いものだ」と思っていた。戦争へ行く人たちを軍歌で見送り、「日本人に無理に連れていかれたわけではない」と力説し、少なくともBの村の人たちは全員、「自分の意志で」参加した、と語っている。非常に生き生きと、楽しそうな表情で語ってくれた。その後、Oが話の続きとして見送った時のことを聞いている場面であるが、Bが村に兵隊が帰ってきた時の印象が大きかったとみえ、その話となった。

```
41. O:  兵隊になった人をいってらっしゃいってみんなで[送って((手を振る))
42. B:                                           [はいそうです
                                                ((Oを見ながらうなずく))
43. O:  その時の村の人の様子は=泣いたりしてました?
                              ((Oが涙が流れる仕草をする))
44. B:  よく=よくわかりませんが((Bが両手で涙を流す仕草をする))
45. O:  うん
46. B:  帰ってきたときは本当に[ほんと=泣いたで[す
                          ((Oを見ながら両手を広げる))
47. O:              [あ〜        [そうです
48. O:  あ=帰ってきた人も見ましたか?
```

((B が目の前のお茶を飲もうとするがやめる))

49. B: 見ました((笑顔で))

50. O: え=そうですか

51. ：(1.4)((笑顔が消える))

52. B: 帰ってきたときね((O を少し見る))

53. ：(1.2)((口を一文字に結ぶ))

54. B: もう一緒に帰ってくるんです((O を見ながら両手を広げる))

55. O: はい

56. B: 別の集落もみんな

57. B: ここ=ここに行って((「ここ」で B の左膝近くを両手でポインティング))

58. B: お父さんに=報告((「報告」のところで右手で敬礼))

59. B: 帰ってきました((O を見ながら、笑顔で右腕を 2 回振り下ろす))

60. O: あ:そう

61. ：(2.0)

62. B: 敬礼して((口を一文字に結び、目の前を見ながら敬礼))

63. ：(1.3)

64. B: 着物は=あまり=あまり=古い日本の服着てる((O を見ず、両手で服を触る))

65. O: うん

66. ：(1.8)

67. B: 敬礼して((O を見ず、もう一度右手で敬礼))

68. ：(1.5)((O は涙をこらえている様子))

69. B: 精神があった((O を見ながら、右腕を振る))

70. O: うん((O が目頭を押さえる))

71. ：(1.4)

72. B: もう.((目の前にいる人を抱きしめるような様子))

73. B: 我不想講【言いたくない】

((頭を抱え、両手を目の前でごちゃごちゃ動かす))

74. B: だから泣いた((ティッシュを取る))

75. B: [みんな泣きました

76　第1部　日常体験としてのディスコーダンス

76. O:　[私も泣いた＝ははは（（Oもティッシュをとる））

77. O:　そうですか

78. ：　（1.5）

79. B:　ほとんど帰ってきてないから（（涙声で、涙を拭きながら））

80. B:　好多人没回来【たくさんの人は帰ってこなかった】（（撮影者を見ながら））

　まず語られていることを見てみよう。41行目から50行目まで、戦争へ行った人、帰ってきた人について、BはOを見ながら笑顔で話している。導入部でも、戦争は「おもしろいものだった」、「戦争へ自分の意志で行った」など、生き生きと思い出を語っている。しかしこれは目の前に「日本人」という筆者がいるからこその語りともいえる。その後、51行目において沈黙とともに笑顔が消えた。ジェスチャーも交え、Oを見ながら終助詞の「ね」を使用し、帰還兵の様子を語っている。このことから、オリゴは「今ここ」に保持されているが、53行目の沈黙において口を一文字に結び、何か語り難さが見え始めている。57行目では「ここに」というダイクシスとそれに伴うジェスチャーが現れ、オリゴが「過去」に移っていることがうかがえる。インタビューの「今ここ」の場に、戦争から帰ってきた帰還兵たちが「お父さん」に報告している「過去」が前景化されている場面である。58行目の「お父さんに報告」という発話とともに「敬礼」のジェスチャー（いわば身体的な直接引用）が現れ、3回も反復されている。加えて61行目、63行目、66行目、68行目、71行目と、沈黙も頻発している。かたくなった表情、「敬礼」という言葉と類像的ジェスチャー、沈黙と、明らかにおだやかだった41行目のBとは違っており、徐々に言葉数も少なくなっていくのが見て取れる。

　そして73行目において、突然「我不想講【言いたくない】」と中国語が出、コード・スイッチされた。先ほども説明したが、コード・スイッチングとは、使用される言語などが変換される現象、つまり、一致しない言語コードが連続して用いられる現象であることから、言語レベルにおいてのディスコーダンス（不一致）現象といえる。この後すぐまた日本語に戻ったのだが、

このコード・スイッチにより、「(台湾に残る日本語話者が調査で協力者となり、日本人インタビューアーに)日本語で話すインタビュー」というフレームが不安定になった。高砂義勇隊として戦地へ赴いた人たちはほとんど帰ってくることができなかったため、無事帰還した人たち、しかし変わり果てた姿で帰還した人たちを迎える気持ちはひとしおだったであろう。

　しかし最後に「好多人没回來【たくさんの人は帰ってこなかった】」と再び、コード・スイッチが起きている。ここではBは、聞き手であるOを見ず、台湾人である撮影者のCを見ながら語っていた。つまり、聞き手が変わり、話し手の協力者Bと聞き手のOの、インタビューという枠組みが崩壊してしまった場面となっている。それまで撮影者 = ratified hearer(承認された聞き手)であったCが、フッティング(Goffman 1981)の変化により、直接関与する聞き手 = addressee となった瞬間である。このフッティングの変化の起因(あるいは相関物)がコード・スイッチであり、聞き手の多重性がうかがえたと同時に、コミュニケーションにおいて参与者の枠組みも刻々と変化し、それがディスコーダンス現象へと繋がっていることが示唆された。この後、Bは親戚のお兄さんが亡くなった話、捕虜の話などをし、初めに語っていた「戦争は面白いもの」とは真逆の、「戦争は残酷だ」という言葉を繰り返していた。その際、概ね筆者のOを見て語ってはいたが、撮影者のCを見ながら中国語へスイッチした場面も数回見られ、一度崩れたフレームは完全には修復されなかった。

　以上をまとめると、この場における「日本語」から「中国語」というコード・スイッチングを、「今ここ」における言語使用のスイッチと考えるならば、ミクロレベルのディスコーダンス現象と言えるであろう。他方、このスイッチはインタビューという出来事のフレームを崩した、と考えるならば、「日本語で答えなければならない」というインタビューの枠が崩れたメタレベル、そしてマクロレベルのディスコーダンス現象と言えるであろう。このことからデータ1同様、ディスコーダンス現象は、「ミクロ」、「マクロ」という決まった射程ではなく、遍在性が高いものであることがうかがえた。

6. ディスコーダンス現象の偏在性
—多重的、動的であるコミュニケーション

　本章では、インタビューという1つのコミュニケーションの場面をとらえ、そこで起きている2つのディスコーダンス現象の分析を行った。結果、まず、言わないほうがいいことを思わず言ってしまった語り、いわゆる「その場の空気が固まって」しまい、それを取り繕うために笑いでごまかし、トピックがシフトしたディスコーダンス現象が見られた。これは単なるごまかしだったわけではなく、そこには話し手(山地人)、聞き手(日本人)、撮影者(平地人)の100年以上も前からの歴史的、民族的、言語的、宗教的背景が複雑に絡み合った結果のトピックシフトであったことが推察された。

　次に、見られたディスコーダンス現象は、日本語で語っていた研究協力者が語りの途中で泣いてしまい、中国語にコード・スイッチしたことによるインタビューフレームの崩壊現象であった。話し手は、語りの前半部分においては生き生きと、「日本人向け」の語りを展開していた。だが、後半には、沈黙が増え、語りの内容から感極まり、「日本語」と「中国語」のコード・スイッチ現象＝言語の不一致というディスコーダンス現象が見られた。聞き手への語りではなく、撮影者へと向けた語りが、インタビューフレームを崩壊させたのである。

　以上の2つのデータから見えたこととして、まず、インタビューにおいて、聞き手と話し手の関係性のみならず、撮影者という第3の存在も大きく、しかも語りの内容にも非常に重要に関わっていたことが明らかとなった。このことから、既述したように、インタビューというものは単なる「聞き手」と「話し手」のみの世界ではなく、コミュニケーションにおける「出来事」であるといえ、多重的でありかつ、動的なものであることがうかがえた。次に、このディスコーダンス現象は、遍在性が高いことも明らかとなった。「ミクロ」、「マクロ」といった特定の射程ではなく、コミュニケーションのいたるところに起き得る現象であることも考察された。

7. 展望―ディスコーダンス分析とコミュニケーション研究

　本章では 2 つのデータを使用したが、ディスコーダンス現象というもの
は、実はどこにでも見られるものであり、当たり前にあるものといえる。加
えて、明示的なものだけではなく、見逃しがちなもの、違和感レベルなもの
も含まれ、これもコミュニケーションの 1 つであることがうかがえた。今
回の 2 つのデータは事例であり、インタビューという場に注目したにすぎ
ないが、歴史、民族、言語、宗教的背景、また、インタビューの場や関係性
など、多重的で動的なディスコースの分析を続けることにより、ディスコー
ダンスを含んだコミュニケーション研究に貢献できるものと考える。

注

1　コード・スイッチングには「隠喩的コード・スイッチング」と「状況的コード・
　　スイッチング」がある。前者は話し手がやり取りの中で自分の発話の意図を相手
　　にどのように理解してほしいかという情報を隠喩的に伝えることである。後者
　　は、コミュニケーションの場面や活動、相手の変化に伴い起きる言語交換である
　　(Blom and Gumperz 1972)。また、このコード・スイッチングという現象は、「コ
　　ンテクスト化の合図」の一種ともなっている (Gumperz 1982)。

2　ゴッフマン (2014 [1967]) によると、表敬＝敬意表現 (deference) とは「相手につい
　　ての高い評価を適切に当の相手に対して伝える手だてになる行動 (p. 56)」であ
　　り、品行 (demeanor) とは「その場にいる人たちに対して、自分がまわりから見て
　　望ましい性質をもっている人間であること、あるは望ましくない性質を持った人
　　間であること、を表現する (p. 77)」ことである。つまりこの場における A の行為
　　は、「イエス様」を敬うことができる A である、ということを表していると思わ
　　れる。

3　ゴッフマン (2015 [1959]) は人々が「役割」を演じる場を「表－局域」と「裏－局
　　域」に分類した。「表－局域」はさらに「外見 (appearance)」と「態度 (manner)」
　　に分けられる (p. 125–126)。

参考文献

Blom, Jan P. and John J. Gumperz (1972) Social Meaning in Linguistic Structures: Code-switching in Norway. In Gumperz, John J. and Dell Hymes (eds.), *Directions in Sociolinguistics*, pp. 407–434. New York: Holt, Rinehart and Winston.

Briggs, Charles L. (1986) *Learning how to ask: A Sociolinguistic Appraisal of the Role of the Interview in Social Science Research*. Cambridge University Press.

Briggs, Charles L. (1996) *Disorderly Discourse: Narrative, Conflict, and Inequality*. Oxford University Press.

Brown, Penelope and Stephen C. Levinson (1987) *Politeness: Some Universals in Language Usage*: Cambridge University Press.

邱燁編著(2013)『台湾原住民族史(含大意)』千華數位文化

Goffman, Erving. (1959) *The Presentation of Self in Everyday Life*: New York: Doubleday Anchor.

Goffman, Erving. (1967) *Interaction Ritual: Essays in Face-to-Face Behavior*: Chicago Aldine Transaction.

Goffman, Erving. (1981) *Forms for Talk*. Philadelphia: University of Pennsylvania Press.

ゴッフマン・アーヴィング (2014 [1967])『儀礼としての相互行為〈新訳版〉―対面行動の社会学』(浅野敏夫訳) 法政大学出版局 (Goffman, Erving. (1967) *Interaction Ritual: Essays on Face-to-Face Behavior*: Chicago Aldine Transaction.

ゴッフマン・アーヴィング (2015 [1959])『行為と儀礼―日常生活における自己呈示』(石黒武訳) 誠信書房 (Goffman, Erving. (1959) *The Presentation of Self in Everyday Life*: New York: Doubleday Anchor.

Grice, Paul H. (1975) "Logic and Conversation" In Peter Cole and Jerry L. Morgan (eds.) *Syntax and Semantics*, pp. 41–58. New York: Academic Press.

Grimshaw, Alln D. (1990) *Conflict talk: Sociolinguistic Investigations in Conversations*: Cambridge University Press.

Gumperz, John J. (1982) *Discourse Strategies*: Cambridge University Press.

ガンパーズ・ジョン (2007 [1982])『認知と相互行為の社会言語学』(井上逸兵・出原健一・花﨑美紀・荒木瑞夫・多々良直弘訳) 松柏社 (Gumperz, John J. (1982) *Discourse Strategies*. Cambridge: Cambridge University Press.)

林えいだい編著(1998)『証言―台湾高砂義勇隊』草風館

林卓男編著(2008)『談話分析のアプローチ―理論と実践』研究社

Hymes, Dell. (1986 [1972]) Models of the Interaction of Language and Social Life. In Gunperz, John, and Dell Hymes (eds.), *Direstins in Sociolinguistics*, pp. 35–71. *The Ethnography of Communication*. Basil Blackwell: Oxford.

Kakava, Christina. (2001) Discourse and Conflict. In Deborah, Schiffrin, Deborah, Tannen and Heidi E. Hamilton（eds.）*The Handbook of Discourse Analysis*. London: Blacewll, pp. 650–670.

上水流久彦(2010)「現代の日本社会と台湾植民地支配のインタラクション―『日本人だった』という語りをめぐって」上田崇仁・崔錫栄・上水流久彦・中村八重編.『交渉する東アジア：近代から現代まで―崔吉城先生古希記念論文集』pp. 119–137. 風響社

近藤正己(1992)「台湾総督府の『理蕃』体制と霧社事件」『岩波講座近代日本と植民地 2　帝国統治の構造　講座社会言語科学 2　メディア』pp. 35–60. 岩波書店

小山亘(2008)『記号の系譜―社会記号論系言語人類学の射程』三元社

松木啓子(2005)「言語イデオロギーとディスコース研究―インタビューにおける二つの言語をめぐって」片桐恭弘・片岡邦好編『講座社会言語科学 5　社会・行動システム』pp. 2–16. ひつじ書房

中野裕也(1997)「殖民地統治下の一台湾原住民村落における日本語教育史」『慶應義塾大学日吉紀要言語・文化・コミュニケーション』19, pp. 34–53. 慶應義塾大学日吉紀要委員会

中野裕也(2009)「台湾南部 T 郷に見る原住民族の母語教育―『郷土言語教育』の現状と可能性」『慶應義塾大学日吉紀要言語・文化・コミュニケーション』41, pp. 19–133. 慶應義塾大学日吉紀要委員会

Peirce, Charles S.(1986)「記号学」内田種臣編『パース著作集 2』勁草書房（Peirce, Charles. S.（1932）*Collected Papers of Charles Sanders Peirce*. In C. Hartshorne and P. Weiss（eds.）, Cambridge, MA: Harvard University Press.）

戴國輝(1981)『台湾霧社蜂起事件―研究と資料』社会思想社

武越与三郎(1905)『台湾統治志』博文館

臺灣總督府民生部殖産局(1904)『台湾蕃政志』

ティム・メイ（2005）『社会調査の考え方―論点と方法』(中野正大・監訳) 世界思想社（Tim, M（2001）*Social Research: Issues, Mmethods and Process*（3rded.）Buckingham: Open University Press.）

Silverstein, Michael. (1976) Monoglot "Standard" in America: Standardization and Metaphors of Linguistic Hegemony. In Donald Brenneis and Ronald H. S. Macaulay (eds.) *The Matrix of Language: Contemporary Linguistic Anthropology*, pp. 284–306. Boulder: Westview.

シルヴァスティン・マイケル(2009)『記号の思想―現代言語人類学の一軌跡　シルヴァスティン論文集』小山亘編（榎本剛士・古山宣洋・小山亘・永井那和共訳）三元社

シルバスティン・マイケル(2011)「知識とコミュニケーションの弁証法―知ること、学ぶことにおけるテクスト性とコンテクスト性」(榎本剛士・永井邦和訳) 鳥飼玖美子・野田研一・平賀正子・小山亘編『異文化コミュニケーション学への招待』みすず書房

蔡茂豊(2003)『台湾日本語教育の史的研究(上)』大新書局

坪井睦子(2013)『ボスニア紛争報道―メディアの表象と翻訳行為』みすず書房

山路勝彦(1999)「国語演習会という餐宴―皇民化政策下の台湾と教育所の子どもたち」『人文學報』82, pp. 19–44. 京都大学人文科学研究所

安田敏朗(2011)『かれらの日本語―台湾「残留」日本語論』人文書院

第3章

ゴシップに見られる
ディスコーダンスの分析
衝突に発展させないストラテジー

山口征孝

1. 導入―ゴシップに見られるディスコーダンス分析の射程

　本章の理論的関心は、「ディスコーダンス (discordance)」である。ここで
は、インターアクションにおける「一致、調和、協調、和合、協和がない状
態」と定義される（武黒　本書序章）。注意すべき点は、ディスコーダンス現
象には、口論、言い争い、衝突などの目に見える形での葛藤 (conflict) だけ
ではなく、「より微細で萌芽的な葛藤の様態」（小山　本書第9章）も含まれる
ことである。本章ではそのような顕在化していないディスコーダンス現象を
詳しく見ていく。分析上のメタ概念として「ディスコーダンス」を措定する
ことで、従来の「合意理論」を前提としたインターアクション分析では得ら
れない結果や洞察を示すことができれば本章の目的は達成されたことにな
る。

　経験的証拠は、調査者としての筆者が約一年間行った現地調査の中で日英
バイリンガルのオーストラリア人（以下、豪州人）とのインターアクションを
約900分間録画したものの一部を主なデータとし、参与観察や事後インタ
ビューも用いることにする。ここでは特に、豪州人3人が筆者に語ったあ
る日本人女性に関するゴシップとその後の会話を分析する（山口 2016;
Yamaguchi and Takekuro 2017）。そのゴシップの中で、筆者と豪州人は、目
に見える形での衝突には至らず会話は終わっている。そこで、豪州人が日本

人である筆者にその場に不在の日本人に関するゴシップを語るという（潜在的には）危険な社会的行為を行いながらも、目に見える形での衝突にはいたらず、一見「調和した」インターアクションとなっている点に注目する。

このような現象にアプローチするため、現代言語人類学から「社会記号論系言語人類学」の枠組み（小山 2008; シルヴァスティン 2009）を援用する。又、関連分野から社会学、人類学における儀礼研究（Goffman 1967; Senft 2009）及び現象学（Sacks 1992）、更には談話・コミュニケーション研究一般（Holt 2000; Kawai 2005; Tholander 2003）も必要に応じて用いる。分析後の考察に際して、インターアクション分析をより広い視野から見るために、オーストラリア公定多文化主義に関する人類学の批判的研究（Hage 2000）から「ホワイト・マルチカルチュラリズム」という概念を導入しマクロ社会的なコンテクストを理解する一助とする（2 節）。

3 節のデータ分析では、上記の理論的枠組みに拠りつつ、豪州人が用いた主なインターアクションにおける「ストラテジー（strategies）」（Gumperz 1982）を録画されたデータから発見していく。分析結果を略述すると、彼らのストラテジーの中で、(1) 筆者の質問に対する肯定とも否定ともとれない「あいまいな」答え、(2) 豪州人が未知であった日本語表現や日本語にできない英語表現に対するメタ語用的問いかけや繰り返し、(3) 調和を作り出す語り（bonding talk）、がディスコーダンスを衝突に発展させないために重要であることがわかった。このような一連のストラテジーを包含するメタ概念として儀礼研究で用いられている「如才なさ（tact）」（Senft 2009）と「交差（crossing）」（Rampton 1995）を導入する。上記の分析に基づいて、4 節では豪州の歴史・社会・政治的コンテクスト（Hage 2000; 塩原 2010）を考慮に入れながら、ディスコーダンス現象を広い視点から考察していく。この考察を通し、本書の課題の 1 つである「不調和の解消あるいは調和に向けた言語的・語用論的・社会文化的方策を見つけ出すことができるのか」という問いに接近する。

本章のまとめとして、4 節ではオーストラリアという「ホワイト・ネーション」に存在する「善良な」白人である本章の豪州人参与者のように、日

本語を毎週熱心に学習したとしても、「管理される他者」としての日本人とのディスコーダンスは常に起こる可能性がある点を確認する。日本人女性との衝突が起こったとされる語り（ゴシップ）における筆者との萌芽的段階のディスコーダンス現象を振り返り、メタ語用的枠組みを与える「儀礼」、「如才なさ」、「交差」などの概念の有効性を論じる。その中で、オーストラリアの「マルチカルチュラリズム」（日本では「多文化共生」）と呼ばれる言説で特徴付けられる現代社会では、いかに「他者」との不調和や不一致を衝突に発展させないのかというインターアクション・ストラテジーが重要である点を述べる。しかし一方、本章で登場する日本人女性のように真に「対等な対話者」へと進もうとする過程で様々な「衝突・葛藤」を含むディスコーダンスは不可避ではあろうという（悲観的）予測も述べる。理論的・分析的観点からは、メタ語用的枠組み及び言語イデオロギー論を射程に入れたマクロな社会的・政治的言説分析と本章のような比較的ミクロなインターアクション分析の融合・統合が今後の研究課題であると結論付ける。

2. ディスコーダンス現象を分析するための理論と概念

　第1節で見たように、ここでの分析の焦点は、インターアクションにおける様々な形での不一致・不調和・不整合としてのディスコーダンス現象である。また、先行研究として「葛藤（conflict）」の談話研究（Briggs 1996; Grimshaw 1990; Kulick 1993）に立脚したものである。これらの研究から、ディスコーダンスは、「期待や予期されることと実際に起きていることの不一致から生じる」（武黒 本書序章）と考えられ、またインターアクションの参与者にも「同意・調和・一致がないと意識されている状態」と定義される（山口・武黒 2017: 93）。このディスコーダンス現象は、ウィリアム・ジェームズ（William James）、ジョン・デューイ（John Dewey）、チャールズ・サンダース・パース（Charles Sanders Peirce）に代表されるアメリカ・プラグマティズムの伝統では、人間のインターアクションにおける根源的な状態とされている。われわれは「他者」との遭遇を通し、予期しない出来事に「驚

き」、時には葛藤、衝突、分裂などに至ることもあるのである（小山　本書第9章）。そこで、ディスコーダンスを「異常」なものとは考えずに、日常的に起こる「通常」の現象と捉えると、身近なやりとりの中にその事例を見つけることができると考えられるのである。

　本章の事例は「ゴシップ」というジャンルを中心に展開する。そこでまず、ゴシップの談話研究（Besnier 2009; Tholander 2003）によりこのジャンルの定義・特徴づけを行う。その際、不在の第三者の社会・道徳的に疑問視されうる行為に関する会話としてのゴシップが持つ「危険性」に関しては現象学的視点からの観察が有益であるので参照する（Sacks 1992）(2.1)。記号現象としての言語使用の理論については、「社会記号論系言語人類学」の枠組み（小山 2008; シルヴァスティン 2009）が精緻な理論化に基づいた概念を提供する。その中で本章は、(1)「言及指示的」対「非言及指示的」用法の区別、(2)「指標性」、そして(3)「メタ語用的」言語使用という概念を主に使いながらデータ分析を行う(2.2)。更に、ディスコーダンスが頻繁に生起するにもかかわらず、インターアクションが一般的に「調和」を再生産すると考えられていることを理解するために、日常会話における「儀礼（ritual）」（Goffman 1967）的側面に焦点を当てる。特に、「儀礼的」なコミュニケーションで、攻撃を防止する「如才なさ（tact）」（Senft 2009）というメタ概念は、ディスコーダンスが衝突に発展することを阻止する傾向を説明すると思われるのでここで取り上げる(2.3)。最後に、考察で行うオーストラリアの公定多文化主義の批判的理解のために「ホワイト・ネーション」（Hage 2000）という概念を導入する(2.4)。

2.1　ゴシップの定義と特徴

　ここではゴシップの定義・特徴づけをし、不在の第三者を否定的に語るという行為に関して述べる。以下のデータで見ていく会話のジャンルを「ゴシップ」としたのは、「プライベートな状況において、限られた人々からなるグループで行われる不在の第三者に関する否定的な評価と道徳的な規範を含んだ会話」（Besnier 2009: 13 筆者訳）と同定できるからである。更に、典型

的なゴシップの特徴として次の5点が挙げられる。(a)即興で作られたインフォーマルな会話である。(b)不在の第三者の過去の行為に関するものである。(c)価値判断を伴う。(d)「裏舞台(backstage)」で行われる後ろめたさを伴う行為である。(e)ゴシップの標的はゴシップをする側にもゴシップを聞く側にも知られた人物である(Tholander 2003)。以下分析する会話では、最後の「ゴシップの標的」である「マキ」は筆者に知られていない存在であったので、まず「標的」であるマキを会話に導入し、筆者がマキについて様々な質問をするという形をとっている点で「典型的ゴシップ」とは異なる点を付記しておく。

　このような不在の第三者を否定的に語るという行為は、潜在的にはディスコーダンスを生み出すものと考えられる。特に、ゴシップをする側と聞く側の社会的範疇が異なり(例えば「豪州人」対「日本人」)、ゴシップの聞き手がゴシップの標的と同じ社会的範疇(例えば「日本人」)に属する場合、その場のインターアクションにディスコーダンスを生じさせる「危険なゴシップ」となる可能性が高まる。このようなゴシップの側面は、サックス(Sacks 1992)の「苦情の連鎖(complaint sequences)」という概念で考察されている。つまり、苦情を言うという行為は、苦情を言う側と苦情を聞く側が同じ社会的範疇に属する場合に通常行われる行為であるという観察である(「女性」同士が「男性」に対して不満を言い合う場合を参照)。例えば、筆者がアメリカ合衆国で行ったアメリカ人日本語学習者の日本での留学体験に関するインタビューで、白人アメリカ人が日本人である筆者に日本での体験を語る際に、「日本・日本人」という対象に対して過度に否定的見解を述べる「苦情の連鎖」は筆者にとってはやや「危険な」行為と受け取られた(Yamaguchi 2004)。以下に見るマキに対するゴシップもこのような意味で同様の「危険性」を有していると言えるだろう。

2.2　社会記号論系言語人類学からの概念

　「社会記号論系言語人類学」あるいは「記号論的人類学(semiotic anthropology)」と呼ばれる理論的枠組みを本章のデータ分析に関連する概念に絞

り定義、例証する。その際、小山(2008)、Hill(2008)、シルヴァスティン(2009)を主に参照しながら記述する。

2.2.1　言語の機能について―言及指示的機能と非言及指示的機能

　「社会記号論系言語人類学」(シルヴァスティン 2009)の枠組みの中から、本章のデータ分析の際用いる概念を定義する。まず言語使用に関し、「言及指示的(referential)」対「非言及指示的(non-referential)」用法の区別をしなければならない。前者は事物・事態を指し示し、その指示物に関して述定する(referring-to-and-predicating-about states of affairs)言語使用のことである。これに対し、非言及指示的用法とは、言及指示に関与しない言語使用である。例えば、日本語での丁寧体(「です・ます」)に対する普通体(「である・だ」)の違いは、言及指示性ではなく「非言及指示的」な違いである(山口 2017)。別の例を挙げると、アメリカ合衆国のアリゾナ大学がある Tucson という都市を「トゥーソン」と言うか「トゥクソーン」と呼ぶかでその人の政治的スタンスが表明されると言われている。前者は白人中流階級のモノリンガル英語話者(あるいはその規範に従う話者)を指標し、後者はスペイン語読みであるため、メキシコ人を中心にしたヒスパニックの権利を擁護する政治活動家といったスタンスを指標する(Hill 2008)。このような日本語の「丁寧体」対「普通体」や「トゥーソン」対「トゥクソーン」という地名の呼び方の差異は、「非言及指示的」であり、「社会的指標性」の違いである。そこで次に「指標性」という概念をパース記号論の枠組みで定義する。

2.2.2　パース記号論から見た言及指標性と社会指標性

　上記の「言及指示的」対「非言及指示的」用法の区別をする際に、「指標性(indexicality)」という概念を定義する必要が生じた。この「指標性」という概念は「類像性」と「象徴性」と併せて、パース記号論における記号現象を捉えるための三項対立からなる一連の概念装置の一組である。「記号表現(sign)」とその「指示物(object)」の関係には「指標的」、「類像的」、そして「象徴的」関係の3種類がある。非言語的な例では「風見鶏と風の向き」、

「煙と火」、「発疹や熱と病気」の関係は「指標的（indexical）」である。それは、記号表現と指示物の関係性は時間・空間・因果的連続性を示すと言えるからである。それに対し、「地図と実際の地形」の関係は「類像的（iconic）」である。地図は実際の地形に類似的・相似的・類比的関係を持つからである。最後に、言語記号の例として、「猫」という音と「猫」という言語記号の意味の関係は「慣習的」で「恣意的」であり、このような関係性を「象徴性（symbolicity）」と呼ぶ（Hill 2008）。

　言語学者ローマン・ヤコブソン及び言語人類学者マイケル・シルヴァスティンの理論では言語における「指標性」に関心の中心が置かれている（シルヴァスティン 2009）。「言及指標性（referential-indexicality）」に関しては、「ここ・そこ・あそこ」や「昨日、今日、明日」などの直示表現は指標性が極めて高い言語記号となる。いつどこで発話されたのかわからないとこれらの表現の意味が特定できないからである。例えば、「明日ここで語用論学会があります」と発話したのが「2017 年 12 月 15 日」に「京都」であったことがわからなければ、この例の「明日」と「ここ」の言及指標としての指示物は不明である。これに対し、日本語の丁寧体と普通体の使用（「あります」対「ある」）は、異なる「社会指標的（social-indexical）」機能を持つ。つまり、言及指標レヴェルでは同じであるが、「丁寧さ」という社会指標性の次元で異なる言語使用である。同様に、「トゥーソン」対「トゥクソーン」という地名の呼び方もアメリカ合衆国における話者の「政治的指向性」という社会指標性の点で異なっている。

2.2.3　「メタ語用的」言語使用とは

　「メタ語用的（metapragmatic）」言語使用とは、ある言語使用に関して別の言語表現を用いて定義、説明、解釈、言及することである。簡潔に言えば、ある言葉を別の言葉で言い換えることである。（A）の例では、豪州人が日本語で未知の語彙である「いざこざ」に遭遇した際、その意味を理解しようとして、筆者が英語を「メタ語用的」に用いて（「いざこざ」とは trouble という意味である）、理解を助けようとしている。

ここで、「メタ意味論的（metasemantic）」対「メタ語用論的（metaprag-matic）」言語使用の違いについて述べる。前者は「脱コンテクスト化」された形での語彙の定義を主に指す（例えば、「樫は木の一種である」参照）。後者はある言語使用について言及することであり、「引用」（先生は「明日ここで語用論学会があります」とおっしゃった）は典型的なメタ語用の例である。このように考えると「メタ意味論的」言語使用は「メタ語用論的」言語使用の特殊な一部分であるので、本章では「メタ意味論」対「メタ語用論」の区別をせずに、すべてのメタ言語的使用を「メタ語用」と呼ぶことにする。又、語用論の分野では、この「メタ意味論」対「メタ語用論」という理論的区別は、実際上の言語使用の例において区別することが困難であるとする立場もある（Verschueren 2000）。

2.3 日常会話の「儀礼」に見られる「交差（crossing）」と「如才なさ（tact）」

記号論的人類学の枠組みを補完するものとして、(1)ゴッフマン（Goffman 1967）による日常会話における「儀礼」、(2)日常的儀礼として「他者の言語」の娯楽的使用現象の研究（Rampton 1995）、そして(3)トロブリアンド諸島現地人が示す「如才なさ」というメタ・ストラテジー（Senft 2009）の三点について関連づけて説明する。まず、ゴッフマンの重要な洞察は日常会話にも「儀礼的」側面が存在することを示した点である。具体的には、常に会話者間の「儀礼的な均衡」を保つために、互いの社会的価値を認め合う言葉のやり取りを「フェース・ワーク（facework）」として概念化している。またこのような均衡が崩れた場合は、「事件（incident）」となり、その修正を行うための「関係修復のためのやり取り（remedial interchanges）」が通例行われる（Goffman 1971: 95–187）。

このゴッフマン的日常生活における「儀礼」現象に触発された社会言語学的・言語人類学的研究を二点挙げる。マルチカルチュラル・マルチレーシャル（多文化・多人種）なイギリスの南ミッドランド地区でインターアクションの社会言語学（Gumperz 1982）の立場から、現地調査によるデータを基にし

た研究にベン・ランプトン（Ben Rampton）の「交差」（crossing）がある（Rampton 1995）。この地区の中学校に通う子供には主に、（コックニー）英語を母語とする白人、インド・パキスタン系移民でパンジャブ語を話す子供、そしてアフロ・カリブ海系移民である黒人の子供がいる。「交差」とは、白人と黒人の子供が使用するパンジャブ語、白人とインド・パキスタン系子供が使う黒人クレオール語、上記3種類のグループの子供すべてが使うステレオタイプ的インド訛り英語（Stylized Asian English）を指す。つまり、「他者」の言語を娯楽的に使用するというのがランプトンの言う「交差」である（しかし、言語使用は本質的に「指標的」であるので状況によってその意味・機能は当然変化する点を注記する）。このような言語使用は、イギリスのような移民を多く抱えるマルチカルチュラルな社会で、若年層から「自然に」発生した「反人種主義的」言語使用と見ることができる。しかし、このような「交差現象」は年齢と共に衰退し、成人に近づくにつれて上記3種類の「人種的」グループはそれぞれのコミュニティーに帰属するという「人種隔離」の再生産をたどるとされている（Hill 1998）。

　筆者には、本研究を開始する前に、このような人種隔離の再生産という悪循環を乗り越えて、「他者」である日本人の筆者と毎週自主的に日本語を話すことを喜びとする豪州人がいるという希望的観測があった。このような「成人」による真の交差現象が、マルチカルチュラリズムを国是として標榜するオーストラリアで発見できるかもしれないと期待して現地調査を始めたのである（本章の参与者は20代から40代と思われる大人5人の白人豪州人であり、イギリスの交差現象が終わる若年期後半をはるかに超えた年齢層であった）。

　理論的記述に戻ると、上記の日常会話における「儀礼」（Goffman 1967）をパプアニューギニアにあるミルネ湾地域（Milne Bay Province of Papua New Guinea）で話されるキリビラ語（Kilivila）話者の研究に応用したのがグンター・ゼンフト（Senft 2009）である。儀礼的コミュケーションの形に、挨拶、（非難をほのめかす）短歌、定型表現などを認めながら、これらは日常コミュニケーションの「儀礼化」という方略的行為であるとしている。その主

要な機能は社会的連帯(bonding)を推進したり、攻撃性を阻止したり、コミュニティーの調和に影響するような危険な要素を追い払うことなどである(2009: 82)。このように儀礼化されたコミュニケーションを行うのは、トロブリアンド諸島の成員に強い「如才なさ(tact)」という感覚があるからであり、この「如才なさ」というメタ・ストラテジーが社会の均衡・調和を保つことに必要である、というものである。本章との関連で言えば、ゴシップを行う中で豪州人と筆者の間に芽生えつつあったディスコーダンス的な要素が衝突・爆発する前に阻止する必要があったと言える。この点を3節以下で見ていく。

2.4　オーストラリア公定多文化主義と「ホワイト・マルチカルチュラリズム」

　本項ではデータ分析後に行う考察に備えて、オーストラリアという国家の、歴史・文化・社会的コンテクストの導入とその批判的分析を行う。オーストラリアの歴史に関し詳述する余裕はない。ここでは、1900年前後の建国以来、先住アボリジニをほぼ完全に根絶させ、生き残ったアボリジニを徹底的に搾取した帰結は現在でも未解決の問題であるということは述べておく。更に、1970年代前半まで公然と続いた人種差別主義政策である「白豪主義(アングロ・ケルト系の白人を優先的に、あるいは、排他的に、移民として受け入れる政策)」の歴史があったことは明記しなければならない(ハージ 2003: 7–58)。しかし、その後1972年にゴフ・ウィットラム労働党政権が発足し、「マルチカルチュラル・オーストラリア」と呼ばれる政策に徐々に転換し始めたのである。このような政府が主導する国家政策としての多文化主義を「公定多文化主義(official multiculturalism)」と呼ぶ。興味深いのは、この公定多文化主義が、「白人優越性という幻想(phantasies)」を白人オーストラリア人の間に創り出した、という一見矛盾した主張である(塩原 2010)。人類学的研究の中で、レバノン生まれのアラブ系豪州人の人類学者ガッサン・ハージ(Ghassan Hage)による『ホワイト・ネーション』(2003)が特に影響力があるので、以下その論旨をまとめる。

　ハージはこの著書の中で、公定多文化主義後のオーストラリアというネー

ションには二種類の「白人ナショナリスト」が共存する、としている。一方では、有色人種に嫌がらせを行ったり、暴力をふるったりする不寛容な「邪悪な白人ナショナリスト」が存在し、他方には有色人種を寛容に受け入れる「善良な白人ナショナリスト」がいる。しかし、どちらの白人ナショナリストも共に「管理する主体」として「白人の優越性という幻想」を抱いているという点では共通している、と言うものである（ハージ 2003: 183）。別の観点から見れば、非白人（＝非アングロ・ケルティック）である有色人種移民は常に「管理される客体」ということになる。このような公定多文化主義は白人と非白人の不平等な権力関係を隠蔽しつつそれを再生産する「ホワイト・マルチカルチュラリズム」であるという分析である。社会理論的には、ハージの師である社会学者ピエール・ブルデューの再生産論、また精神分析学者ジャック・ラカンから「主体化の機構」という分析概念を主に受け継いだと考えられる（酒井 2003: 381）。

　本研究の参与者である5名の豪州人を「（善良な）白人ナショナリスト」と呼べるかどうかに関しては確証がない。しかし、筆者がこの日本語勉強会を知ったのはブリスベンの「豪日友好協会」と呼ばれる団体のホームページである。又、以下のデータで見る豪州人3名は5年から7年の長期にわたり日本に JET プログラムなどで滞在した経験を持つ　（また、参与者の中には JET プログラム OB 会のブルスベン支部の会長を務めるものもいた）。更に、以下登場する John と Mike は日本人女性と結婚している。このような社会・文化的コンテクストを考慮に入れると、この日本語勉強会は、オーストラリアという「ナショナル」な空間で、日本人・日本語という「他者」と出会う（再開する）機会を求めている集団と考えることに無理はないだろう。この意味で、この勉強会はオーストラリアにおける公定多文化主義を草の根レヴェルで体現している集団と言えるかもしれない。

94 第1部 日常体験としてのディスコーダンス

3. ゴシップのコンテクスト―実地調査の記録

3.1 オーストラリアでの実地調査の概要

　先述したように、オーストラリアのクイーンズランド州にあるブリスベンという都市において、英語を母語とする日英バイリンガルの豪州人5名が日本語能力の維持・向上を目的とし週に一度、自主的に日本語勉強会を行っており、2014年2月以降、筆者はその会の現地調査を約1年間継続的に行った。2014年の5月に、その集まりをビデオ録画する許可が得られ、2014年11月まで約900分間のビデオ録画を行った。以下では、その勉強会の中で行われた「自由会話」を取り上げる。この会話を特に選んだのは、この日のやり取りを通して、筆者の個人的な感覚として「もやもやした気持ち」、あるいは「違和感」を感じた点がまず挙げられる。更に、普段はこの会の長を務める Ben が用意した日本語ニュース教材を使いながら日本語を読んだり話したりする「勉強会」であるが、この日は、Ben が欠席であったため特別に「フリートーク」にしようということになった。この日のやり取りの中で参与者の普段見られない側面を見ることができたと思われたので、以下の会話を詳細に分析することにした。

　以下の会話の参与者は豪州人3名(John, Sue, Mike)と筆者(Masa)である。その会話の中で、ある日本人女性「マキ」に関するゴシップとその後のやり取りを分析する(山口 2016; Yamaguchi and Takekuro 2017)。マキはこの会にボランティアの先生役として参加していたが、筆者が参加する前に、豪州人参加者たちとトラブルが何度かあったということである。上記3名の豪州人によると、マキは長である Ben との確執が悪化し、2014年の1月頃にこの会への出入りを禁止されたとのことである(しかし、2014年9月に行われた JET プログラム OB 会主催の「トリビア・ナイト(trivia night)」と呼ばれる日本に関するクイズ大会のイヴェントに Sue と Mike に誘われ行った際、マキと会う機会があり、短く挨拶をした。従って、マキは Sue 及び Mike とは接触が続いていた点を付記しておく)。

3.2 ゴシップとその結末

　以下のデータ(A)、(B)、(C)の分析の主眼は、参与者が萌芽的な様態の
ディスコーダンスにいかに対処していくかを明らかにすることである。この
ような萌芽的なディスコーダンス現象は、一見「調和」しているように見え
るインターアクションを分析する場合は、注意深い観察を行わないと見過ご
されてしまう可能性が高い。特に、ゴシップというジャンルに関しては、明
るい調子で、楽しい様子の会話に見えても、実は目に見えない深層部では深
刻であるかもしれない (Tholander 2003: 105)。このような萌芽的葛藤の状態
に注意を向けるために「ディスコーダンス」というメタ概念を分析の際の
「発見のための手段(heuristic)」として用いる 。

(A)ゴシップの開始部分

01. John: So マキさんは元気.

02. Sue: 　うん元気です.

03. John: 　うんなるほど.

04. Masa: 何さん.

05. John: マキ先生.

06. Masa: マキ先生.

07. John: Yeah. 彼女はいつかな.

08. Masa: 女の人なんだ.

09. John: 女の人. 彼女は, えっと, と,

10. 　　　　今年1月までに毎週来ました.

11. Masa: ここに?

12. John: ええ.

13. Masa: あっ, そう.

14. John: 日本語の, ええっと, ええ, how can I say?

15. 　　　　わからない日本語を教えてもらいました.

16. 　　　　Does that make sense?

17. Sue: 　Yep. Yep. Good.

18. John: そう, そう, そう.

19. Masa: ここで, この会に？

20. John: はい, う:::ん。

21. Masa: もう来ないんですか.

22. John: う:::ん, そうですね.

23. Masa: なんで.

24. Mike: ((笑い))

25. Sue: いろいろ.

26. Mike: 複雑ですね.

27. Masa: じゃあ, この会も色々あるんですね.

28. Mike: 多分.

29. Masa: ちょっと言えない.

30. Mike: ちょっと性格が合わない人となんか.

31. Masa: ああ, いざこざがあった. いざこざ.

32. Mike: いざくざ？

33. Masa: いざこざ

34. Sue: いざこざ

35. Masa: いざこざ

36. Sue: ああ:::聞いたことない.

37. Masa: いざこざ. Like er trouble. いざこざ.

38. John: いざこざ.

39. Sue: ありました.

40. 　　　 ((笑い))

41. John: いざこざので彼女がくることが

42. Masa: やめました

43. John: やめることにしました.

44. Masa: あ:::

45. John: Does that make sense?

46. Masa: うん.

第 3 章　ゴシップに見られるディスコーダンスの分析　97

47. John:　いずかざ

48. Masa:　いざこざ

49. John:　いざこざ

50. Sue:　Trouble.

51. Masa:　いざこざ

52. Sue:　うん, でももうすぐヨーロッパに旅行に

53.　　　　行くそうです

54. Mike:　あっそう

55. Masa:　その人はどういう人ですか. マキ先生は.

56. Sue:　あまり仕事もしてないし.

　上記はゴシップの開始部分である。データ中に見られる豪州人のインター
アクションにおけるストラテジー (strategies) (Gumperz 1982) を発見してい
く。データ (A) において、豪州人参与者のストラテジーは大きく 2 つに分け
られる。(1) 筆者の質問に対するあいまいな答え、(2) 未知の日本語に対す
るメタ語用的発話である。(1) に関し、21 行目の筆者の質問に対し、John
は端的に情報を与えずに「う:::ん」というヘッジ (言いよどみ) を行ってから
「そうですね」と答えている (22 行目)。更にこの直後に筆者がなぜマキは来
ないかと質問 (23 行目) したことに対し 24 行目で Mike は笑い、25 行目では
「いろいろ」(Sue)、26 行目では「複雑ですね」(Mike) と答えている。これら
の反応は言及指標的には質問に対し明示的に答えていない。しかし社会指標
的行為レヴェルでは豪州人のマキに対する否定的評価を暗示しようとしてい
る。

　(2) のメタ語用的発話は 31 行目の筆者による「いざこざ」という発話に
より 32 行目から 38 行目まで続いている。この部分は、「いざこざ」という
豪州人には未知の語彙の言及指標的意味を明確にするために行われているメ
タ語用的談話である。39 行目で Sue が「ありました」と答えることでこの
フレームは中断するが、45 行目で John は自らの日本語の正しさを確かめる
メタ語用的発話を英語で行っており、47 行目から 51 行目は「いざこざ」と

98　第1部　日常体験としてのディスコーダンス

いう語彙の音韻的正しさを確かめるメタ語用的発話に立ち戻っている。この
フレームが終了するのは52行目である。ここでSueは、マキに関して「仕
事もしていないのにヨーロッパに旅行する」という言及指標表現でマキの社
会的に疑問視される行為に関するゴシップ発話を行っている（52–56行目）。

　ここでは省略したが、この直後に筆者は、「仕事もしていないのにどう
やってヨーロッパに行く資金があるのか」、とSueの発話の真偽を疑う発話
を行っている。これに対し、Sue、John、Mikeは答えようとしなかった。
筆者は、この分析で、Sueの発話（52–56行目）は、社会的に「仕事」とはみ
なされない手段（つまり「売春」の類）でマキは収入を得ている、という意味
であると解釈した。この発話の解釈には、「両親からの仕送りで暮らしてい
る」、「フリーの仕事で収入を得ている」などいくつかあり得るが、事後イン
タビューで、他の豪州人の解釈も筆者と同様である点、オーストラリアでは
売春が合法であり広く行われていることを考え併せ、上記の解釈を提示し
た。当然、筆者にはこの発話の真偽を確かめる手段はないが、Sueの発話の
含意は多くの豪州人で一致している点を記しておく。また、（A）の時点で
は、その場に不在の第三者（マキ）の社会・道徳的に疑問視されうる行為に関
する会話としての「ゴシップ」を豪州人たちが行おうとしていることを筆者
は理解していなかった。

　以下データ（B）におけるマキを標的にしたゴシップの続きは、過去のある
時点において、この日本人女性がいかに感情的に自分の意見を押し通そうと
したのかを直接引用というメタ語用的ストラテジーを使いながらMikeが引
用を行っている。

（B）マキの言動の引用を含むゴシップ

　01. Mike: 果物じゃなくて野菜.

　02. Masa: 野菜, うん.

　03. Mike: はちょっと買わない.

　04. Masa: 買わない. うん.

　05. Mike: でもマキ先生は「わたしは多分そう」.

06.　　　　「たくさんのひとはそう思うかも日本で」.

07. Masa: うん.

08. Mike: でもマキ先生は「絶対にないです！」

09. Masa: 大丈夫. 安全？

10. Mike: 「日本は頑張ってますよ！」なんか福島の

11. Sue:　応援してる.

12. Mike: ことのために((不明))

13. Sue:　応援してる

14. Mike: 関係ない、そんなこと. え？

　　　　((笑い))

15. Mike: 本当にそう. 本当に意見が強いだから

16. Masa: あ:::

17. Mike: 聞いたこと言って何かはい. ((不明))

18.　　　　やき、やきたつ何か((不明))

19. Masa: やきたつ？

20. Mike: 気が気が

21. Masa: う:::ん.

22. Mike: やきたつじゃない.

23.　　　　Um, we say in English, "Get her back up."

24.　　　　「あーそれじゃない！」何か

25. Masa: Get her back up?

26. John: Yes, uh...

27. Mike: 何と言う

28. Masa: Get her back up.

　データ(B)の直前では、この日本語勉強会の歴史について話していた. 以前の勉強会では、「ディベート」を行ったこともあり、例えば東日本大震災直後、マキと豪州人は福島産野菜の安全性について議論したというものである. このディベートで、Mike は福島産の野菜は買わない方が良いと主張し

100 第1部 日常体験としてのディスコーダンス

たのに対し（1–3行目）、マキは反対を表明した（5-6行目）としている。その際、マキの言葉を引用して（8、10行目）いかにマキが強く自分の意見を押し通そうとしていたのか、また、過度に感情的になっていたのかを Mike は否定的に表している。Sue も Mike の発話に付け足しを行っている（11、13行目）。Mike はマキの意見を完全否定し（14行目）、マキは「意見が強い」（15行目）ということ、そして人を怒らせる性質であるという評価的な発話を行おうとしている（17–22行目）。この際、Mike は英語の get her back up という表現に相当する日本語が思いつかなかったため、日本語として意味不明な発話を行っている（この英語表現のメタ語用的発話がこの後もしばらく続き、結局「人を怒らせる」という日本語が当てられた）。

　ここでの Mike のストラテジーは、マキの発話の直接引用により彼女の社会性に対する否定的な評価を行うというものである。Mike の直接引用（5、6、8、10行目）は、ゴシップの標的となっている人物（マキ）が言ったとされる言葉の「例証」に見える。しかし、このような直接引用の機能は、話題の中心となっている人物（マキ）の人格や性格を話し手（Mike）が主観的評価し、その評価に信憑性を与えようとするものである。注意すべきはマキが言ったことを正確に伝えているかどうかは不明であることである（Holt 2000）。更に、データ（A）と比較し、データ（B）の発話は、言及指標性の観点からはより明示的であり、しかもその言及指示対象は東日本大震災に関するものである点でかなり「危険な」ゴシップになっている。つまり、ここでの発話は、単にマキ個人の性格の頑固さ、社会性の欠如、感情的な側面などを否定的に評価しているだけでなく、震災後の福島産野菜の安全性が焦点になっている。今思い返してみても、日本でも東北地方の農産物に対する「風評被害」の話題がニュースにもなっていただけに筆者も複雑な心境であった。

　しかし、このインターアクションでも参与者間に目立った衝突はなく、筆者は Mike に合の手を入れながらゴシップを聞いている（2、4、7、9行目）。データ（B）でもディスコーダンスは表面化されず、一見「調和した」インターアクションになっている。

データ（B）のすぐ後では以前の日本語勉強会では「ディベート」の他、各自がトピックを決めてパワーポイントを使った「プレゼンテーション」を行ったこともあるという勉強会の内容を筆者に伝えていた。又この会話の前の数週間は誕生日の参与者を祝うためにワインを飲みながら「勉強」をしたり、参与者数名でブリスベンのアジア人街に週末に食事に行くなどの行事が続いていた。そこで、（C）で筆者は最近の活動内容として「勉強」よりも「お遊びが多い」のですか（1行目）と質問している。この「お遊び」という表現が理解されずに会話が始まっている。

（C）連帯感を創る会話

01. Masa: 最近はお遊びが多い？

02. Mike: （（首をひねって理解できないことを示す））

03. Masa: お遊び

04. Mike: お遊び？

05. Masa: お遊び. パーティーとか

06. Sue: あ:::

　　　　 （（中略））

07. Masa: そういうソーシャルなファンクションもあるんですね

08. Sue: うん. それも大事です

09. 　　 次はじゃあ私の家で

10. 　　 ディナーパーティしましょうか

11. Masa: うん. ああ

12. Sue: （（不明））

13　Masa: うん, 是非

14. Mike: それだったらわたしは埼玉のお土産をもらいました

「お遊び」という豪州人に未知の日本語のメタ語用的談話（1–6行目）の中で、筆者は「パーティーとか」という表現で言い換えている（5行目）。そこで「お遊び」の言及指示対象がSueに理解された（6行目）。また、近い将来

102　第1部　日常体験としてのディスコーダンス

の予定として実際にパーティーを彼女のアパートで行うことが提案され、筆者も招かれることになった(9–10行目)。

　ここで、今までの流れを簡単に整理してみる。まず、データ(A)では、ゴシップの標的としてのマキが導入された。具体的には、「仕事もしていないのにヨーロッパに旅行する人」として社会・道徳的に疑問視され得る人物像が描かれた。データ(B)は潜在的に「危険な」話題である東日本大震災、特に放射能汚染された可能性のある福島産野菜の安全性が、豪州人とマキのディベートのトピックとして語られた。その際、マキの人物像を否定的に特徴づけるために彼女の言葉の直接引用が使われた。この中で、参与者は一見「調和」のとれたインターアクションを行っているが、「日本人」対「豪州人」という対立範疇(Yamaguchi 2004 参照)が生み出されたことからディスコーダンスが深いレヴェルで進行した可能性がある。最後に、データ(C)では参与者間に社会的連帯(bonding)を創り出す会話に発展し、筆者は Sue の自宅で行われる予定のパーティーに招待されることになった。以上の分析を踏まえて、ここでのインターアクションをディスコーダンス現象との関連から考察してみる。

4.　考察
―ゴシップ分析からホワイト・マルチカルチュラリズム批判に向けて

　本節では上記のデータ分析から、二点に絞って考察を行いたい。まず一点目として、豪州人の言語行動を「儀礼化」されたストラテジー(Goffman 1967, 1971)としてみると上記の(A)–(C)のインターアクションをどのようなメタ語用的枠組みで説明できるか、である。二点目は、「不調和の解消あるいは調和に向けた言語的・語用論的・社会文化的方策を見つけ出すことができるのか」という問いを考える。この問いに答えるため、2節4項で見たオーストラリア公定多文化主義の社会学・人類学的研究(Hage 2000; 塩原 2005, 2010; 酒井 2003)に言及しながら、より全体論的な視点から考察する。

　一点目の「儀礼化」されたストラテジーに関しては、「事実上心証を害す

る行為 (virtual offense)」(Goffman 1971: 108–109) に対する「如才ない行動 (tactful behavior)」(Senft 2009: 82) という観点から考察する。データ (C) のような会話に至ったのは、(A) 及び (B) のインターアクションが日本人である筆者の心証を害するものであると豪州人たちが察知したと分析できる。つまり、(A) と (B) はある種の「事件 (incidents)」であり、(C) はその「修復のやり取り (remedial interchanges)」(Goffman 1971: 95–187) であると考えられる。このような修復行為は、もしかしたら起こるかもしれない衝突を回避するための予防策としてのストラテジーであり、上記のゴシップで行われた日本人一般に対する否定的評価と解釈し得るインターアクションの意味を変える社会指標的行為として (C) を位置づけることができる。このようなストラテジーが豪州人に採られたのは、「如才なさ」(Senft 2009) という強い衝突回避の規範意識が働いたと推察される。具体的には、豪州人が今・ここにいる日本人としての筆者に、不在の他の日本人についてのゴシップをするという潜在的にはディスコーダンスを産み出す行為をしながら、社会指標的・メタレヴェルでは、あいまいな言語使用や日英語間の言葉の言い換えと言ったメタ語用的発話を巧みに用いて衝突を起こさないインターアクション・ストラテジーを採ったと言えるだろう。Yes/No を明確にしないあいまいな言語使用に関しては、豪州人がステレオタイプ的な「日本人のコミュニケーション」を日本人筆者に対して「娯楽的」に用いた「交差」と言っても良いだろう（このような「他者の言語」の娯楽的使用は Rampton (1995) 参照）。更に (B) で見たように、マキに関するゴシップを東日本大震災後の福島産野菜の放射能汚染の可能性に関する口論との関連で行った後、(C) で Sue が行ったパーティー開催の提言のような社会的連帯を促すやり取りはディスコーダンスが衝突に至らないストラテジーとして有効であったことは言うまでもない。

　第二点目に、「不調和の解消あるいは調和に向けた言語的・語用論的・社会文化的方策を見つけ出すことができるのか」を考える。「社会文化的」レヴェルとして、オーストラリア国家内部の不調和を解決するために施行されている公定多文化主義を考察することで、広い視点からこの問いに接近して

104　第1部　日常体験としてのディスコーダンス

みる。歴史的にも政治社会学的にも、オーストラリアの国家的政治レヴェル
での公定多文化主義(official multiculturalism)は、「白人優越性という幻想
(phantasies)」を再生産しているという主張を2節で見た(ハージ 2003; 塩原
2005, 2010)。このような公定多文化主義の特徴は、白人は管理する主体で
あり、非白人の移民は管理される対象であることから、両者は対等の立場に
ない「ホワイト・マルチカルチュラリズム」であるという批判である。

　牽強付会の誹りを覚悟で、この「ホワイト・マルチカルチュラリズム」と
いうマクロ分析を上記のデータに当てはめてみる。日本語を学習する豪州人
たちは寛容で「善良なホワイトナショナリスト」であり、マキは彼らの「寛
容さ」の限界を超えた「危険なアジア人」(ハージ 2003: 295-322; Kawai
2005)として排除されたと解釈できるかもしれない(筆者にもそのような扱
いが起こり得るという危惧が常にあった)。この解釈は、この会の長である
Ben とマキの確執に際し、責任を負わされたのはマキだけであり、他の豪州
人は Ben に同調したという事実に拠っている。筆者は、二者間で確執が起
こった際、一方だけが責任を負わされることには疑問を感じざるを得ない
(そしてこのような責任の取られ方は白人社会におけるマイノリティーが
共有する問題である(Hill 2008))。

　しかし、上記のデータ分析からは、「白人」対「非白人(日本人)」という
単純な対立図式では説明できないインターアクションが行われたことも事実
である。豪州人の「儀礼化」されたコミュニケーションによる衝突回避の
「如才ないストラテジー」は、マクロ社会分析からは想像できないものであ
る。このようなマクロ分析の「粗さ」を補完するためにも、言語人類学で実
践されているように、「儀礼」、「如才なさ」、「交差」などのメタ語用的枠組
みからインターアクションにアプローチする必要がある。もちろん「マキ対
豪州人」、そして「筆者対豪州人」という社会的関係性から「ホワイト・
ネーション」における非白人(日本人)という要因を完全に排除はできない
が、インターアクションという指標レヴェルでは、そのような一元的マクロ
分析は、いったん停止させなければならない。

　このような言語人類学の認識論的スタンスを踏まえ、本章では「ディス

コーダンス」というメタ概念を措定し、インターアクションは、予定調和的に「均衡」を生み出すという前提から出発せずに、「不一致、不調和、不整合」が内在するものとして分析を行った。このような分析から、「不調和の解消あるいは調和に向けた言語的・語用論的・社会文化的方策を見つけ出すことができるのか」という問いに部分的な答えを述べたい。

　最後の「社会文化的方策」に関して言えば、オーストラリアという「ホワイト・ネーション」におけるマクロ政治レヴェルでの「不平等な人種関係」の再生産に対する具体的な解決策は筆者にはない。悲観的予測を述べると、白人の優越性を脅かさない「名誉白人」というオーストラリア永住の中流階級の日本人に与えられた地位（塩原 2010）、あるいは「モデル・マイノリティー」（Kawai 2005）という「アジア人」一般の立場から、白人の優越性を前提にしない真の「対等な対話者」へと進もうとする過程で、それを妨げる様々な「衝突・葛藤」を含むディスコーダンスの発生は不可避だろう。更に言えば、本章の豪州人のように日本語を熱心に学習することが必ずしも平等な人種関係に繋がる証拠はないと思われる。Hill (2008) が「言語的盗用 (linguistic appropriation)」という概念で論じているように、アメリカ合衆国における英語モノリンガルの白人英語話者によるスペイン語、アフリカ系アメリカ英語、アメリカ先住民言語の「盗用」と同様に、本章の豪州人も日本語という「オリエンタル」で「エキゾチック」な言語という象徴的資源 (symbolic resource) を手に入れることで「白い美徳 (white virtue)」を形成しているという穿った見方さえ可能である。

　しかし、本章の分析からより確実に言えることは、「言語的・語用論的なストラテジー」に関するものである。つまり、日常のインターアクションという「ミクロな人間関係」においては、豪州人が「如才なさ」の感覚と共に用いた対人関係に配慮・志向した社会指標的意味の創造が「不調和」から「調和」へと至る 1 つの手がかりになる（Rampton 1995: 141–224 参照）。言い換えると、言語交差を「連帯 (solidarity)」の形成のために用いるというストラテジーである。今後、本書の各章で行われているように、様々な社会文化的コンテクストにおいて、インターアクションをディスコーダンスという

メタ的観点から分析・理論化することで、より具体的に対人関係の不調和を阻止・緩和する言語的・語用論的なストラテジーの発見へと向かうことが期待できる。

　理論・分析的観点からの今後の課題を述べ結語としたい。本章のような日常的に見られるディスコーダンス現象の分析から、マクロ社会レヴェルに存在するメタ語用的枠組みである「言語イデオロギー」へと繋がる分析が必要である。そうすることで本書の課題の1つである「ディスコーダンスを発話出来事内部での扱いにとどまらず、そこから現代社会の特徴や言語イデオロギーを探る」（武黒 本書序章）というマクロ社会的・政治的言説分析に続いていくからである。このような「ミクロ」対「マクロ」の単純な二項対立には批判的な言語人類学者（Wortham and Reyes 2015）もいるが、筆者の立場は、発話出来事は決してそれだけで独立したものではあり得ない、というものである。「間テキスト性」という概念で言い表されているように、発話出来事は、すべてがその場で新しく生まれてくるものではなく、現代の「社会性」と過去から受け継いだ「歴史性」を必然的に伴うものであるからである。つまり、単純な「ミクロ」対「マクロ」の二項対立を乗り越えたマクロ分析に繋がるインターアクション分析が必要である。この目的を達成するための1つのアプローチとして、「ディスコーダンス」というメタ概念をインターアクション分析の際に措定することが有益であると示すことはできたと信ずる。

謝辞

本稿を執筆する際、編者である武黒麻紀子氏及び共著者の一人である杉森典子氏から有益なコメントを頂いた。ここに謝意を表したい。又、ひつじ書房の相川奈緒さんには校正に際し大変お世話になり感謝申し上げます。

参考文献

Besnier, Niko. (2009) *Gossip and the Everyday Production of Politics*. Honolulu: University of Hawai'i Press.

Briggs, Charles L. (ed.) (1996) *Disorderly Discourse: Narrative, Conflict, and Inequality*. Oxford: Oxford University Press.

Grimshaw, Allen D. (ed.) (1990) *Conflict Talk: Sociolinguistic Investigations of Arguments in Conversations*. Cambridge: Cambridge University Press.

Goffman, Erving. (1967) *Interaction Ritual: Essays on Face-to-Face Behavior*. New York: Pantheon.

Goffman, Erving. (1971) *Relations in Public: Microstudies of the Public Order*. New York: Harper & Row.

Gumperz, John J. (1982) *Discourse Strategies*. Cambridge: Cambridge University Press.

Hage, Ghassan. (2000) *White Nation: Fantasies of White Supremacy in a Multicultural Society*. London: Routledge.

ハージ・ガッサン (2003)『ホワイト・ネーション―ネオ・ナショナリズム批判』(保苅実・塩原良和訳) 平凡社

Hill, Jane H. (2008) *The Everyday Language of White Racism*. Oxford: Wiley-Blackwell.

Hill, Jane H. (1998) Language, race, and white public space. *American Anthropologist* 100 (3), pp. 680–689.

Holt, Elizabeth. (2000) Reporting and reacting: Concurrent responses to reported speech. *Research on Language and Social Interaction* 33 (4), pp. 425–454.

小山亘 (2008)『記号の系譜　社会記号論系言語人類学の射程』三元社

Kawai, Yuko. (2005) Stereotyping Asian Americans: The dialectic of the model minority and the yellow peril. *Howard Journal of Communications* 16 (2), pp. 109–130.

Kulick, Don. (1993) Speaking as a woman: Structure and gender in domestic arguments in a New Guinea village. *Cultural Anthropology* 8 (4), pp. 510–541.

Rampton, Ben. (1995) *Crossing: Language and Ethnicity among Adolescents*. London: Longman.

Sacks, Harvey. (1992) *Lectures on Conversation* (edited by Gail Jefferson). Oxford: Blackwell.

酒井直樹 (2003)「非本来的国民の排除と統合―『ホワイト・ネーション』と日本の国民主義」ガッサン・ハージ『ホワイト・ネーション』あとがき．平凡社

Senft, Gunter. (2009) Trobriand Islanders' forms of ritual communication. *Ritual Communication*, Gunter Senft and Ellen B. Basso (eds.), pp. 81–101. New York: Berg.

シルヴァスティン・マイケル (2009)『記号の思想　現代言語人類学の一軌跡　シルヴァ

スティン論文集』小山亘編　三元社

塩原良和 (2005)『ネオ・リベラリズムの時代の多文化主義―オーストラリアン・マル
チカルチュラリズムの変容』三元社

塩原良和 (2010)『変革する多文化主義へ―オーストラリアからの展望』法政大学出版

Tholander, Michael (2003) Pupils' gossip as remedial action. *Discourse Studies* 5 (1),
pp. 101–129.

Verschueren, Jef (2000) Notes on the role of metapragmatic awareness in language use.
Pragmatics 10 (4), pp. 439–456.

Wortham, Stanton, and Angela Reyes. (2015) *Discourse Analysis beyond the Speech Event.*
London and New York: Routledge.

山口征孝 (2017)「動的語用論から見た日本語のスタイルシフトの共通基盤化―丁寧体
と常体の交換」第 20 回日本語用論学会年次大会ワークショップ（京都工芸繊維
大学）.

山口征孝 (2016)「異文化間対話における雑談の美学」『雑談の美学―言語研究からの再
考』村田和代・井出里咲子編　ひつじ書房

Yamaguchi, Masataka. (2004) Complaint sequences reconsidered: A consideration from
"crosstalk" research interviews. In *Proceedings of the Eleventh Annual Symposium about
Language and Society—Austin 2003. Texas Linguistic Forum* 47, pp. 239–249.

山口征孝・武黒麻紀子 (2017)「インターアクションにおける不調和を再考する」『社会
言語科学』19 (2), pp. 93–97.

Yamaguchi, Masataka, and Makiko Takekuro. (2017) Discerning discordance in "harmoni-
ous" interactions: The cases of cross-cultural encounters in Brisbane and Ishigaki
Island, Okinawa. Paper presented at *15th International Pragmatics Conference*, Belfast,
UK.

第 2 部

見えにくいディスコーダンスと
見えるディスコーダンス

第4章

調査者が構築するディスコーダンス
日本語母語話者女性による在日一世男性と韓国人女性の
戦争の記憶インタビューの分析

杉森典子

1. はじめに—ディスコーダンスと言語イデオロギーの記号過程

　プラグマティズムでは驚き、不一致などのディスコーダンスを基本に据え、世界を過程論的、歴史的に捉える。人はディスコーダンスを起点として、その言語・思考をもって世界を構成し、さらに再構成を行う。コミュニケーション出来事において当然視しているものとは異なる対象（他者）と接触・遭遇することは「驚き」をもたらすが、その出来事は、それだけで終わらず、探求・学習・習慣化の発展過程の起点となっていく（小山 本書第9章）。

　ディスコーダンスは「コミュニケーション上の激しい衝突や攻撃よりも弱く漠然とした「調和や一致がない」現象全般をもメタ的に言い表す分析概念」である。本章で扱うディスコーダンスはその中でも「明示的ですらなく、主観的な心理レベルでの調和や一致がない状態」（武黒 本書序章）にあるものも含まれる。事例は日本で生まれ育った日本人で日本語母語話者女性の筆者が、在日韓国人一世の歴史学者男性と韓国の慰安婦被害者・活動家に行なった戦争の記憶のオーラルヒストリーインタビューである。そのインタビュー時のコミュニケーションで見て取れた主観的なレベルでのディスコーダンスがどのように生じたかを分析する。さらにインタビューのビデオの分析、可能な場合はフォローアップインタビューを行い、それぞれのディス

コーダンスからその後どのような発展過程につながったかも見ていく。

　インタビューを含めて、会話というコミュニケーション出来事などのミクロな相互行為の分析には、マクロな次元のコンテクスト的要因の分析も肝要である。その分析の手立てとして本章では言語イデオロギーの記号理論を援用する。言語イデオロギーは様々な定義がされているが（Silverstein 1979 他）ここでは言語イデオロギーを人が言葉について考えていることと広く定義しておく[1]。言語イデオロギーは、音、文法、語彙などの様々な言語の形式と、社会生活の中でそれを使う典型的な人や価値を結びつけることにより、その指標的な関係をあぶり出してくれる。このように言語イデオロギーは言語の形式と社会がどう媒介されているかを具体的に示す概念であるので重要である。

　言語イデオロギーを理解するために次のような3つの記号プロセスが提唱されている。

　　a. 「類像化」（rhematization）[2]―歴史的・偶発的・慣習的でしかないはずの言語的特徴と社会的属性の記号関係を変容させ、その関係に必然性・内在性・本質性を付与する過程
　　b. 「（フラクタルな）再帰」（fractal recursivity）―ある次元の社会関係をまた別のスケールの次元の社会関係にも投影する過程
　　c. 「消去」（erasure）―解釈構造に合わない社会言語学的現象を不可視化される、あるいは解釈構造に適合する形に翻訳される過程[3]

　　　　　　　　　　　　　（Gal and Irvine 1995; Irvine and Gal 2000）

　「類像化」は「指標」されていたものが「類像」になっていくプロセスである。例えば、「ニューヨークの人が早口で話すのは頭の回転が早いからで、テキサスの人はゆっくり話して頭の回転が遅い」というステレオタイプがある。これは話すスピードという言語的特徴と、頭の回転の速さを結びつける「類像化」の例である。実際には、ゆっくり話すニューヨーカーや、早口なテキサスの人もいて当然なのだが、「類像化」過程の中で、解釈構造に

合わないこれらの現象は「消去」されている。

次に「再帰」の例について述べる。国民国家が成立するにつれて、一国家一言語体制が強化されていったが、その中で多言語が使用されている状況は、人々が国に忠誠を誓っていない証拠と見なされるようになっていった（Gal and Irvine 1995; Irvine and Gal 2000）。多言語の使用を、秩序からの逸脱と捉える否定的な見方は、多言語使用がされている地域全体に対してのみならず、家族内の多言語使用という違ったスケールのものにも同じように投影され「再帰」が見られた[4]。

日本列島においても近代になり、言語の多様性が抑圧され、単一言語としての「国語」が政治的に生み出されていった（イ 1996; ましこ 2001; Heinrich 2012）。日本における単一言語を規範とするイデオロギーは、本章で扱う韓国語と韓国人、在日の人が話す日本語についての捉え方にも影響を与えるはずである。

実際の分析には 4 節から入るが、その前に日韓の歴史的背景、韓国人の韓国語と在日の日本語についてのイデオロギー、先行研究についてもまとめておく。

2. 歴史背景―今も続く日本列島と朝鮮半島の近代

朝鮮半島から文化や技術が伝えられ、日本の皇室にも百済の血が流れていることを記すなど、『日本書紀』、『続日本紀』からはより密接だった古代の日本と百済の関係が窺われる[5]。しかし 16 世紀の秀吉の朝鮮出兵など、それ以降の歴史、特に近代に入ってからの歴史は日本の植民地政策をめぐり関係の悪化した状態が続いている。

1910 年の韓国併合以降、朝鮮半島から日本への渡航者は増加し、在日朝鮮人人口は 1911 年の 2,527 人から 1944 年の 1,936,843 人になっている（森田 1996）[6]。多くの朝鮮半島出身者が植民地宗主国の日本で労働者として不平等な扱いを受け搾取され、様々な民族差別を受け、それに抵抗し、日本人との間に軋轢が起こった（水野・文 2015）。1923 年に起きた関東大震災はそ

114 第2部 見えにくいディスコーダンスと見えるディスコーダンス

の最たるもので、主に自警団、そして軍隊、警察によって多くの朝鮮人が、朝鮮人だというだけで虐殺される悲劇が起こっている（姜 1975; 江口 1993）。

1930年代から戦時色が濃くなり、その後第二次世界大戦に突入していくことになるのだが、日中戦争が始まると、日本列島でも皇民化教育が強化された。在日朝鮮人に対してはさらにそれに加えて日本への同化、皇民化推進のための官製団体の協和会が組織されその監視統制にあたった（安 2013）。

朝鮮半島でも皇民化政策が強化され、学校教育での韓国語使用の禁止とそれに代わる日本語使用、宮城遥拝、日の丸掲揚などが強要された。1938年からは志願兵制度が、1944年からは徴兵制が始まった。1940年の創氏改名の強制により8割の人が姓名変更をした。また朝鮮半島出身者をはじめとする多くの主にアジア人女性が慰安婦被害に遭った。その中には未成年者や、拉致されて戦場に送りこまれた人も含まれていた。

それゆえ1945年8月の日本の敗戦は朝鮮人にとっては日帝の植民地統治からの解放を意味した。そしてその後、実際に併合されていた35年間の倍以上の歳月が流れた。それにもかかわらず日本と朝鮮半島の、そして日本国内の日本人と在日コリアンとの関係は悪化しているようにみえる。

例えば慰安婦被害者については、戦中の被害に加え、戦後も精神、健康上の問題を抱え、差別に苦しむ生活を余儀なくされた人は多い（吉見 1995）。日本政府に名誉回復を求めて謝罪や二度と同じ被害を繰り返さないために歴史教科書への慰安婦被害の記載などを求め、国際的な活動が続けられてきた。日本では2015年末のいわゆる日韓合意でこの問題について「不可逆的な解決」がされたと報道されている。しかし実際の慰安婦被害者の意向を無視した政府間のみの取り決めだと、その無効を訴える慰安婦被害者も中には存在し、この問題はまだ解決されていない。慰安婦問題はジェンダーの問題としての側面もあり、韓国の男性中心社会への批判にも繋がっている（木村 2014）。

ここでは慰安婦問題だけを述べたが、他にも竹島・独島の領土問題、教科書問題など日韓で歴史認識に齟齬がみられる諸問題がある。これらの問題を取り上げて相手国を批判することは、両国の政治リーダーにとって内政問題

から国民の目をそらすのに好都合なので、支持率が低下する政権末期によく
この方法が使われてきたが、近年その頻度が増している（木村 2014）。1980
年代以降からは専門家だけの問題になりがちだったこれら諸問題は一般にも
知られるようになり、近年はインターネット、多言語サイト、反韓関連の出
版物により、より普通の人もより身近に接することができるようになった。
このような状況は世論にも影響を与え、それぞれ相手国では、自分達に対す
る批判が高まっているのだという認識を強化させている（木村 2014）。

3. 韓国人の韓国語と在日の日本語についてのイデオロギー

　言語イデオロギーは様々な言語の形式と、社会生活の中でそれを使う典型
的な人や価値を結びつけ、指標的な関係を作り出す。本節では韓国人の韓国
語と在日の日本語使用のイデオロギーを説明するのに先述した「類像化」、
「再帰」、「消去」という記号的プロセスが、どう作用するかを見ていく。そ
のためにインターネットに日本語で書かれた、韓国人が話す韓国語、日本語
や在日コリアンの話す日本語についてのメタ語用コメントを探した。そこで
は韓国語の専門家は、「韓国人の話す日本語を聞いて気性の荒さを感じると
したら、その要因のひとつに『激音』の影響が考えられます」（松本 2008:
88）と説明する。「韓国語はとても『きつい』感じがするなあと感じられる
方も多いと思います。それは韓国語に『激音』や『濃音』があるからです」
（その 2 の韓国語講座）とも述べられている。「在日」、「韓国語」、「話し方」
などの検索で出てきたインターネット上の日本語での書き込みを調べると、
「はっきりと言う」、「大声で」、「怒って」などの形容が、韓国で話されてい
る韓国語についても、在日コリアンの話す日本語についても書かれていた。
そしてそれらが「遠慮しない」、「はっきりした」、「威圧感がある」などの、
韓国人と在日の両方の性格特徴の印象に結びつけて挙げられていた。これ
は、韓国語の発音と話者の性格を「類像化」している。この「類像化」が韓
国語を話す韓国人にだけではなく、日本語を話す在日の人にも見られること
から「再帰」も示している。しかし「在日」と言っても、二、三世以降にな

116 第2部 見えにくいディスコーダンスと見えるディスコーダンス

ると日本語が母語で、上に挙げられた韓国語の特徴が日本語に見られない人が多いと考えられるが、そのような人々の存在は「在日」と一括りにされる中で「消去」されている。

上述した韓国語専門家は韓国人の言語特徴について述べる中で、(その言語特徴に触れた読者が韓国人に対して)「気性の荒さを感じるとしたら」とか「感じられる方も多い」と書いている。明示されてはいないが、「韓国人」と対比されていることから、そう「感じる」のは「日本人」で、それは日本人の間で共有されうるものであると想定されている。これら専門家らのメタ語用コメントはクオリア(qualia)あるいは性質記号(qualisign)であることが示されている。クオリアは「類像化された」指標で(Gal 2013)、ある集団に(聴覚を含む)五感で捉えられる感覚が、ある感覚(feeling)と共起することである(Harkness 2015)。共起する感覚には肯定的にせよ否定的にせよ文化的価値観が含まれ、その感覚には(自分たちとは)「似ていないこと」、「他者性」(otherness)も含まれている(Chumley and Harkness 2013)。

ここに挙げたインターネットのメタ語用コメントが誰によって書かれたのかは不明だが、日本語で書かれていることから日本語母語話者の可能性が高いのではないかと推測される。韓国語の「激音」が全ての人にこのような感情を引き起こすわけではない。その意味で、この場合の韓国語や在日の日本語など他者の言語使用についての否定的なコメントは、感情をあまり表に出さず婉曲な言語表現を使うことに肯定的な価値を置く、自らの日本語の規範の存在を間接的に照らし出している。

次に本章で扱うディスコーダンスに関連する先行研究を見ておく。戦前に来日したインタビュー当時88歳だった在日一世女性のインタビューを扱った先行研究では、会話の早い段階での調査者の質問に対して、その女性が「違うねん」と非常にはっきり否定的な受け答えをしたため、調査者がその部分でその会話の規範からの逸脱を意識した(ディスコーダンスが生じた)ことが述べられている(Saruhashi in press)。実は本章で述べる在日一世男性との戦争の記憶インタビューでも冒頭に近い部分でディスコーダンス現象が見られる。また筆者は先の大戦を生き延びた100人以上の人にインタビュー

してきたが、本章で取り上げる韓国人女性とのインタビューが唯一、通訳を介した韓国語でのものとなった。ここでは言葉がお互い通じない中、通訳を介する時に生じるディスコーダンスを分析する。従来は通訳・翻訳されたものを研究対象としてきたが、最近の研究はその通訳・翻訳過程そのものを研究することの重要性が指摘されている（坪井 2013; Hanks and Severi 2014; Stasch 2014）。

　次節では具体的な事例に入る前に戦争の記憶インタビュープロジェクトの概要を述べておく。

4.　戦争の記憶インタビューにおけるディスコーダンス

　筆者は新聞における戦前戦後の大きな敬語使用の簡素化ついての人々の意識を探る調査の一環として、敬語使用の変化を記憶している可能性のある1932 年以前に生まれた人を対象にインタビューをした（Sugimori 2010）。2011 年以降にはインタビュー対象を 1934 年生まれまでに広げ、可能な場合は筆者の米国の大学の日本語クラスを受講する学生と一緒にインタビューしたり、日本からの留学生らの参加も得て、インタビューを書き起こし、英訳し、多様な日本語での戦争の記憶についてのオーラルヒストリーのデジタルアーカイブ化を目指している（Sugimori 2016; 杉森 2017）[7]。日本語で戦争の記憶を話せる人が日本国内外にいることから、筆者は日本在住の日本人のみならず、在日韓国人、韓国在住の韓国人日本語話者、戦後渡米した日系米国人もインタビュー対象に含めるようになってきている。

　インタビュー参加者は、基本的には知人に紹介を頼みインタビューし、そこでまた他の人の紹介を頼むという方法（snowball approach）で募ってきた。しかしそのやり方では在日のインタビュー参加者は見つけられなかった。それでもインタビュー参加者を紹介してもらえそうな団体にはたどりついた。そこでその団体と連絡を取り、インタビューの趣旨説明をし、紹介を依頼した。

　本章で取り上げる 2 人のインタビュー参加者は筆者にとっては初めて会う、戦争を知っている世代の在日なり韓国人であった。在日一世男性の A

さんは歴史学者で、韓国人女性の李玉善さんは慰安婦被害者であるとともに
活動家でもある。日本国内での多くの在日がおかれた状況や、従軍慰安婦問
題の歴史的展開を考えると、2人の人生そのものがディスコーダンスである
とも言え、これらインタビュー参加者と日本人である筆者の間には、どのよ
うな conflict（争い）が起きても当然だと覚悟してインタビューに臨んだ。

4.1　在日一世男性のインタビュー

2014年7月、筆者は在日韓国人一世の歴史学者のAさんに戦争の記憶のイ
ンタビューを申し込み、東京にあるAさんの職場のビルの一室に向かった。A
さん（1932–）は、日本語を解しない母と日本語は堪能だが多忙な父という韓国
人の両親の間に長男として生まれ、2歳で来日し、それ以降日本在住である。
家庭内言語として両親が話す韓国語は理解しても書き言葉は学ばなかった。
学校教育は小学校から大学院まで全て日本で受けている。インタビューでは皇
国少年に育った日本での小学校生活、中学校の時の疎開などが語られた。

下がこのインタビューの冒頭部分の書き起こしである。録画の用意ができ
たことを合図してAさんが生い立ち、そして朝鮮半島から来日することに
なった経緯を話し（1行目から8行目）、40秒くらい過ぎた時に、外から轟
音が聞こえ、トピックは騒音と窓に移り（9行目から23行目）ディスコーダ
ンスが生じる。

このインタビューのビデオ録画は、インターネット公開を目指すことを事
前に説明し了解を得ていた。そのため、よい音質の録画撮りが必須であるこ
とはAさんと筆者の間の共通認識になっていると筆者は考えていた。この
まま録画を続けてもよい音質でAさんの声が採れないのではないかと気懸
りになり、窓や騒音について筆者がAさんと話す中でディスコーダンスが
起こっている。実はこの会話で何が起こっていたのかについての筆者自身の
解釈は、会話の展開の中で刻々と変化し、そしてこの会話の3年後のフォ
ローアップインタビューでさらに変化していくことになるが、まず会話の中
でディスコーダンスが起こった冒頭の部分について述べる。

スクリプト中の記号は、A：インタビュー参加者、S：筆者、[　]：発話

の重複箇所、(( )) : 非言語行為、下線 : 強勢・強調、XXX : 不確かな聞き取りである。

→ 01. A: はい　え : 19(1.9)32年ですね

02. A: あの今の韓国の慶尚南道というところですね

03. A: その西の方の智異山という山がありますが　((左手で頭を触る))

04. A: 大きな山がありますが　((左手で頭を触る))

05. A: その麓の咸安^{ハミャン}というところで生まれました

→ 06. A: そして(1.5)1934年

07. A: 2歳何ヶ月かな　その時に日本の東京に来ました

08. A: 東京の渋谷にきました。

09. S: すみません　ちょっとこの<u>ガ</u>:という音が

10. A: はい

11. S: 気になるんで ちょっと窓[を]

12. A: 　　　　　　　　　　　[窓]閉まってますよ

13. S: <u>え</u>:? そうですか

14. S: <u>ガ</u>:っていう音が外から聞こえてくるような気がしたんですが((椅子を動かす準備をし始め、窓の方を向き始める))

15. A: XXX((窓を見ながら右手を上げる))

16. S: 閉まってるけど 音がするんですね((振り返る))

17. S: じゃあこの<u>ガ</u>:っていう音は((窓にテープが貼られていることを発見する))

→ 18. A: いいえ　知りません　私は

19. S: そうですね((元の体勢に戻す))

20. S: じゃ すみません

21. S: じゃ そのままで

22. S: はい 失礼いたしました

23. S: 先生 どうぞ お続けになってください

24. A: ですから来たのはその時です

(在日一世男性Aさんと筆者の会話)

まずＡは生い立ちを説明しているが、生まれた年（1行目）と来日の年（6行目）を示すのに西暦が使われている。これはこの冒頭の部分に限られたことではなく、このインタビュー全体で年を示す時に、Ａは一貫して西暦を使っていた。筆者の他の戦争の記憶インタビューの参加者はほとんどが和暦のみか、西暦と和暦の両方が使われているものであった。例えば日系米国人インタビュー参加者が日頃慣れ親しんだ西暦の英語を「ninety forty-five」のように言った後で、和暦の日本語で言い換えることは珍しくなかった。それゆえＡさんの西暦の日本語のみの使用は特徴的であった。

　年を和暦で言っても、西暦で言っても、言及指示のレベルではどちらも同じ年を示すに過ぎない。1行目でも、6行目でも沈黙があり、考えながら西暦に生まれた年、来日した年を換算している様子が窺われた。これは意識的に西暦を選んでいたことを示すと考えられる。この一貫した西暦使用にＡさんの歴史学者としての世界観が表れているのではないか。天皇の皇位継承のみによって改元を行い、天皇の在位何年目かで年を表す近代日本の和暦使用の圧力に抵抗する在日としてのアイデンティティを指標しているという社会指標的な意味があるのではないか。また将来このインタビュービデオを見る人に西暦の方がわかりやすいという配慮もあってのことかもしれない。

　その後、急に騒音が聞こえ、筆者（Ｓ）は騒音の問題について切り出そうとした（9行目）。その時Ｓはこの騒音は窓がきちんと閉められていないから筒抜けなのだと考えていた。しかし「ちょっと窓を」（11行目）と言ったところですぐにＡによる割り込みが入り、話者交代が起きている。話し始めてすぐにされた割り込みのため、ＳはＡによる強いパワーの行使と解釈し、ディスコーダンスが生じ始めた。

　窓が閉まった状態でこれほどの轟音が聞こえるはずがないと考えたＳにとって12行目の「窓は閉まってますよ」という発話内容は事実に反しており、故にグライスの会話の協調の原理（Cooperative Principle）を当てはめようとしたなら「嘘であると思うことや根拠のないことを言わない」[8]という「質の公理」（Quality maxim）（Grice 1975）違反になるとＳは考えた。Ｓは窓を背にして座っておりＡより窓に近く、12行目で割り込まれなかったら、

「窓を閉めたい」という希望を述べ、インタビュー中に中座する失礼を詫びて、窓を閉めたかった。Aは窓は閉まっていると述べたが、Sは13行目以降で、これほどの轟音が窓が閉まった状態で聞こえるわけがないという驚きを表していく。14行目の段階でも実際に轟音がAにも聞こえているに違いないと感じていたが、「聞こえた」と言い切ることはせず、「聞こえてくるような気がしたんですが」と言い、「ような」や「気がして」を加えることによって、あたかもそれがSだけの感じ方である可能性も含ませる間接的な表現を使っている。これは用件への直接的言及を回避しようとするネガティブポライトネスの緩和行為（Brown and Levinson 1987; 滝浦 2008; 村田 2013）である。このような間接的な言い方は、この轟音の問題について何らかの解決策を探る協力をAから得やすくできればと考えてのことだった。

　しかしそれに対してAは18行目で「いいえ、知りません。私は」と言っている。これはSの予想に反した答えであった。よい音質の録画をすることは重要だと理解されていると考えていたのに、問題の解決を放棄されたことを意味したが、撮影中のため、窓について話し続けることが躊躇われた。さらに「わかりません」ではなく「知りません」という動詞の選択と、「知らないんですけどね」や「知らないんですよ」などの終助詞が付いた形でもない、「知りません」という言い切り方に強い直接さが表されている。

　「知りません」と「わかりません」では、メタ語用的機能に違いが見られる。「情報のなわ張り理論」[9]（神尾 1990; Kamio 1997; 神尾 2002）を基にしたLee（2006: 204）では「わかる」、「知っている」の使用上の違いを次のように説明している。

　　a. 求められている情報が話者の情報のなわばりに属し、そして話者がそれを聞かれた時に情報を持たない時、その情報がないことを示すのに「わからない」を選択することが最適である。
　　b. その情報が、話者がその情報を持っている種類の情報の場合は、その情報を持っていることを表明するのに「知っている」より「わかる」が選択される。

(Lee 2006: 204)

またSadler（2010）では、「わからない」を選択する時、話者は情報を持っていて当然なのに持っていないことに対して、申し訳ないと言う気持ちを表し、「知らない」の場合は、その情報を知らないことは話者には関係ないことだという、話者のその情報からの突き放し（detachment）、受動的抵抗（passive resistance）、ある程度の怒りさえも表すと指摘している。

話題となっているＡの職場の応接室の窓やそのビルが存在する地域の騒音は、初めてその地を訪れたＳではなくＡに属する、Ａの「なわばり」の情報である。それにも拘らず、18行目の「知りません」は、Ａ自身とその情報との分離を示したことになる。

この会話の書き起こしだけを見ると、これ以上窓のことで協力を求めることを諦め、「すみません」と謝って、ディスコーダンスを収束させていったように一見、見える。しかし実際にはそれ以上のことが起こっていた。

18行目でＡが「いいえ、知りません、私は。」と話している時、振り返って窓を一瞥したＳは窓ガラスにはテープが貼られていることを発見した。この瞬間に、騒音が筒抜けになったのは、窓が開いていたからではなく、窓は閉まっていたがその窓ガラスが補修中の状態だったからだと理解した。それは12行目のＡの「窓は閉まってますよ」は事実に基づいた応答だったことを示していた。

Ｓには窓ガラスというものが（割られて）補修が必要になったり、テープを貼ったまま使用し続けなければならないことは尋常な状態とは見えなかった。窓ガラスが割られて補修が必要になったとすれば、それは反韓の誰かによって割られたのではないかと推測した。窓ガラスをかえることなく使い続けなければならないことは、それを修理する費用がないＡの属する団体の厳しい経済状態を示していると解釈した。そうであるならＡとしては、窓ガラスについてはＳにこれ以上触れられたくないのは当然で、それで強い口調で遮ったとかもあるかもしれなかった。Ｓを遮った、Ａのきっぱりとした口調にＳが強いディスコーダンスを感じたということ自体が、触れられたくなかったことに触れられてしまったＡの不快感をＳに伝えているという解釈も可能だった。

Aにとってみれば、せっかく本題である生い立ちについて話し始めているのに、話題を些末な騒音や窓のことに持っていこうとするSの言動は、真剣に話を聞く姿勢を持っていない聞き手としてのマナー違反にも受け取られたかもしれない。窓がテープで補修されていた事実をビデオ撮影の中で触れられるなどということはAにとって当惑することだったためSとしては早く窓の話題を終わらせたく、「知りません」と短く言った可能性もあった。Sも録画中なのでそれ以上窓のことには言及せず、Aに同意し、20行目から22行目で重ねて謝り、Aの発話を促し、会話の修復をした。そしてAの発話の意味を確認することなくインタビューを終えた。

　実はビデオでは15行目でAは何かを言い、右手を上げる様子が録画されていたが、SはAの発話に応答していない。その時、Sは騒音がする窓の方を向いていて気づかなかったのである。このことでS自身がディスコーダンスを起こしていた可能性もあることがわかった。

　このインタビューから3年後の2017年9月、SはAを自宅に訪ね、フォローアップインタビューを試みた。録画、録音はしなかった。SはAにインタビューの書き起こしとインタビュービデオを見せながら、3年前の窓と騒音の問題を取り上げたが、Aは何も覚えていなかった。窓ガラスにテープが貼られていたのは反韓の誰かによって窓ガラスが割られたからテープで補修していたのかと訊ねたが、その窓はエアコンが組み込まれているためテープで補強してあり、もともときちんと閉まらない構造なのだという説明だった。インターネットのことも話題に上げたが、Aは「インターネットは使っていないからどうでもいい」と言い、インターネットに出るかどうかは何の影響もない興味のないことのようであった。

　今回質問した時もAは「知りません」を使った。しかしそれは前回の経験から想定内の応答だったため、ディスコーダンスを感じなかった。それよりも、Aは「知らない」と「わからない」の使い分けを筆者とは違った基準で使い分けているのではないかという、新たな疑問が湧いた。3年前のディスコーダンスは、筆者の、長く日本に住んでいる人は母語話者と同じように日本語を話すはずだという、長期滞在外国人の日本語習得を自明視する

124 第2部 見えにくいディスコーダンスと見えるディスコーダンス

というモノリンガル規範がもたらしたものかもしれない。

4.2 韓国人慰安婦被害者・活動家インタビュー

大日本帝国が朝鮮を植民地化していた時、学校教育などで日本語使用を強要し、韓国語使用を禁じた。そのため、敗戦から70年以上たった現在でも朝鮮半島には日本語を話せる80代以上の人がかなりいるという話を聞き、韓国在住の人にも戦争の記憶インタビューが日本語でできる可能性があった。多様な戦争の記憶を残すためには慰安婦被害者の声も入れるべきだと考え、筆者は韓国で唯一の慰安婦被害者の福祉施設の、広州にある「ナヌムの家」(「ナヌム」は「分かち合い」の意味)に連絡し、日本語での慰安婦被害者とのインタビューができないかとその可能性を打診した。

インタビューを行った2016年12月の段階で、韓国には44人の慰安婦被害者が生存しているとされたが、そのうち11人が「ナヌムの家」で共同生活をしていた。ナヌムの家には日本語ができるボランティアスタッフがおり、そのスタッフから送られて来た連絡によると、ナヌムの家にいる慰安婦被害者11人の平均年齢は91歳で、数人は寝たきりで数人に認知症の症状が始まっているのでインタビューは難しいが、1人だけ話せる人がいるから来たらどうかとのことであった。1人だけでもインタビューできたらと、日本語でのインタビューの趣旨説明を含めた撮影許可申請書をナヌムの家に送り、許可を得た。筆者は韓国語がわからず、これが初めての韓国訪問であるため、筆者の日本語クラスの韓国人学生Mに同行してもらいナヌムの家を訪問した。

しかしナヌムの家に着いてみると、連絡を取り合ってきた日本語ボランティアスタッフは休みで、連絡の行き違いが生じており、インタビューのことは聞いていないと言われた。それでも慰安婦被害者の李玉善さん(1927–)がインタビューに応じてくれることになった。李さんは名誉回復のため日本政府からの謝罪を求めて数回来日もしている活動家である。しかし日本語でのインタビューはできないという。李さんは戦争中日本語を話し戦後にも日本語学習経験があるとのことだったので、全部日本語で話すのが困難なら、

韓国語混じりで話してくれてもいいからと頼んだが、それも出来ないと言われた。結局、筆者が韓国人学生Mに質問を日本語か英語で告げ、Mが韓国語で李さんに質問するという形を取らざるを得なかった。

ナヌムの家と併設の日本軍「慰安婦」歴史館国際平和人権センターは以前、よく韓国の中学高校などの修学旅行先となっていたため、慰安婦被害者らは生徒達と交流していたが、朴槿恵政権下（2013年2月–2016年12月）に、修学旅行の見学者が激減したとのことだった。しかし筆者が訪問した2016年12月27日はあと1日で日韓合意から1周年という時で、韓国のテレビ局クルーも、李さんにインタビューしに来ていた。日本からの大学生らの団体も来ていた。ナヌムの家の事務局からアドバイスされ、インタビューの前にナヌムの家の慰安婦らと見学者らとの交流会に参加し、慰安婦問題についての日本語ビデオを別室で観た。

ナヌムの家のウェブサイトの入居者紹介には李玉善さんについて、「1927年、釜山広域市生まれ、2000年、永久帰国。1940年、お金も稼げて勉強もできると言われ、蔚山の旅館で働いた。1942年、朝鮮人1人と日本人1人に中国の延吉に連れて行かれ、その後3年もの間日本軍慰安婦被害を受けた」（ナヌムの家 2010）と説明されている。

併設の歴史館のパンフレットにも、ナヌムの家の慰安婦被害者の顔写真と紹介文がある。そこには李玉善さんについて、「勉強熱心なハルモニ（韓国語で「おばあさん」の意味）は、聖書や日本語会話の本など読書で日々を過ごしています。温厚な性格ですが、曲がったことは許さない信念の強い方です」と書かれている。他の慰安婦被害者の紹介文に、「勉強」、「日本語会話」などという語が出てくるものはない。これらの案内文から非常に勉強熱心であることがうかがわれる李さんであるが、インタビューから李さんの家は貧しく、学校へは行けなかったことがわかった。また2人の日本人男性に拉致されて中国に送られ慰安婦被害に遭い、終戦後50年以上中国で過ごした後、中国政府から韓国政府への申し入れで、韓国へ永久帰国したという。

インタビューは李さんの部屋で行われた。そこは、部屋の一辺がベッドの長さというごく小さなもので、李さんはベッドの上に座り、筆者と学生は床

に座り、2人の間にビデオカメラを置いて話を聞いた。インタビューは李さんに戦争中の記憶（慰安婦被害経験）、日本語学習、新聞へのアクセスなどの順で質問して行われた。

　当初は、筆者（S）が質問をし、それを韓国人学生Mが韓国語に訳し、それに李さん（L）が韓国語で答え、それをMがSに英語か日本語に訳して伝え、それをもとにSがAに質問するというターンの流れが、繰り返されていくことを期待していた。

　しかし話者交代は最初の慰安婦被害経験が語られた部分では起きなかった。まずSが「戦争中のお話をお聞かせください」とMに日本語で伝え、それをMがLに韓国語で伝えてインタビューを始めたが、Lは13分以上も主に慰安婦被害関連の話をし続けた。これはLにとってインタビューを受けて慰安婦被害体験を話す経験が豊富であったことも影響していると考えられる。

　MはSの言葉を伝える通訳のはずだった。しかしMはこのような正式な通訳をするのは初めてで、通訳せず、Lの話を聞くことに没頭する。Sも韓国語が全くわからないためどのように発話順番を取ればよいのかわからず、つい話し終わるまで黙っていてしまう。Lの発話にある程度の長い沈黙でもあれば割り込むこともできたかもしれないがそれもなかった。Mは後で、自分は韓国人だから慰安婦問題について知っているつもりでいたが、実際に被害に遭った人から直に話を聞くのはこれが初めてで、Lの境遇に同情し、話を聞きながら涙がこみ上げたと語っている（Clevenger 2017a, b）。

　このトピックのインタビュー場面において、筆者はGoffman（1981）の聞き手と話し手の分類に従うと「承認されている聞き手」（ratified hearer）ではあったが、「直接発話を受けない者」（unaddressed recipient）に役割転換していた。しかしSは全く会話に影響を与えていないわけではなかった[10]。会話における（話者間の）権力や順位は、話を始め、（他の話者に）話をするきっかけを与え、それを終わらせるところに暗示されるが（Goffman 1967）、それらの部分は全てSが行ってはいた。

　Lはインタビューの、特に話者交代が起きなかった最初のトピックの間

中、ほとんど M の方を向き続け、M だけに話し続けたように S には見えた。修学旅行の生徒らと交流を続けてきた L が S と M の 2 人を見た時、L にとって S は、修学旅行で来ている M の単なる付添人にしか見えなかったかもしれない。自分の言葉をわかる M の方を向いて話し続けることこそ自然で、言葉がわからない S に向かって話し続けることこそ不自然だったかもしれない。

　しかし S は違和感を感じ続けた。これは S にとっての「明示的ですらなく、主観的な心理レベルでの調和や一致がない状態」のディスコーダンスであった。そう認識した原因としては、発話順番をほとんど取れなかったことと、他のインタビューの相手と違って、L があまり S と視線を合わせようとしないと感じたことがあげられた。また途中で L が一瞬微笑したのだが、慰安婦被害という壮絶な体験を話しているであろう場面で、なぜ微笑むのかわからず、S はさらに違和感を感じた。他のインタビューではこれほどインタビュー参加者の視線や表情が記憶に残るということはなかった。

　L とのインタビューが他のものと違う点は、お互い言葉が通じない、つまり言語的他者性 (linguistic otherness) が高い状態であった事である。言語的他者性が高い状態では、相手を理解するのに、視覚で得られる経験に頼るしかないため (Stasch 2014)、このように L の表情や視線に S の意識が集中してしまったのだと考えられる。

　S は L の韓国語の発話の音だけを聞いたわけだが、3 節で述べたような気性の激しい韓国の人の特徴はインタビュー場面では感じられなかった。むしろ、L が S とほとんど視線を合わせなかったことは、そこで言われる「はっきりと」した韓国人の態度の対極にあるものとさえ考えられたが、コミュニケーションにおける様々な視線やアイコンタクトの研究 (Kleinke 1986) では、インタビューの非受け手 (unaddressed recipient) についてはまだ研究対象となっていない。

　録画したビデオで確認すると、L は少し M の方に傾き加減だがほぼ中央を向いて撮影されていた。また M とビデオを確認すると、慰安婦被害体験を話した部分で、一瞬でも S の方に視線を向けたり、ジェスチャーをした

り、声を上げて強調していた時がいくらかあったので、それぞれの時に話された部分の韓国語をMが英訳し、それを筆者が日本語にして表1に示した。太字は強調である。

表1 李さんが慰安婦被害体験を話した部分で、筆者への視線、ジェスチャー、発話の音声の強調があった時に発せられた発話の内容

分	秒	視線	ジェスチャー	発話内容
0	43–44		左手動かす	コリアの歴史
	49		上体を反らす	釜山に生まれた
1	0	有	悔しそうに	学校に行きたかった
	1–3		深い頷き	たくさん泣いた
	26		左手動かす	帰って来ようとしていた時
	34		2を出す	2人の日本人が
	35		2を上下	私の前に立ちふさがった
	38		いいえのような動き	無理やり
	41		手の動き	質問もせずに
	46		両手を撫でる	両手をつかんだ
	47–49		左手を上下	連れ去った。私はそうやって拉致された
2	1		右手を挙げ、人差し指を左手の平に	60年して戻って来た
	12		左手胸に	私は死亡したと記録されていた
	36–8		左手を上下し続ける	人々が悪いんじゃない
3	37		左手を動かす	米国とドイツでは問題は解決している
	51	有		おばあさんたちはみんな死んだ
4	48	有		あなたたちは馬鹿者(と言われる)
5	1–4		右手でベッドを掌と拳で2度ずつ叩く	200が多いか500が多いか、500年前
	16		右手を回し下におく	杭を打ち
	37		左手を空中、上下	敵から国を守り
6	3–5	有		日本に
	13		左手を上に	死んだおばあさん達
	22		左手を上下	教科書は変わっていない

	34		左手人差し指でMをさす	一行足した
	39		@（表情のみ）	独島は日本の**領土**
	52		下を向いて	良心をもって生きるべきだ
7	35		左手を数回上下	被害者と交渉する必要がある
	44		左手を上下	被害者
	55		左手をぐるぐる回す	黙らせようとした
8	24			**ただ謝ってほしい**
	44		両手をぐるぐる回す	こんなにたくさん賠償金を
	47		両手を合わせる	ほんの少しの賠償金
	59	有	人差し指を出す	ナヌムの家では
9	0–4			102歳のおばあさんがいる
	8		左手で円を描く	100歳になるまで待っても何の知らせもない
	44–6		左手を上げる	自発的にお金を稼ぐために行ったと言っている
	50	有	左手を動かす	もし自発的に行ったと言うなら
10	5		左手を上下	全員が死んでも
	5–10	有	小刻みな手の動き	この問題は解決されなくてはいけない
	13		左手動かす	子孫がいる
	15		左手あげる	歴史はそのままだ
	50–56		左手を口に	私の口は乾いた（ずっと言ってきたから）
11	17		人差し指を突き出す	見て
	26			赤ちゃんたち（年少の慰安婦達）
	30		左手で順に指を折る	まだ11, 12, 13, 14, 15歳だった
	33	有		全員殺した
12	18		右手をあげて上下	韓国人は誤解されている
	28		右手を大きく上下	（日本は）戦争をしようとしている

　ジェスチャーはLが特に主張したいことを強調するために使われており、その時に話された言葉をつなぎ合わせていくだけで、ほぼこのトピックで話された発話全体を要約しているものとなっていた。

6分39秒にLは一瞬微笑んでおり、Sの違和感の原因となった。その場面はLが戦争中のことからトピックを現在の日韓の竹島（独島）の領土問題に移し、「領土」と言った時だった。この部分は戦争中の記憶のトピックからの逸脱で、韓国政府の主張を代弁していた。本書でも都合の悪いことを言ってしまったことをごまかしたり、はっきり答えたくない質問の応答に笑いが使われたことが報告されている（荻原 本書第2章, 山口 本書第3章）。Lは微笑んだだけで、笑い声は伴っていなかったが、領土問題は日韓が歴史認識の違いから鋭く対立している問題であった。Sは韓国語がわからないので、Lがそのことを韓国語で話したとしてもSとの間に争いを生じさせることはないのだが、それでも目の前でそれを話題にすることに後ろめたさを感じた可能性がある。またこのような本来の話題から脇道へのそれ方はSが韓国語が理解できたとしたら起きたかどうかは疑問であり、その意味では両者の高い言語的他者性を利用した発話(Stasch 2014)であったと言える。

インタビュー数ヶ月後、Mとインタビューついて振り返った[11]。その結果、Mが自分が通訳としてではなくインタビュー参加者としてインタビューに参加していたと考えていたことがわかった。Mは「僕、通訳だったんですか。それで（Mに通訳されなくてLの発話の意味がわからなかったから筆者は）質問しなかったんですか」と驚いた様子で答えた。確かにこの韓国語のインタビューだけが例外で、筆者が今まで学生を伴って行った戦争の記憶インタビューは全て日本語のものだったので、学生の役割は通訳ではなくインタビュー参加者であった。プロの通訳の間においてさえ、話される言語と通訳される言語の組み合わせや、言語の文化的背景も関係し複雑であるため、話し手を制して通訳をするのかしないのか、するとしたらどのタイミングでするのかという規範は確立されているわけではない。今回のインタビューの場合、ビデオ録画をすることで、その場でわからないことがあっても後でビデオを見ればいい状況も作られていた。

インタビュー当日、ナヌムの家担当者から日本語でのインタビューはできないと言われたその場面にもMはいたので、Mの役割がインタビュアーから通訳に変わったことはわかってくれているものと筆者は考えていた。この

ような、言わなくてもわかってくれると考える日本人的なイデオロギーが原因となるディスコーダンスが、在米日系企業における日米工員間でも日常的に見られたことが砂押（本書第1章）にも示されている。「言わなくてもわかってもらえる」という言語イデオロギーは、「言えば（必ず）わかってもらえる」という言語イデオロギーを前提としている。実際には世界の多数派の人が多言語使用者で、L1もL2も同じように完璧である状態は幻想であるのに、Sは聞き手に話し手の言葉は必ず理解してもらえるはずだという話し手側のモノリンガル的な認識を当てはめていた。

「期待や予期されることと実際に起きていることの不一致」（武黒 本書序章）からディスコーダンスが生じることを考えると、このインタビューでのディスコーダンスの起点は、実際のインタビューが始まった時ではなく、その前の、日本語でのインタビューができないと告げられた時、あるいはそれ以前かもしれないことも確認された。

5.　おわりに
―モノリンガル規範と言語的他者性が作り出す様々なディスコーダンス

韓国人が話す韓国語や在日の人の話す日本語が「はっきり」していて「直接的」だとする言語イデオロギーは、言語イデオロギーの記号プロセス理論から説明できた。またこれらが日本語の言語イデオロギーを前提にして構築されていたこともあぶり出した。

在日一世男性とのインタビューで見て取れたディスコーダンスでも、近代になって強化されたモノリンガル規範の前提が調査者に未だ自明視されていることが示された。また西暦か和暦かの年号の選択は、社会指標的意味を持ち、話者の世界観にも繋がる可能性を示した。

韓国人女性とのインタビューでは、モノリンガル規範を前提とする「言わなくてもわかる」という日本的な言語イデオロギーが行き違いを生じさせ、あるべき通訳がないという状態を招き、それが「主観的な心理レベルでの調和や一致がない状態」のディスコーダンスに繋がった。インタビューの話し

手と聞き手の間の言語的他者性が強調された結果、相手の視線や表情など視覚的情報のみを頼りに相手を理解しなければならない状況が生じ、ディスコーダンスが引き起こされていた。またあるべき通訳がないという状態は反対に、通訳という行為のコミュニケーションに与える影響の大きさを際立たせる結果ともなった。

　最後になるが、コミュニケーション出来事の参加者がその場で感じるディスコーダンスは、その録画やフォローアップインタビューを分析して判別できるものとは同じではない。今回の分析では、インタビューを録画することで参加者がその場では見えていなかった他の参加者の動きや、録音だけでは見過ごされる表情も捉えていた。これらのことは参加者がコミュニケーション出来事で認識する以上に様々なディスコーダンス現象が実際には起きていることを示唆している。

謝辞

　インタビュー参加者、Great Lakes Colleges Association (GLCA) を通しての Mellon 財団の研究グラントに感謝する。武黒麻紀子氏を始め Peter Auer、福島朝子・久美子、宮崎あゆみ、野澤俊介、坪井睦子、Kristina Wirtz、山口征孝各氏の助言にも感謝する。

注

1　この定義は小山 (2011) を参考にしている。小山は言語イデオロギーを「その使用者である我々」のものに限定しているが、本章では話者が使用していない言語について考える場合も含めている。

2　Gal and Irvine (1995) で提唱された言語イデオロギー理論はパース記号論を拠り所としている。Iconization の訳として「類像化」があてられてきたが、iconization と同じ概念はすでにパースによって rhematization と表されていた。それゆえ Gal は Irvine and Gal (2000) 以降の論文 (Gal 2005, 2013, 2016) において、パースの原典により忠実にするため rhematization へ用語を変更しているので本章ではそちら

を使う。Iconization と rhematization の意味は同じである。

3　日本語訳は中野（2016）を参考にした。

4　詳しくは Gal and Irvine (1995), Irvine and Gal (2000) を参照。

5　『続日本紀』790 年 1 月 15 日に、桓武天皇の生母は百済の武寧王の末裔だったことが記されている。それ以降の皇室と朝鮮半島との関連については高橋（2002）にまとめられてある。

6　内務省統計による。前年より在日朝鮮人人口が少なかったのは 1914 年のみである（森田 1996）。

7　インターネットに載せることで、そのインタビューの一部だけを取り出し、コンテクストを無視して引用し攻撃される恐れが生じる。そのような攻撃からインタビュー参加者を守るために同じインターネット上にインタビューの全体の編集していないビデオを載せておき、実際に攻撃があった時、インタビューのコンテクストを多く示すことが望ましいという考え方がある。

8　訳は村田（2013: 132）に依った。

9　「情報のなわ張り理論」（特に初期の）では、情報を主に話者に属すると考えられるものと、聞き手に属すると考えられるものに区別して、言語使用の規則を説明しようとしている。

10　インタビューの話し手でも聞き手でもないビデオ撮影者や参与者の影響については本書の荻原（第 2 章）参照。

11　李さんは入院中で、フォローアップはかなわなかった。

参考文献

安治元（2013）「戦前の西宮協和会事業について―在日朝鮮人の日本同化、皇民化策動の軌跡」兵庫朝鮮関係研究会編『在日韓国・朝鮮人の歴史と現在』pp. 160–182. 明石書店

Brown, Penelope and Stephen C. Levinson. (1987) *Politeness: Some Universals in Language Usage*. Cambridge: Cambridge University Press.

Chumley, Lily H. and Nicholas Harkness (2013) Introduction: Qualia. *Anthropological Theory* 13(1/2): pp. 3–11.

Clevenger, Rachel J. (2017a) "Oral Histories and The Oral History Metadata Synchronizer," *Private University Products and News*, July 2017: pp. 8–11.

江口圭一（1993）『体系日本の歴史 14―二つの大戦』小学館

Gal, Susan. (2005) Language Ideologies Compared: Metaphors of Public/Private. *Journal of Linguistic Anthropology* 15(1): pp. 23–37.

Gal, Susan. (2013) Tastes of Talk: Qualia and the Moral Flavor of Signs, *Anthropological*

Theory 13(1/2): pp. 31–48

Gal, Susan. (2016) 5 Sociolinguistic Differentiation, In Nicholas Coupland (ed.) *Sociolinguistics: Theoretical Debates*. Cambridge: Cambridge University Press.

Gal, Susan and Judith T. Irvine. (1995) The Boundaries of Languages and Disciplines: How Ideologies Construct Difference. *Social Research* 62(4): pp. 967–1001.

Goffman, Erving. (1967) *Interaction Ritual: Essays in Face-to-Face Behavior*. Chicago: Aldine Publishing Company.

Goffman, Erving. (1981) *Forms of Talk*. Philadelphia: University of Pennsylvania Press.

Grice, Paul H. (1975) Logic and Conversation. In Peter Cole and Jerry L. Morgan (eds.) *Syntax and Semantics 3 Speech Acts*. pp. 41–58. New York: Academic Press.

Hanks, William F. and Carlo Severi (2014) Translating Worlds: The Epistemological Space of Translation. *HAU: Journal of Ethnographic Theory* 4(2): pp. 1–16.

Harkness, Nicholas. (2015) The Pragmatics of Qualia in Practice, *The Annual Review of Anthropology* 44: pp. 573–89.

Heinrich, Patrick. (2012) *The Making of Monolingual Japan: Language Ideology and Japanese Modernity*. Bristol, UK: Multilingual Matters

Irvine, Judith T. and Susan Gal. (2000) Language Ideology and Linguistic Differentiation. In Paul V. Kroskrity (ed.) *Regimes of Language: Ideologies, Politics, and Identities*, pp. 35–83. Santa Fe: School of American Research Press.

イ・ヨンスク(1996)『「国語」という思想―近代日本の言語認識』岩波書店

神尾昭雄(1990)『情報のなわばり理論―言語の機能的分析』大修館書店

Kamio, Akio. (1997) *Territory of Information*. Amsterdam: John Benjamins.

神尾昭雄(2002)『続情報のなわばり理論―言語の機能的分析』大修館書店

姜徳相(1975)『関東大震災』中央公論

木村幹(2014)『日韓歴史認識問題とは何か―歴史教科書・「慰安婦」・ポピュリズム』ミネルヴァ書房

Kleinke, Chris L. (1986) Gaze and Eye Contact: A Research Review. *Psychological Bulletin* 100(1): pp. 78–100.

小山亘(2011)『近代言語イデオロギー論―記号の地政とメタ・コミュニケーションの社会史』三元社

Lee, Kiri. (2006) Territory of Information Theory and Emotive Expressions in Japanese: A Case Observed in *shiranai* and *wakaranai*. In Satoko Suzuki (ed.) *Emotive Communication in Japanese*. pp. 191–207. Amsterdam: John Benjamins.

ましこひでのり(2001)『イデオロギーとしての「日本」―「国語」「日本史」の知識社会学』増補版、三元社

松本隆（2008）『韓国語から見えてくる日本語―韓流日本語鍛錬法』スリーエーネットワーク

水野直樹・文京洙（2015）『在日朝鮮人―歴史と現在』岩波書店

村田泰美（2013）「第9章　ポライトネス」岩田祐子・重光由加・村田泰美編『概説社会言語学』ひつじ書房

森田芳夫（1996）『数字が語る在日韓国・朝鮮人の歴史』明石書店

中野隆基（2016）「制度的場をめぐる多言語社会研究に向けて」『社会言語科学』19（1）: pp. 21–37. 社会言語科学会

Sadler, Misumi. (2010) Subjective and Intersubjective Uses of Japanese Verbs of Cognition in Conversation, *Pragmatics* 20(1): pp. 109–128.

Saruhashi, Junko. (In press) Language Management in Life Story Interviews: A Case Study of First Generation *Zainichi* Korean Women in Japan. In Kimura, Goro. C. and Lisa Fairbrother (eds.) *A Language Management Approach to Language Problems: Integrating Macro and Micro Perspectives*. Amsterdam: John Benjamins.

Silverstein, Michael. (1979) Language Structure and Linguistic Ideology. In Clyne, Paul R., William F. Hanks and Carol L. Hofbauer (eds.) *The Elements: A Parasession on Linguistic Units and Levels*. pp. 193–247. Chicago: Chicago Linguistic Society, University of Chicago.

Stasch, Rupert. (2014) Powers of Incomprehension: Linguistic Otherness, Translators, and Political Structure in New Guinea Tourism Encounters. *HAU: Journal of Ethnographic Theory* 4(2): pp. 73–94.

Sugimori, Noriko Akimoto. (2010) *Imperial Honorifics as an Index of Social Change in Modern Japan*, 1872–2008, Ph.D. Dissertation, Boston University

高橋紘（2002）「天皇は韓国に行けないのか」『文藝春秋』6: pp. 334–342.

滝浦真人（2008）『ポライトネス入門』研究社

坪井睦子（2013）『ボズニア紛争報道―メディアの表象と翻訳行為』みすず書房

吉見義明（1995）『従軍慰安婦』岩波書店

web ページ

Clevenger, Rachel J. (2017b) "Oral Histories and The Oral History Metadata Synchronizer," *Private University Products and News* 〈http://www.pupnmag.com/media/Digital_Magazine/2017/0717Digital/#?page=8〉2017.9.20

「延暦九年（七九〇）正月壬子【十五】」『続日本紀』shoku40.html 〈http://www.j-texts.com/jodai/shoku40.html〉2017.9.20

ナヌムの家（2010）「ハルモニの紹介」〈http://www.nanum.org/jap/bbs/people_list.php〉

2017.9.20

Sugimori, Noriko. (2016)「A Path to Bilingual OHMS」Oral History in the Liberal Arts, OHLA, Great Lakes Colleges Association/Andrew W. Mellon Foundation. 〈http://ohla.info/a-path-to-bilingual-ohms/〉2017.9.25

杉森典子（2017）「戦争の記憶インタビュープロジェクト」*The Proceedings of the 23rd Princeton Japanese Pedagogy Forum pp. 21–33, Princeton Japanese Pedagogy Forum* 〈https://pjpf.princeton.edu/sites/pjpf/files/pjpf17_proceedings_final_rv3_compressed.pdf〉2017.9.20

有限会社その弐「子音 (2)―激音・濃音」『その 2 の韓国語講座』Sononi Limited 〈http://sononi.com/kc/jp/hatsuon/0050shiin_gekion.html〉2017.9.20

第 5 章

ニュース・ディスコースにおける ディスコーダンス

語用・メタ語用としての翻訳の織り成す記号空間

坪井睦子

1. ポスト冷戦期の世界とメディアの言語

　2016 年 11 月、オックスフォード辞書は、2016 年の世界の言葉として "post-truth"（ポスト真実）を選んだと発表した。この単語は世論形成にとって客観的な事実（objective facts）よりも感情的な訴えかけ（emotional appeals）の方が強い影響力をもつ状況を指す形容詞とされる（*BBC NEWS* 2016）。2016 年から 2017 年にかけて、"fake news"（フェイクニュース）や "alternative facts"（もう 1 つの事実）等の言葉が、メディアで飛び交ったことを思い出す人も多いだろう。

　こうした用語の登場する背景としてまず考慮すべきは、冷戦が終結した 20 世紀末以降におけるインターネットをはじめとする情報技術革新と、その後の目覚ましいソーシャル・メディアの台頭であろう。メディアの双方向性が急速に達成されていく中で、既存のメディア、とりわけ新聞やテレビなどのマス・メディアへの不信が進行していった点も見逃せない。ジャーナリズムにとって、真実あるいは事実の探求は、その規範とする客観報道の基盤を成すものであり、ポスト真実という現象はジャーナリズムの衰退を象徴するものかもしれない。しかし一方で、これらの用語からは、あからさまな虚偽の情報から作られるニュースに対する危機感、あるいはこうしたニュースにさらされたときの受け手の脆弱性への警鐘も読み取れる。裏を返せば、

138 第2部 見えにくいディスコーダンスと見えるディスコーダンス

「事実」を伝えるべくマス・メディアの存在意義が再び喚起されているとも
言える。

客観報道とは、「記事内容に対する公平（fair）な態度と事実（facts）に基づく
記述」（江口 2009: 50）を指すとされる。その客観性が最も求められるのが、
政治や外交、紛争報道などのいわゆるハード・ニュースと呼ばれるものであ
る。ハード・ニュースの取材、とりわけ国際ニュースに関わる領域では、い
かにソーシャル・メディアが発達した現在にあっても、マス・メディア、と
くに国際通信社や欧米の主要新聞社、テレビ局の影響力は決して看過できな
い。マス・メディアを介した国際ニュース報道は、社会、政治と深く結びつ
いた社会的言語実践である。そしてグローバルなレヴェルで、言語を介して
情報が流れるとき、そこには不可避的に翻訳という言語行為が伴う。一方
で、ニュースの信憑性、客観性を支えるものとして、最も重視されるのが引
用、とくに直接引用であり、国際ニュースの場合も例外ではない。しかしな
がら、国際ニュース・ディスコースにおいては、事実の報道という前提の陰
で、翻訳と引用の言語行為性、言い換えると、語用、コミュニケーション出
来事としてのその複層性はほとんど認識されていない現状である（坪井
2016）。日本の新聞やテレビで見聞きするトランプ大統領の演説、メルケル
首相の談話、あるいは IS（Islamic State）による犯行声明などを含む報道が事
実と見做されるのは、報道の客観性に依拠するだけでなく、翻訳と引用を介
しても事実は変わらないという前提があるからである。

ここであらためて問われねばならないのは、メディアに期待されている事
実とはそもそも何かということであろう。フェイクニュース等の明らかな虚
偽のニュースは論外として、後述するように私たちが日々接するニュースの
伝えるものは、現実世界のさまざまな場所で起こるさまざまな出来事そのも
のではなく、社会的に構築されたものである。そこには、現実の出来事と報
道された出来事の間に往々にしてずれや不一致が生じる。しかしながら、次
から次へと産出されては消費されていく膨大なニュースに囲まれて、私たち
はそのことに気づかなかったり、たとえ気づいたり違和感を抱いても、やり
過ごしていくことが多い。このようなニュースのディスコースにおけるずれ

をここではディスコーダンスと呼ぶこととする。

　本章は、社会記号論系言語人類学の枠組みから、国際ニュース・ディスコースにおけるディスコーダンスという現象について、語用としての報道、翻訳、引用に内在する記号論的特徴、および語用の2つの側面である言及指示的語用と社会指標的語用の機能に注目し、その関連性を探ろうとするものである。まず第1節で、問題の所在と本章の目的について述べた。第2節では、上記の問題設定に沿い、本課題に関わるメディア研究と翻訳研究における研究動向を概観する。第3節においては、両研究領域の狭間にあって十分検討されてこなかった言語行為としての報道、翻訳、引用について記号論の枠組みから考察する。ローマン・ヤコブソンの措定した「一般化された翻訳」、およびヴァレンチン・ヴォロシノフからマイケル・シルヴァスティンへと継承されてきた「伝えられた発話」という視点から、語用・メタ語用としての報道、翻訳、引用の織り成す記号過程としてのニュース・ディスコースについて考察を試みる。第4節では、具体的事例として2001年の米国同時多発テロの首謀者とされるアルカーイダのウサーマ・ビン＝ラーディン（2011年5月アメリカ軍によって殺害）が、その犯行を認めたとされる2004年のスピーチに関するニュースを取り上げて、第3節までの議論を検証する。最後の節では、国際ニュースにおけるディスコーダンスが、メタ語用としての報道、翻訳、引用というともに類像性（等価性）を指標的に創出する記号過程に根差すものであること、したがってそこで生じる言及指示的意味のずれよりも社会指標的意味のずれが大きいこと、換言するとニュース・ディスコースにおいては社会指標的意味の再現にこそ困難が潜んでいること、そして社会指標的意味が言語的に明示化されないことによりそこに潜む問題は認識されにくく、対立や衝突の芽を残す危険性があることを示し結びとする。

2.　言語実践としての報道と翻訳

　1970年代以来メディア研究では、Tuchman（1978）らにより提起された社

会的構築物としてのニュースという議論が連綿と受け継がれてきた。メディアの伝えるどのようなニュースも、メディアのレンズを通して構築され、再構築された現実である。それも「ことばを介して構築された「現実」である」（岡部 2009: 9）。ニュースの記事の基本は、客観的な事実の羅列などではなく、ナラティヴの一形態としてのストーリーであり、したがって、ニュースのストーリーはナラティヴとしての構造、順序、視点、価値観を有する（Bell 1991）。そうであるなら、そこには必ずジャーナリストの視点が反映される。報道メディアやジャーナリストがいかに客観的な立場を貫こうと努力し、綿密な取材によってニュースを作成しても、最終的なニュースが出来上がるまでに、報道に関わる多くの人々による選択や決定があり、自ら見たこと、聞いたこと、誰かが語ったことを、自らの視点で切り取り、引用し、解釈し、言葉を選び、配列し、時に、言い換え、翻訳し、組み替え、削除し、追加し、出来事を再構築する。

　Briggs（1996: 3）の言うように、社会組織のあらゆるレヴェルにおいて、対立を生み、それを維持し、仲介し、表象する主要な手段を構築するものとしてナラティヴを位置づけるならば、国際ニュースのストーリーもそのような対立の生成、維持、表象に関わる言語実践と言える。そうであれば、社会的にもっと多くの関心が向けられてもおかしくない。しかしながら、通常、世界のどの国でも、国際社会の問題よりも自分たちにより身近で切実な国内ニュースの報道が重視される。メディア研究もこの状況を反映し、国内ニュースに焦点が置かれてきたことは否定できない。とりわけ日本におけるメディア研究は、国内報道、それも制度や構造に焦点化される傾向にあり（伊藤 2003）、国際報道に対する関心は長い間低迷してきた（Oi 2012）。それだけでなく、報道における言語の問題や翻訳について関心を向けられることはほぼなかったと言ってよい。とりわけ、翻訳については、国際報道テクストを扱うメディア研究においてさえ、2言語間の等価的置き換えという前提が疑われることはまれで、その言語行為性については認識されてこなかった。

　一方で、翻訳の現象、理論を研究する学問分野としての翻訳研究が、言語

学から独立する形で本格的に始まったのは 1970 年代以降である。当然のことながら、翻訳研究では、当初言語に関わるその他の応用言語学的な学問分野と同様、言語構造に焦点が置かれ、異なる言語間でいかに「等価」(equivalence) を達成するかという視点から研究が進んだ。等価の議論は翻訳研究の中心的課題といえるものであり、その議論の契機は、ヤコブソンが言語の意味と等価の問題を扱った 1959 年の論文 'On linguistic aspects of translation' (Jakobson 2004 [1959]) に遡る。その後、等価の問題は、言語間翻訳の可能性／不可能性の議論と絡まって展開し、まず言語理論に基づく研究の 1 つの方向性として、等価など幻想である (Snell-Hornby 1988) として、翻訳の目的 (skopos) でもって翻訳の実践を理論化する機能主義的翻訳理論 (スコポス理論) が生まれる。もう 1 つの方向性としては、翻訳が翻訳である限り等価は前提である (Toury 2012 [1995]) として、システム理論を援用する形で翻訳の現象を記述する記述的翻訳研究へとつながった。記述的翻訳研究は、とくに 1970 年代以降の翻訳研究の伝統的枠組みを形作り今日に至っている。

　他方、1990 年代初頭以降、バスネットとルフェーブル (Bassnett and Lefevere 1990) らにより、「文化論的転回」(cultural turn) と呼ばれる新たな潮流が生まれる。解釈の多様性を根拠に翻訳不可能性を主張するこの流れは、カルチュラル・スタディーズ、ポストモダン社会学、ポストコロニアル批評等の影響を受け、とりわけ権力、イデオロギー、アイデンティティへの強い焦点化を示す。こうして、等価と翻訳 (不) 可能性をめぐり、前者の言語理論に基づく研究と、後者のいわば文化理論に基づくそれとはほとんど敵対的とも言える緊張関係に陥って久しい。

　一方、翻訳研究での研究対象は、長く文学などフィクション領域に限られてきた。いわゆる「事実」を扱うニュースなどノン・フィクション領域は等価が容易に実現される分野と見做され、研究の対象となってこなかった。しかし、この 10 年あまりで大きな変化が起きつつある。その先駆けとなったのは、2003 年から 2007 年、英国ウォーリック大学で行われた "Translation in Global News" プロジェクトであり、その成果はプロジェクト名と同じ題名の研究 (Bielsa and Bassnett 2009) として発表され、その後のさまざまな

ニュース翻訳研究の発展につながった。しかし、これらの研究はニュース産出という目的と各地域における受容という視点から、スコポスやリスク管理 (Pym 2015) といった合目的的な議論をもとに翻訳を記述する傾向にある。そこでは翻訳が何よりも言語行為であり、したがって翻訳という行為は語用の言及指示と社会指標に関わる両面から捉える必要があることが理解されていない現状である。

このように、Jakobson (2004 [1959]) の翻訳論により始まった翻訳研究では、ヤコブソンの記号論的翻訳論、すなわち社会文化的、歴史的コンテクストにおいて生起するコミュニケーション出来事として、コミュニケーションにおける言及指示的機能と社会指標的機能の両面から翻訳を分析しようとする視点、言い換えると記号論的原理を志向する翻訳論は、未だ展開していない。

3. 記号間翻訳としてのニュース・ディスコース

ここで再度ヤコブソンに立ち返って、翻訳の記号論的原理について考察し、本課題との関連を探っていくことにしたい。

人々が日常、「翻訳」と呼んでいるものは、異なる言語間の翻訳を指すことが多いであろう。ここで言う「言語」は、日本語とか英語とか言うときの言語、いわば言語構造 (ラング) が想定されている。一方で、異なる言語同士が出会い、言語の間に違い (多様性) や類似 (普遍性) があるかどうか認識するためには、少なくとも2つの異なる言語と見做せるものが、同じ語用共同体などの同じ場所で、すなわち語用 (パロール) のレヴェルで立ち上がってくる必要がある。つまり言語が互いに違うとか類似しているとかは、言語構造 (言語共同体) のレヴェルではなく語用 (語用共同体) のレヴェルで認識されるものである (小山 2011)。このように実際の言語使用 (語用) において現れる言語を言語変種と捉えるなら、いわゆる翻訳における言語とは言語変種であり、翻訳とは言語変種が邂逅・接触するところで生起する語用、すなわち指標的な出来事と考えるべきであろう。そうであれば、言語構造の違いや語用

の言及指示的機能にのみ焦点を当てた翻訳研究の問題は明瞭である。

　パースの記号論を現代社会記号論系言語人類学へと接合したJakobson (2004 [1959]: 139) は、すべての言語記号の意味は、その記号と置き換え可能な記号への翻訳[1]であると述べ、「一般化された翻訳」を指定し、以下の3つの下位分類を示した。すなわち、1) 言語内翻訳 (intralingual translation)、2) 言語間翻訳 (interlingual translation, いわゆる翻訳)、3) 記号間翻訳 (semiotic translation) である。1) は、言語記号を同一言語の他の記号で解釈すること、2) は、言語記号を他の言語で解釈すること、3) は言語記号を言語以外の記号体系の記号によって解釈することである。ここでは言語記号について述べているが、記号一般について言えば、記号間翻訳は当然非言語記号を言語記号によって解釈することを含む。ここで重要なことは、まず、翻訳とは解釈 (interpretation) によって能動的に意味を創出する記号過程であるという点であり、もう1つはここで言う言語が個別の言語体系、言語構造などではなく、言語変種である点である。そうであれば、これら3つの翻訳の分類は絶対的なものではなく、境界のない連続体を成すものと捉えられる (小山 2009, 2011)。そして、翻訳が解釈であり、これら3つの翻訳が連続体を成すのであれば、翻訳の第一義が記号間翻訳であることも明らかである。

　一方、ヤコブソンは同論文で、狭義の言語間翻訳 (いわゆる翻訳) において通常は、完全な等価性が存在しないことに触れ、言語間翻訳が引用同様に一種の「伝えられた発話」(reported speech) であることに起因する点を指摘している。引用は、誰かの言語使用 (語用) を話し手 (言語使用者) が再現する、指標するという言語使用 (語用) である。また報道は、そこで見たこと聞いたことを解釈して、主に言語記号として再現する言語行為であるから、それぞれ狭い意味で、引用は言語内翻訳、報道は記号間翻訳の一種と捉えられる。

　さらに翻訳は、言語使用であると同時に、言語使用についての言語使用、語用についての語用であるから「メタ語用」(metapragmatics) 的発話の一種と位置づけられる (小山 2009; Silverstein 1993)。メタ語用は、ヴォロシノフ (Vološinov 1973 [1929]) の「伝えられた発話」、ベイトソン (Bateson 2000

[1972])の「メタ・コミュニケーション」(meta-communication)に非常に似た概念であり、これらの概念がヤコブソンを経て、言語人類学者シルヴァスティンに継承され再構成されたものである。以上から、国際ニュースのディスコースとは一連の記号間翻訳、語用とメタ語用の織り成す記号過程と捉えられる。

　ここで記号論的視点から、国際ニュースの産出に関わる報道、翻訳、引用の特徴を整理しておきたい。上記のようにこれらは、いずれも広い意味での翻訳であり、言語を使った実践、言い換えると言語行為(言語使用、語用)であると同時に、「同一性」「等価性」「類似性」が前提とされている言語行為である。語用とは、特定の場所、特定の社会文化的・歴史的コンテクストで実際に生起するコミュニケーション出来事、相互行為のことであるから、語用論的空間は「隣接性」「連続性」「接触」「指標性」に特徴づけられるものである。したがって、メディアのディスコースは本質的に指標的な現象である。一方で、これらの現象において期待され、前提とされているのは、現実に起きたことと報道されたこと、翻訳対象のテクスト(原文)と翻訳されたテクスト(訳文)、引用された原発話と引用文、の間の何らかの「同一性」「類似性」「類像性」である。つまり、メディアのディスコースとは、指標性と類像性に特徴づけられる記号空間であると言える。

　ここで留意すべきは、一般化された翻訳の特徴が、ディスコースのレヴェル、すなわち指標レヴェルで何らかの等価性、すなわち類像性が成立している点である。つまり、一般化された翻訳とは、パース記号論で言う「指標的類像化」(indexical iconization)の概念と重なることになる。そうであるならば、メディア・ディスコースにおけるディスコーダンスは、翻訳の記号論的特徴に起因すると考えられる。言い換えると、翻訳の難しさ、すなわち等価性、類像性の達成の困難さは、何よりも翻訳という言語行為が社会文化的歴史的コンテクストで生起するコミュニケーション出来事であり、指標的・メタ語用的記号過程であることに根差すものと捉えられるのである。

　現代社会記号論系言語人類学の枠組みに沿えば、翻訳を含むすべてのコミュニケーション出来事においては、「言われたこと」に関わる「言及指示

的テクスト」(denotational text) と「為されたこと」に関わる「社会指標的相互行為テクスト」(interactional text) が同時に複数生成される。このようにして生成されたテクストについて言及する、あるいは引用するなど、それを対象として前提的に指標する、つまりコンテクスト化するという記号論的過程を通して、解釈、テクストが生成(テクスト化)されるとともに、新たなコンテクストを創造的に指標(コンテクスト化)する。このようなメタ語用的過程、テクスト化の過程が解釈であり、翻訳である。他方、ここで生起したテクストは、新たなコンテクストを創出するとともに、後続する出来事によって再テクスト化されていく(小山 2008, 2009, 2011; Silverstein 1992)。一連の翻訳の過程では、言及指示テクスト間および相互行為のテクスト間には、不可避的に何らかのずれ、不等価性が示される。それは何よりも、翻訳が社会文化的なコンテクストで生起する固有の出来事であるからであり、翻訳を含むすべての言語使用、ディスコースにおいて解釈の多様性が不可避だからである。

　以上が社会記号論系言語人類学を枠組みとして、報道・翻訳・引用からなる国際ニュースのディスコースにおけるディスコーダンスを記号論的に考察した結果である。次の節では、具体的事例から上記議論の検証を試みる。

4.　国際ニュース・ディスコースにおけるディスコーダンス

4.1　ニュースの背景

　事例として取り上げるのは、アルカーイダ(Al Qaeda)の指導者ウサーマ・ビン＝ラーディンによる 2004 年のスピーチに関するニュースである。周知のように、ビン＝ラーディンはアメリカで 2001 年に起きた航空機を使った 4 つの同時多発テロをはじめとする諸々のテロの首謀者とされ、2011 年にアメリカ軍に殺害されるまで 10 年間もの間、アメリカ政府の対テロ戦争の標的の 1 人とされてきた。2001 年の 9 月 11 日にマンハッタンの世界貿易センタービルに航空機が突入する衝撃的な映像を覚えている人も多いだろう。今回取り上げるニュースの発端となったのは、2004 年 10 月 29 日にカター

146　第 2 部　見えにくいディスコーダンスと見えるディスコーダンス

ルの放送局アルジャジーラ（Al Jazeera）[2] に送られてきたビデオ・テープである。このビデオ・テープは、アルカーイダ [3] によるビデオ・メッセージの主たる仲介者となっていたプロダクションからアルジャジーラに提供されたものとされている（ローレンス 2006）。まずアルジャジーラは、映像を約 5 分間に短縮して、アラビア語のままで放映した [4]。続いてアルジャジーラは、そのスクリプトを英語に翻訳するとともに、同日深夜ウェブサイトに掲載している [5]。

　アルジャジーラによるアラビア語から英語への翻訳スクリプトは、主要欧米メディアのウェブサイトに掲載されるとともに、その一部が引用される形で新聞記事やテレビニュースとして報道された。このメッセージは、ビン＝ラーディンが 9.11 同時多発テロ事件への自らの関与を認めたものとして注目されただけでなく、その年のアメリカ大統領選の直前に送られてきたことから、当初より大統領選への干渉、とくにブッシュ大統領の再選阻止を意図したものとの見方が大勢を占めた。一方で、このテープの最後で述べられたアラビア語の “wilaya” という言葉の翻訳をめぐり論争が巻き起こった。他方、日本においてもこの英訳スクリプトを引用・翻訳する形で、記事やニュースが報道された。主要日刊紙には、スピーチの大半を日本語訳にした声明要旨も掲載された。ところが、翻訳の問題は俎上に載ることもなく、しばらくすると報道自体も忘れ去られていった。今に続く日本の中東報道の典型の 1 つをここに見ることができる。

　冷戦が終結したとき、日本でも大方の人が、西欧型の市場経済と多元的政治システムによる豊かで平和な社会が到来するものと予測した。しかし、こうした予測とは裏腹に、1990 年には早くも中東で湾岸戦争が勃発し、この時期の軍事行動の先駆けとなった。日ならずヨーロッパではユーゴスラヴィア連邦、アフリカではルワンダ、ソマリアなどで紛争により多くの犠牲者が出た。21 世紀に入ってからは、上記 9.11 同時多発テロが引き金となりアメリカの「対テロ戦争」が始まり、アフガニスタンへの攻撃に至る。しかし、この時まで世界で、中東やアラブ世界、あるいはイスラーム世界についてどれだけ多くの人が関心を寄せ、その世界について知ろうとしていたであろう

か。他方、欧米の一部では、ポスト冷戦期の新しい「敵」としてイスラーム原理主義を脅威とする議論が活発化していった (Esposito 1999; 小杉 1999)。イスラームをテロや犯罪、あるいは原理主義と結びつけた論調が欧米メディアだけでなく日本のニュースにおいて目立つようになったのもこの頃からである。その中で同時多発テロが起こったのである。

　当時のブッシュ大統領の下で、米国はテロの報復としてアフガニスタン、イラクでの戦争に突入すると同時に、米連邦捜査局がビン＝ラーディンをテロの首謀者として指名手配するに至る。そして、2004 年秋を迎えるのだが、それは対テロ戦争を推し進めるアメリカの次期大統領選直前で、再選をめざす共和党のブッシュ大統領とその対抗馬の民主党ケリー上院議員とが選挙合戦を繰り広げていたさなかであった。

4.2　ビン＝ラーディンによるスピーチ
　以下は、2004 年 10 月 30 日付『毎日新聞』夕刊第一面の記事からの抜粋である。

【カイロ小倉孝保】カタールのアラビア語衛星テレビ「アルジャジーラ」は 29 日深夜（日本時間 30 日未明）、「アルカイダ」を率いるウサマ・ビンラディン容疑者のビデオ映像を放映した。同容疑者は「82 年のイスラエルのレバノン侵攻を米国が容認したことで、タワー（高層ビル）を攻撃する考えが浮かんだ」と語り、米同時多発テロ（01 年 9 月 11 日）の犯行を初めて明確に認めた。米大統領選直前に姿を現すことで、ブッシュ米大統領へのダメージを狙ったものとみられる。（中略）「11 日の事件（米同時テロ）から 4 年目に入るのに、ブッシュ（米大統領）はいまだに、米国民を間違った方に導いている」と批判。「そのために、こうしたことが（今後も）繰り返される」と新たなテロを警告した。その上で米国民に対して「あなたたちが我々の安全を脅かす限り、我々もあなたたちの安全を脅かす」と強調。「あなたたちの安全は、ケリー（大統領候補）やブッシュ（米大統領）、アルカイダが握っているのではなく、あ

なたたちの手にある。我々の安全を痛めつけない<u>国</u>は、安全でいられる」とも語った。（二重下線引用者）

　上記記事において括弧でくくられている箇所は、もちろんビン＝ラーディンの言葉であるが、それが翻訳であることも、どの言語から誰が訳したのかも明らかにされていない。米国大統領の言葉であれば、英語からの翻訳であることと通常は想定されるだろうが、その他の言語の場合は言及されない限り、読者は知りえない。紙面からは、あたかもアラビア語から直接翻訳されたような印象もあるが、日本における国際ニュースは、通常、国際通信社から英語で配信された記事やBBCなどの欧米主要メディアのニュースを参照し、日本語の記事が書かれる。

　その結果でもあろうが、日本の国際ニュースではよくあるように、このスピーチに関するニュース記事の内容や構成については、他の主要日刊紙である朝日新聞および読売新聞においても、毎日新聞とほぼ同様のものとなっている。ビン＝ラーディンが従来のように山を背景に銃を構える姿ではなく、アラブ諸国で正装とされる服装で静かに語り掛ける様子を描写しながら、アメリカ国民にブッシュ政権の過ちについて語り、米国大統領選に何らかの影響を行使しようとしていると論評している。記事本文にはビン＝ラーディンの発話が何度も引用されている。全体的に、以下に示すアメリカの *The Washington Times* や *The New York Times*、*CNN.com* あるいはイギリスの *BBC NEWS* による記事や論調と類似したものとなっている。因みに、本節の冒頭で言及した、ビン＝ラーディンの原発話の中のアラビア語 "wilaya" にあたる語は、毎日新聞では「国」と訳されている。後述するように朝日新聞ではこの語を含む全文が省略、読売新聞では「国家」となっている。

　以下では、各ニュースでビン＝ラーディンの発話としてとくに注目され、直接引用された箇所、具体的には冒頭部、中間部、最終部から3つ、時系列に取り上げ、比較検討してみたい。アラビア語による原文テクストは現在のところ入手できないため、アラビア語テクストと英語テクストとの対照については、Al-Mommani and Ronowicz（2012）、Baker（2006）、MEMRI（2004）

による論考を参照する。最初に、アラビア語から直接英語に翻訳されたテクストとして、*Al Jazeera*、*BBC NEWS*、*CNN.com* によるスクリプトを取り上げ、次に英語のテクストから日本語に翻訳されたと考えられるテクストとして、朝日新聞、読売新聞、毎日新聞による記事を取り上げる。

以下、A は *Al Jazeera* のウェブサイト上に掲載されたスクリプト（2004 年 10 月 29 日、23:05GMT）[6]、B は *BBC NEWS* のウェブサイト上に掲載されたスクリプト（2004 年 10 月 29 日、02:05GMT）、そして C は *CNN.com* のウェブサイト上に掲載されたスクリプト[7]（2004 年 10 月 30 日、02:05GMT）からの抜粋である。その下に示すのが、上記英語テクストを 1 つまたは複数参照して翻訳したと考えられる日本語のテクストで、a は朝日新聞（10 月 30 日夕刊）、y は読売新聞（10 月 30 日夕刊）、m は毎日新聞（10 月 31 日朝刊）による記事からの抜粋である。記事本文の中に対応するものがない場合、あるいは記事の中の引用に省略が多い場合は声明要旨から抜粋した。記事でも声明要旨でも省略されている場合はそのまま省略した。括弧および括弧内は、原文のままである。下線、二重下線、破線、四角の囲みは筆者によるものである。

(1) A. O American people, I am speaking to tell you about the ideal way to avoid another Manhattan, about war and its causes and results.

B. Oh American people, my talk to you is about the best way to avoid another Manhattan, about the war, its causes, and results.

C. You, the American people, I talk to you today about the best way to avoid another catastrophe and about war, its reasons and its consequences.

a. 米国の人々よ。私の演説はマンハッタンで起きたこと（世界貿易センタービル崩壊）を避けるための最善の策に関するものだ。

y. アメリカ人よ、マンハッタン（米同時テロ）を繰り返さないための理想的な方法と、（今起きている）戦争の原因と結果について話をしよう。

m. アメリカ国民よ。私はこれから、戦いの原因と結果および、再びマンハッタン（の悲劇）を避けるための方策について話す。

150　第2部　見えにくいディスコーダンスと見えるディスコーダンス

(2) A. We fought you because we are free and because we want freedom for our nation. When you squander our security we squander yours.

B. We fought you because we are free and do not accept injustice. We want to restore freedom to our nation. Just as you waste our security, we will waste your security.

C. We fought with you because we are free, and we don't put up with transgressions. We want to reclaim our nation. As you spoil our security, we will do so to you.

a. 我々が戦うのは、不正義を許せないからだ。あなたたちが我々の安全を台無しにするなら、我々はあなたたちの安全を破壊する。

y. 我々は自由であり、我々の国の自由を求めてあなたたち（アメリカ人）と戦った。あなたたちが我々の安全を奪うなら、我々はあなたたちの安全を奪う。

m. 我々があなたたちと戦っているのは、我々が自由な人間であり、かつ我々の国に自由を取り戻そうと望んでいるからだ。あなたたちが我々の安全を破壊するなら、我々もやり返す。

(3) A. Your security is not in the hands of [Democratic presidential candidate John] Kerry or Bush or al-Qaida. Your security is in your own hands and each state which does not harm our security will remain safe.

B. Your security does not lie in the hands of Kerry, Bush, or al-Qaeda. Your security is in your own hands. Each and every state that does not tamper with our security will have automatically assured its own security.

C. Your security is not in the hands of [Democratic presidential nominee John] Kerry or Bush or al Qaeda. Your security is in your own hands. Any nation which does not attack us will not be attacked.

a. あなたたちの安全は、ブッシュ（大統領）でも（民主党大統領候補の）ケリー（上院議員）でもアルカイダでもなく、あなたたち自身の手にある。

y. あなたたちの安全は、ケリー（民主党大統領候補）やブッシュ（大統

領）、あるいはアル・カーイダの手にあるのではなく、あなたたち自身の手の中にある。我々に危害を加えない国家はすべて安全でいることができるだろう。

m. あなたたち米国市民の安全は、ブッシュ大統領、民主党のケリー候補、アルカイダの手の中にあるわけではなく、あなたたち自身の手の中にある。我々を痛めつけない国は安全を確保される。

まず英語テクストですぐ気づくのは、語彙の選択や省略箇所等それぞれ細かい点では違いがあり、同じ1つのアラビア語の発話に対しそれなりに多様な翻訳が行われている一方で、「何が言われているか」という言及指示的側面に注目すると全体的にそれほど大きな違いが見てとれないことであろう。他方、"We"（または "I"）と "You" という人称代名詞の対称ペアが繰り返し連辞軸上に表れるとともに、同じ形容詞、動詞がそれに対応する形で繰り返されている点である。すなわち、同じ範列（類像性）に属するものが連辞軸上（指標性）に繰り返して現れ、かなり強固な詩的構造が見られる。Al-Mommani and Ronowicz（2012: 33）によると、アラビア語原文においても第一人称代名詞と第二人称代名詞が繰り返し使用されており、それがこの声明を特徴づけているという。

　"You" とは、もちろん冒頭部の "American people" を指し、"We" とは (2) にあるように "our nation" を指していると考えられる。しかし、ここでの "our nation" が何を指すかはそれほど明瞭ではない。上記では触れていないが、同じスピーチの中でビン＝ラーディンは、「我々」がマンハッタンの攻撃を決意するに至った理由を、かつてイスラエルがレバノンに侵攻し、それをアメリカが支援したことによってレバノンの高層ビルが破壊され、同胞が耐え難い辛苦を味わったからだと述べている。このことから、"our nation" はアラブ民族、あるいはアラブ人を指していると想定できる。あるいは、イスラーム教徒の人々を指しているのかもしれない。アルカーイダのメンバーにのみ限定されていないのだけは明らかであろう。とはいえ、近代西洋の "nation state" の前提となる "nation" とは、重なるようで重ならない。このよ

152　第2部　見えにくいディスコーダンスと見えるディスコーダンス

うに、もともと"nation"なる概念自体が、近代西欧において成立したものであることを鑑みると、"our nation"がそれぞれ指標しているものは定かではない。それは(2)の破線部に注目すると分かるように、Aにはなく、Bでは'we (…) do not accept injustice'、Cでは'we don't put up with transgressions'とされている箇所における各テクストの解釈の異なりにも表れている。

　また(1)のAとBにおける"another Manhattan"とCにおける"another catastrophe"については、"Manhattan"という固有名詞が指標するものは、同時多発テロを身近で目の当たりにした当時のアメリカの人々にとって説明の必要さえないものであり、言われていることだけを見てみればこの3つはほとんど差異がない。それでも、そこには言語使用者の微妙な解釈の違いが見てとれよう。

　Silverstein (1976)が、名詞句という言語構造を担う文法範疇もまた、コミュニケーションの原則、つまりオリゴを中心とするコンテクストに基礎づけられ、階層化されていることを発見したことはよく知られている。名詞句階層(Noun Phrase Referential Hierarchy)と呼ばれているものである。それによれば、名詞句範疇もオリゴからの距離にしたがい階層化されている。すなわちオリゴに一番近い、ダイクシス(一人称代名詞、二人称代名詞、三人称代名詞、指示代名詞等)、次に固有名詞、親族名詞、人間(位階)名詞、有生名詞、具体名詞、抽象名詞の順で階層化され、最もオリゴに近いダイクシスは最も指標性が高く(コンテクスト依存度が高く)、反対にオリゴから最も遠い抽象名詞は最も弱く指標性が低くなる。上記の"We"や"our(nation)"は、一人称代名詞であることから、コンテクスト依存度が非常に高い。他方、"nation"や後述する"state"などの語彙自体は、一般具体名詞であるから指標性は低くなる。しかし、これらの語彙は「概念」や「文化的範疇」、すなわちPutnam (1975)がより厳密に「文化的ステレオタイプ」(cultural stereotype)と呼んだものに基づいていることから、象徴性、恣意性の度合いが高くなる一方で、特定の社会、文化によってそれが内包する意味が異なってくる。"our nation"のあいまいさと多義性は、この2つの要因に起因すると考えられる。他方、"Manhattan"などの固有名詞は、ダイクシスについで指標

性の高い名詞であるが、そのもの固有の名前であることから一般的にはコンテクストにほとんど依存していないように見え、その指標性が認識されにくい。そのために翻訳においてずれが生じやすく、しかも気づきにくくなる。このようにして、翻訳を介し生起する言及指示テクストでは小さな違いが、相互行為のテクストではより大きな違いとなっていく。

　上記について、英語から日本語への翻訳を見てみると、さらにそのずれが大きくなっていくのが分かる。(1)および(2)における日本語テクストを見てみると、"American people"が、それぞれ「米国の人々」「アメリカ人」「アメリカ国民」となっており、言及指示的意味はほぼ同じである一方で、社会指標的意味に目を向けると、それぞれの解釈に微妙な差異が見てとれる。また "Manhattan"については、「マンハッタンで起きたこと（世界貿易センタービル崩壊）」「マンハッタン（米同時テロ）」「マンハッタン（の悲劇）」となっており、マンハッタンの意味に補足説明をしている。さらに、"our nation"については、朝日新聞は "nation"を省略し「我々」、読売と毎日新聞は「我々の国」としている。ここは、日本の人々にとって "nation"の翻訳がいかに難しいかを物語る箇所でもある。これもまた "nation"が近代西洋の概念であることに起因する。日本語話者が "nation"から想起するものと、もともとのアラビア語との類似性は、ここに至って相当疑問となってくる。

　以上を踏まえ、スピーチ最後の箇所(3)について考える。まず、固有名詞の Bush については、Al-Mommani and Ronowicz (2012: 38) によると、原文では敬称も肩書もなく呼び捨てにしているとある。英語による3つのテクストでは、Bush についてはそのまま、Kerry 民主党大統領候補については括弧の中に補足説明を加えている。日本語では、括弧を使いさらなる補足説明を加えている。毎日新聞では、ブッシュ大統領は括弧なしで敬称つきである。このことによってわずかとはいえ社会指標的意味に変化が見られる。他方、この箇所で一番問題となったのは、冒頭で言及したアラビア語の "wilaya"である。A にあるように、アルジャジーラはこの語を含む最後の文を上記の通り、'each state which does not harm our security will remain safe'[8] と翻訳した。BBC による翻訳も、基本的に同じ解釈によるものといえよう。これ

154　第 2 部　見えにくいディスコーダンスと見えるディスコーダンス

に対し、アメリカの新保守系研究機関である MEMRI（The Middle East Media Research Institute）[9] が、アメリカのメディアは "wilaya" を間違えて翻訳して伝えているとして、以下のように指摘した [10]。すなわち、"wilaya" は米国における個々の state（州）を指すものであるのに、これらのメディアが "country" あるいは "nation" と解釈し、"each state" を米国以外のどの国家も指すものとして使用しているのは明らかな間違いであり、この文は、「我々」の安全を脅かすようなアメリカのいかなる州、すなわち Bush に投票するすべての州に対して脅しをかけていると理解すべきであると主張したのである。

　これについて、Baker（2006: 333）は、アラビア語の "wilaya" は nation/country という意味での state と、州の意味の state のどちらも指すとして、その解釈はコンテクストによるとする。一方、Al-Mommani and Ronowicz（2012: 34）は、MEMRI と同じ立場に立ち、（3）C に示した CNN の "any nation" という翻訳は、明らかに意図的な操作であると述べ、これでは全世界の国々への警告となってしまうと指摘する。いずれにしても、"wilaya" というアラビア語の語彙の概念と、"nation" や "state" という英語の概念は一対一で対応するはずもなく、翻訳に際しては翻訳者がコンテクストにおいて何を前提として解釈を行うかにより、異なる解釈が可能なのである。

　では、日本語への翻訳ではどうなったであろうか。朝日新聞は全文省略、読売新聞は「国」、毎日新聞は「国家」としている。朝日新聞が省略した意図については不明だが、（2）a における "nation" の省略とも関係しているものと思われる。ニュース翻訳に限らず、翻訳（解釈）に迷うときよく取られる方略の 1 つが省略であることはよく知られている。一方の読売新聞と毎日新聞は、アメリカの州ではなく、"nation state" の意味で解釈したことになる。もともと「我々」であるアラブ人（アラブ民族）と「あなたたち」であるアメリカ人（アメリカ国民）が対立軸であったのに、最後にきて、「我々」が対峙するものが、我々の安全を脅かす「すべての国」「すべての国家」となると飛躍しすぎているようにも感じられる。一方で、MEMRI の主張するような我々の安全を脅かす「すべての州」というのも穿った見方と捉えられ

る。ビン=ラーディンが意図したことについて今では知るすべもない。いずれにしても、これはアラビア語から英語へ、英語から日本語へという引用・翻訳の流れにおいて、アルジャジーラ、欧米メディア、そして日本のメディアはそれぞれ自らの理解する "nation" あるいは "nation state" の枠から、ビン=ラーディンの "wilaya" に込めた意味を翻訳しようとした結果と言える。このことは、何よりも翻訳が何らかの等価性（類像性）を求めながらも、必ず社会文化歴史的コンテクストで起こる指標的な出来事であることに起因することを示すものである。

5. おわりに

　以上、国際ニュースにおけるディスコーダンスは、メタ語用としての報道、翻訳、引用というともに類像性（等価性）を指標的に創出する記号過程に根差すものであること、言い換えると翻訳に内在する解釈の固有性、多様性こそが、ディスコースにおいてディスコーダンスを生みだす要因となっていること、したがってそこで生じる言及指示的意味のずれよりも社会指標的意味のずれが大きくなることが 1 つの例に過ぎないとはいえ、検証できたと考える。そしてニュース・ディスコースにおいては、社会指標的意味の再現にこそ困難があること、また社会指標的意味が言語的に明示化されないことにより、そこに潜む問題は認識されにくいことも確認できたのではないだろうか。

　2004 年の米大統領選は、ブッシュ大統領の勝利に終わった。ビン=ラーディンのスピーチが放映される前までは、同大統領の苦戦が続いていただけに、このスピーチが大統領選に何らかの影響を及ぼしたことも否定できない。その結果がビン=ラーディンの意に反したものだったのかは分からない。当時、スピーチの解釈をめぐってはさまざまな議論が飛び交った。スピーチの中に仲間に向けて次なるテロを促すメッセージが隠されているのではないかという憶測もなされたが、次なるテロが起きない中でこのスピーチも忘れ去られていった。しかし、このニュース・ディスコースに見られる

ディスコーダンスは、実は今も中東の世界で繰り広げられているさまざまな紛争を理解しようとする際に浮上する問題と重なる。なぜなら、私たちのこれらの地域に対する理解が、今も尚近代西洋のイデオロギー、すなわち"nation state"という枠組み、視点を通しての理解に終始しがちなためである。ビン＝ラーディンのスピーチに関するニュース・ディスコースにおいて見られたディスコーダンスは、この問題を指し示してくれた1つの例であった。ここに見られたディスコーダンスの要因が明らかにされないまま、近代西洋のイデオロギーが「正しい」ものとして機能し続けてしまうならば、異なる文化間の相互理解を阻むだけでなく、さらなる齟齬を生み時に対立へと至る危険性さえある。だからこそ、ニュース・ディスコース、すなわち語用のレヴェルで、そのディスコーダンスの要因を深く探ることが重要だと言えるのではないだろうか。

注

1　Jakobson (2004 [1959]: 139) は、「いかなる言語学的記号の意味も、その先にある何らかの代替的記号への翻訳である」と述べている。言い換えると、翻訳とは、すでに存在する意味を表現するのではなく、その意味を解釈により能動的に創出するものであるということであり、これは、言語的記号の意味とはその記号が関わるメタ言語的過程の総体であるとするヤコブソンの構造言語学の命題そのものと言えるものである。

2　カタールのドーハを拠点とする衛星テレビ局。1996年開局。アラビア語と英語で24時間ニュースを放送する。欧米型近代メディアをモデルとしながらも、欧米メディアの視点や報道とは一線を画した独自の姿勢で知られる。詳しくは、太田 (2006) 参照。

3　Burke (2003) によれば、アルカーイダは、通常多く人々が理解しているような1つの組織ではなく、さまざまな側面をもつ運動であり、ある種の連合と考えるべきで、過激な世界観を共有するグループが各々の地域でそれぞれの目的に従って独自に活動していると捉えるべきだという。

4　管見の限り、この映像へのリンクはすでに閉鎖されている。

5 アルジャジーラは、11月1日完全なスクリプトの翻訳をウェブサイト上に掲載している (http://www.aljazeera.com/archive/2004/11/200849163336457223.html)。全文の日本語訳については、ローレンス (2006) を参照。

6 同日の *The New York Times* と *The Washington Post* も全く同じスクリプトを国際通信社 *Reuter* (ロイター) による翻訳としてウェブサイト上に掲載している。

7 CNN アラブ局編集主任 Octavia Nasr による翻訳であると明記されている。

8 2日後の11月1日に公開されたフル・スクリプトにおいては、この箇所は以下のように変更されている。'every state that doesn't play with our security has automatically guaranteed its own security.' Abbott (2010) も参照。

9 1998年に創設されたアメリカの非営利研究組織。中東及び南アジア地域のメディアに発表されたものを英語、フランス語、ヘブライ語等に翻訳し紹介するとともに、政治を中心に独自の分析も行っている。ホームページは https://www.memri.org/。

10 MEMRI の所長を務める Yigal Carmon による論考 Osama Bin Laden Tape Threatens U.S. States (https://www.memri.org/report/en/0/0/0/0/0/0/1250.html) 参照。

参考文献

Abbott, Chris. (2010) *21 Speeches That Shaped Our World: The People and Ideas That Changed the Way We Think*. London: Rider.

Al-Mommani, Obaida and Eddie Ronowicz. (2012) An English Translation of Osama bin Laden's 2004 Speech: A Case of Manipulation. *Babel* 58(1): pp. 31–49.

Baker, Mona. (2006) Contextualization in Translator- and Interpreter-mediated Events. *Journal of Pragmatics* 38: pp. 321–337.

Bassnett, Susan and André Lefevere. (eds.) (1990) *Translation, History and Culture*. London: Pinter.

Bateson, Gregory. (2000 [1972]) *Steps to an Ecology of Mind*. Chicago, Ill: University of Chicago Press.

Bell, Allan. (1991) *The Language of News Media*, Cambridge, MA: Blackwell.

Bielsa, Esperança and Susan Bassnett. (2009) *Translation in Global News*, London: Routledge.

Briggs, Charles L. (ed.) (1996) *Disorderly Discourse: Narrative, Conflict, and Inequality*. New York: Oxford University Press.

Burke, Jason. (2003) *Al-Qaeda: Casting a Shadow of Terror*. New York: IB Tauris & Co.

江口真理子 (2009)「プリント・メディアの言語表現」岡部朗一編『言語とメディア・政治』pp. 49–69. 朝倉書店

158　第 2 部　見えにくいディスコーダンスと見えるディスコーダンス

Esposito, John L. (1999) *The Islamic Threat: Myth or Reality*. New York: Oxford University Press.

伊藤高史 (2003)「国際報道と客観報道主義」武市英雄・原寿雄編『叢書現代のメディアとジャーナリズム第 1 巻　グローバル社会とメディア』pp. 109–131.　ミネルヴァ書房

Jakobson, Roman. (2004 [1959]) On Linguistic Aspects of Translation. In Laurence V. (ed.) *The Translation Studies Reader* (2nd ed.), pp. 138–143. New York: Routledge.

小杉泰 (1999)「変革のイスラーム―文明再生の論理と構想」木村雅昭・廣岡正久編『国家と民族を問いなおす』pp. 273–296.　ミネルヴァ書房

小山亘 (2008)『記号の系譜―社会記号論系言語人類学の射程』三元社

小山亘 (2009)「シルヴァスティンの思想」シルヴァスティン, M.『記号の思想：現代言語人類学の一軌跡　シルヴァスティン論文集』pp. 11–233.　三元社

小山亘 (2011)『近代言語イデオロギー論―記号の地政とメタ・コミュニケーションの社会史』三元社

ローレンス・ブルース編　鈴木主税・中島由華訳 (2006)『オサマ・ビン・ラディン発言』河出書房新社 (Lawrence, Bruce. (ed.) (2005). *Message to the World: The Statements of Osama bin Laden*. New York: Verso.)

Oi, Shinji. (2012) News Media and News Sources in Japan.『マス・コミュニケーション研究』80: pp. 75–94.　日本マス・コミュニケーション学会

岡部朗一 (2009)「言語とメディアと政治―その相互連関性」岡部朗一編『言語とメディア・政治』pp. 1–16.　朝倉書店

太田昌宏 (2006)「中東メディアの国際情報発信と政治的背景」渡邊光一編『マスメディアと国際政治』pp. 105–131.　南窓社

Putnam, Hilary. (1975) The Meaning of 'Meaning.' In *Philosophical Papers, Vol. 2: Mind, Language, and Reality*, pp. 215–271. Cambridge: Cambridge University Press.

Pym, Anthony. (2015) Translating as Risk Management. *Journal of Pragmatics* 85: pp. 67–80.

Snell-Hornby, Mary. (1988) *Translation Studies: An Integrated Approach*. Amsterdam: John Benjamins.

Silverstein, Michael. (1976) Hierarchy of Features and Ergativity. In Robert M. W. D. (ed.) *Grammatical Categories in Australian Languages*: pp. 112–171. Canberra: Australian Institute of Aboriginal Studies.

Silverstein, Michael. (1992) The Indeterminacy of Contextualization: When is Enough Enough? In Peter A. and Aldo D. L. (eds.) *The Contextualization of Language*, pp. 55–76. Amsterdam: John Benjamins.

Silverstein, Michael.（1993）Metapragmatic Discourse and Metapragmatic Function. In John A. L.（ed.）*Reflexive Language: Reported Speech and Metapragmatics*, pp. 33–58. New York: Cambridge University Press.

Toury, Gideon.（2012 [1995]）*Descriptive Translation Studies and Beyond*（2nd ed.）. Amsterdam: John Benjamins.

坪井睦子（2016）「メタ・コミュニケーションとしてのメディア翻訳―国際ニュースにおける引用と翻訳行為の不可視性」『社会言語科学』19（1）：pp. 118–134. 社会言語科学会

Tuchman, Gale.（1978）*Making News: A Study in the Construction of Reality*. New York: The Free Press.

Vološinov, Valentin. N.（1973 [1929]）*Marxism and the Philosophy of Language*. Cambridge, MA: Harvard University Press.

Bin Laden Speaks to American People（October 30, 2004）*The Washington Post*. <http://www.washingtonpost.com/wp-dyn/articles/A10079-2004Oct29.html> 2016.9.26

Bin Laden: 'Your Security is in Your Own Hands'（October 30, 2004）*CNN.com*. <http://edition.cnn.com/2004/WORLD/meast/1> 2016.9.26

Carmon, Yigal.（November 1, 2004）Osam Bin Laden Tape Threatens U. S. States. *MEMRI: The Middle East Media Research Institute*. <https://www.memri.org/report/en/0/0/0/0/0/0/1250.html> 2016.9.24

Excerpts: Bin Laden Video（October 29, 2004）*BBC NEWS*. <http://newsvote.bbc.co.uk/mpapps/pagetools/print/news.bbc.co.uk/2/hi/middle_east/3966817.stm> 2017.6.22

Excerpts from Usama bin Ladin's Speech（October 29, 2004）*Aljazeera*. <http://www.aljazeera.com/archive/2004/10/200841010231741176.html> 2016.9.24

Full Transcript of bin Ladin's Speech（November 1, 2004）*Aljazeera*. <http://www.aljazeera.com/archive/2004/11/200849163336457223.html> 2016.3.14

'Post-truth' Declared Word of the Year by Oxford Dictionaries.（November 16, 2016）*BBC NEWS*. <http://www.bbc.com/news/uk-37995600> 2017.6.1

Transcript of Al Jazeera Tape（October 29, 2004）*The New York Times* <http://www.nytimes.com/2004/10/29/international/transcript-of-al-jazeera-tape.html> 2016.9.26

日本語引用新聞記事一覧

川上泰徳（2004. 10. 30）「ビンラディン容疑者、9・11 テロ関与声明　米大統領選を意識？」『朝日新聞』夕刊, p. 1.

川上泰徳（2004. 10. 30）「政治指導者を演出　暴力的な言葉抑える　ビンラディン容疑

者声明」『朝日新聞』夕刊，p. 2.

岡本道郎（2004. 10. 30）「ビンラーディン、「ブッシュ落選」狙う？米国民にビデオで執ように非難」『読売新聞』夕刊，p. 3.

小倉孝保（2004. 10. 30）「米同時多発テロ：ウサマ・ビンラディン容疑者、犯行を認める―ビデオ放映」『毎日新聞』夕刊，p. 1.

「ビンラディン容疑者の声明（要旨）」（2004. 10. 30）『朝日新聞』夕刊，p. 2.

「29日にビデオ放映されたビンラーディンの声明要旨」（2004. 10. 30）『読売新聞』夕刊，p. 3.

「声明要旨」（2004. 10. 31）『毎日新聞』朝刊，p. 6

第6章

メタ語用としてのディスコーダンス
石垣島の「島と内地」の不一致を巡るコミュニケーション実践

武黒麻紀子

> 人間てものは、村であれ、どこであれほとんど変わりはないって申し上
> げただけです。(略)ただ、村に住んでおりますと、人間性というものを
> ごく手近で観察するチャンスや余裕があたえられるわけですけれどね。
>
> (アガサ・クリスティー 『火曜クラブ』)

1. はじめに—なぜ石垣島なのか？

　日本列島南端に位置する八重山諸島の1つ、石垣島(沖縄県)は、茨城県
の霞ケ浦ほどの面積をもつ。そこは、亜熱帯性の生物のみならず、人間の文
化的多様性も凝縮されている。現在、46都道府県および40ヶ国以上からの
移住者を含む人々が暮らし、近隣離島と比べて多様性もしくは雑多性ともい
うべき特徴が際立つ石垣島において、外部者に対する排除や排斥の動きが一
切なかった歴史は、ときに『合衆国』と喩えられるに相応しい、寛容な社会
であることを示している(三木2010)。

　石垣島を初めて訪れた2006年6月以来、筆者はほぼ毎年フィールドワー
クを行ってきた。島に生まれ育ち、あるいは島の外から移り住んで地域社会
に溶け込み生計を立てている人々が語る話は、常に新鮮だ。相互行為やナラ
ティブ、インタビューのデータを集めるほど、しかし、そこかしこに埋めた
くても埋められない溝のようなもの——ディスコーダンス——を感じること
も多くなった。方言や地域性の喪失が深刻に危惧される近年(cf. UNESCO

2009)、スローライフに憧れた移住者が毎年多数押し寄せる。その影響も少なくない中、異なる立場にある人々はそれぞれ心の内で何を思い、どのようなことに気を配って暮らしているのだろうか。

アガサ・クリスティーの小説に登場する老婦人探偵で、冒頭の引用の語り手であるミス・マープルは、村を世界の縮図と捉えた。「人間の社会性」という本書を括る大きなテーマから考えても、小さな島のコミュニケーション実践に見られるディスコーダンス現象は、そこの地域と無関係な人々の言語実践や社会関係にも通じるものがあるのではないだろうか。本研究が示すのは、石垣島に特徴的ではあるが、他の文化や地域のコミュニケーションにも通底しうる現象の一部である。

本章では、沖縄県石垣島のフィールドワークで集めた相互行為データをもとに、島と島外(特に沖縄県以外の都道府県の集合)を二項対立でとらえるディスコーダンス現象に注目する。その目的は、1) 石垣島のコミュニケーション実践の一部に、島と島外とを明示的に区別しディスコーダンス(不一致や対立)を見出す傾向があることを指摘し、2) コミュニケーションにおいて、あえてディスコーダンスを求めていく側面も少なからず見られる点を論じること、である。そして、ディスコーダンスは、ネガティブな悪役も担うが、社会関係において建設的な役割も果たしている可能性を示唆する。

2. ディスコーダンス現象と理論的枠組み

ディスコーダンスとは、事柄間や社会関係において「調和や一致がなく、時に対立的にある状態」を指す(武黒 本書第1章)。コミュニケーションにおけるディスコーダンスは、不賛成や喧嘩、対立のように明示的に示されることもあれば、暗に示される不賛成や差別発言、言われていることと実際に起きたことの乖離など、それが取る様態もさまざまである。本章では、普段は影を潜めているけれども、何か事が起きたときに可視化されることの多い二項対立からなるディスコーダンスに着目する。そうしたディスコーダンスが言語使用を通して繰り返されることで、それがあたかも所与のものである

かのように人々の解釈枠組みや文化的実践をある程度統制している様子を浮き彫りにする。

　ここで必須となるのは、社会・文化史的コンテクストを射程に置いたコミュニケーションとの向き合い方である。本章では、これを、ボアス人類学から派生した人類学と、ヤコブソン経由でパース記号論と融合した社会記号論系言語人類学の理念と枠組み（Silverstein 1976; 小山 2008, 2009, 2011, 2012）に見出し、分析と考察における理論的基盤とする。理念については、武黒（本書第 1 章）で示したので、ここでは後述の分析に使われる概念——指標的意味、相互行為の「今・ここ」（オリゴ; origo）、コンテクスト化、テクスト化、メタ語用的解釈、詩的構造——を相互に関連付けた簡単な説明を試みる[1]。

　言語には、言及指示の機能に加え、コミュニケーション出来事が生起する特定のコンテクストを指し示すことのできる社会指標的機能がある（Silverstein 1976）。言語人類学では、コミュニケーションを、その中心である「今・ここ」というオリゴを起点に展開される指標的な出来事、と捉える（Koyama 2009）。たとえば、ある話者がある方言を使用した時、それが指し示す社会的意味には、話者がその方言が話される地域の出身であること、どこかの芸人の真似をしていること、ユーモアの効果を引き出そうとしていること、批判を和らげようとしていることなど、原理的には無数の可能性があり得る。そうした無数の可能性の中から、コミュニケーション出来事の参与者は、「今・ここ」のコンテクストに照らし合わせて特定のコンテクストを指標することで「コンテクスト化」を行い、それによって解釈の選択肢が絞られたコミュニケーション出来事となる、つまり「テクスト化」に至るのである。この過程で、無限の意味解釈の可能性をある程度絞ることができるのは言語の持つメタ語用的機能によるもので、私たちが言語使用をコンテクストに照らし合わせて理解するときによりどころとするのがメタ語用的解釈枠組である（Hanks 1993; Silverstein 1993）。そして、メタ語用的解釈は、言語の持つ詩的機能（Jakobson 1960）、つまり類似性に基づく同一の言語形式・意味・音・リズムなどの反復によって、分かりやすい形で浮かび上がること

もあれば、必ずしも意識されないうちに言及指示内容を前景化したり、一貫性の構築に寄与しながら、テクスト化での詩的な連環(詩的構造)を生み出すこともある。

　本章では、筆者が収集した石垣島での言語実践データに、島人と昨今の他都道府県からの移住者を区別、差異化するディスコーダンスが時折見られることに着目する。具体的には、石垣島に住む人々の「島と内地」の不一致を巡るコミュニケーションが、時によっては必要以上に繰り返されることで詩的構造を持つテクストとなり、両者の間の差異性や不一致を強調するディスコーダンスの定着に繋がっていく様を示す。しかしこうして創られたディスコーダンスが社会関係においてマイナスにのみ働くわけではない事例も提示し、ディスコーダンスの概念がコミュニケーション研究に新しい切り口をもたらす可能性を示唆する。

3.　『合衆国』な石垣島—多様性と差異化のはざまで

　本節では、石垣島の概略と被支配の歴史を振り返りながら、島の社会構成について説明する。

　沖縄県の石垣島は、沖縄本島から約430km南西に群をなす八重山諸島のひとつである。台北やルソン島にも近い石垣島では古くから台湾や東南アジアとの交易が盛んで、八重山地域(以後、八重山と呼ぶ)における交通や経済の要の役割を担ってきた。

　石垣島は被支配の歴史を辿ったと言っても過言ではない。14世紀以前は土着の権力者が各地区を支配していたが、15世紀頃には島全体が琉球王国に組み込まれた。17世紀に琉球王国が薩摩藩の支配下に入ると、石垣島と宮古島の住民には重い人頭税が課され、人々は琉球王国と薩摩藩の二重支配に苦しんだ。1879年、琉球王国解体に伴い、沖縄県が成立し石垣島もその一部となったが、第二次世界大戦後はアメリカの統治下に入った。1972年5月15日、沖縄県が再び日本に戻り、今日に至る。翻弄され続けた過去は今も八重山の人々の語りにたびたび現れる。とりわけ、「やまと」(日本)に

対する複雑な感情は、4節で取り上げる例中にも垣間見られ、ディスコーダンス形成に多少なりとも関わっていると考えられる。

このような状況下にありながら、八重山という地域全体は数百年にわたって、強制移住や移民(自由移民、計画移民、農業移民)、移住者を受け入れてきた(三木 2010)。石垣島では、島出身者と八重山諸島や沖縄本島、台湾からの帰化者とが混じり合う地域社会が長い時間をかけて形成されてきたのである。近年は全国的な移住ブームも手伝って、他県からの老若男女が多数石垣島に移住している。2016 年の島の人口約 48000 人に対し、46 都道府県および 43 ヶ国からの移動者は総勢 5000 から 7000 人に及ぶと推定される(石垣市企画政策課 2016)[2]。

長年にわたり、出身地や民族、文化的背景の異なる人々を受け入れ、地域社会を築き上げてきた八重山は『合衆国』に喩えられる(三木 2010)。移民の国の代表格であるアメリカ合衆国に由来するこの比喩は、良くも悪くも日常的に使われるが、それが喚起するイメージは、多様な背景を持つ人々が八重山に溶け込み、共に作り上げたと「想像される」地域社会(cf. Anderson 1983)である。このことは、各々の独自性を認めつつ全体として「八重山らしさを失うことなく、その社会と文化をつくり上げてきた。あるいは、その調和そのものが八重山社会の特徴」(三木 2010: 8)で、軋轢をも乗り越え共存できたのは「八重山の懐の深さ」(大森 2017)にほかならず、「和を重んじる平和な島」(ibid.)であり続けてほしい、との地元ジャーナリストたちによる地域礼賛の著述にも如実に表れている。

地縁や血縁関係が強い地域社会である石垣島に移って 10 年以上になる移住者たちは口を揃えて、「受け入れられないとか、そういう経験はない」と語る。島人も「出身は関係ない」と言う。一方で、両者ともに「移住期間が短いと信用されない/できない」、「閉鎖的な島社会」と口にする。石垣島に移り住んで 20 年以上の移住者は「(配偶者が島の人でない自分には)どうしても越えられない壁がある」と語る。よそからきた住民に対する排斥や暴力、攻撃などが起きたことのない石垣島にも見えない壁のようなものがあり、何らかの区別や差異化が常になされている、というのである。次節でそ

れがどのように言語実践に現れているのかを見ていくことにする。

4. 「島と内地」を巡る不一致が果たすメタ語用的機能の分析

　本節では、調査方法とデータを説明したのち、島と島の外とを対比させ、そこに不一致を見出すディスコーダンスの基盤を提供していると考えられる対照ペアを取り上げる。そして、文化的ステレオタイプをもとに強化、固定化されたディスコーダンスは更なるステレオタイプを生み出す場合もあるが、逆にディスコーダンスを利用して問題解決が図られることや、ディスコーダンスをあえて求めていく側面もあることを指摘する。時空間や参与者の違いを超えて繰り返し使われる「島と内地」を巡るディスコーダンスは、ときにマイナスに、ときにプラスに機能し、島と移住者とが関わるメタ語用的解釈の一部を成していることを詳らかにする。

4.1　移住者・島人の定義

　今回分析の対象とするのは、2012年9月と2016年7月に筆者が石垣島で録画収集した自然会話である。収集したデータの中から、共通した特徴を持ったディスコーダンス現象が見られる箇所を取り出して分析する。各例のコミュニケーション出来事に関わる状況が異なるため、ディスコーダンスの指示対象や現象も少しずつ異なるが、島と内地（話者の言及指示表現に従って便宜上「内地」を使用する）を明示的あるいは暗示的に対比させ、そこに差異性やかみ合わない不一致を見出している点で、基本的類似が見られる。データの詳細は、例の提示ごとに記述する。

　分析に移る前に、本章での移住者と島人のとらえ方について述べておきたい。移住者の定義は、研究者や調査ごと、さらに国内と国外の移住の場合で異なる。小田切・阿部（2015）が全国的に行った調査では移住者を「県をまたいで転入した人のうち、移住相談窓口や空き家バンクなどの支援策を利用した人、または、一部の県で行われている住民票異動時の意識調査で「移住目的」とした人」と定義した。実際には、住民票を異動しないまま別の居住

地に暮らす人も多く、転入・転出者として統計に表れる以上の移住者が全国にいるとされる。本章は移住に関する統計調査ではないため、主観的ではあっても本人の意向を重視した捉え方を採用する。すなわち、大人・子供を問わず、自分の代で別の市町村からある市町村へと移り住み、その地域社会に何らかの形で関わっている者や自らを移住者と考える者を「移住者」、島で生まれ、あるいは島で育った者や自らを石垣島出身者(島人)と捉える者を「島出身者(以下、「島人」と呼ぶ)」とする。

4.2 「島と内地」の対照ペアが生むディスコーダンスの基盤

　移動をし、異なる背景をもつ人々が交わり合うことが浸透している現代においても、ウチ・ソトや内部者・外部者といった対照ペアによる言及指示的な区別は多くの社会で存在する (cf. Bachnik and Quinn 1994; Scollon, Scollon and Jones 2012)。島のように分かりやすい境界を持つ地域では、こうした傾向が顕著に見られることは既に報告されている通りである (Labov 1972; Shores 2000; Schieffelin 2008)。本節で取り上げるのは出身にまつわる言及指示表現であるが、これが相手を知るための情報源として以上の指標的機能を担っていると考えられる。

　石垣島での言語実践を見ると、例えば、八重山出身者を言及するに際には島や地域の固有名を使うのに対し、島外出身者を言及するときには、空間的な距離や馴染みのなさによるのか、大都市名(主に東京や大阪)か地方名(九州、東北、北海道など)、または本土、内地という名詞が使われることが多い。沖縄県で一般的な指示表現をみても、沖縄県の人を示す「うちなんちゅ」や「しまんちゅ」、沖縄県以外の都道府県の人を示す「ないちゃあ」や「やまとんちゅ」、外から沖縄県に移り住みそこに長い人を指し示す「しまないちゃあ」のように、沖縄県の人と他都道府県の人との対照ペアが目に付く[3]。こうした対照ペアに基づく言及指示表現が日常的な語彙として頻繁に使われることによって、沖縄県人(島人)と他都道府県人との明示的な区別が定着し、ディスコーダンスの基盤が常に提供されていると考えられよう。

　石垣島に限らず、移動や婚姻に伴う社会関係の多様化や複合化、流動化が

進む今日の世界で、出身地や○○人という括りは正確で生産的な情報源にはなりえない。あるカテゴリーが指示する対象は均質でも一枚岩でもないからである。例えば、「ないちゃあ」には、数日滞在の観光客や島に移ったばかりの移住者から、移住歴何十年にもなる者、既に別の場所に移動したかつての移住者など、多様な背景をもつ人間が含まれているはずである。『合衆国』の比喩は、まさにこうした多様性やバリエーションの存在を示唆しているにもかかわらず、島の人と他都道府県の人の括りを活用する言語実践は堅固にみられるのである。4.3 以降では、そうした過程を実際の相互行為の例から検証してみたい。

4.3 「島と内地」を巡る文化的ステレオタイプの増長と定着

ディスコーダンスは、ステレオタイプ化による産物でもあり、それがあたかも所与のものとして機能することで、次の段階へと向かう場合がある。ここでは、島出身者および近年の移住者双方に対する(誤った)情報や文化的ステレオタイプに基づいて生まれたディスコーダンスが固定化され、メタ語用的枠組みとなる例を分析する。

(1)では、ある出来事を想像にもとづいて解釈したために、事実との乖離および集団間での「創られた」ディスコーダンスが浮き彫りになる。

(1) 2012 年 9 月、大型台風の接近に備え、島人 A (80 代男性) は、海に面した別邸の庭にテーブルや椅子を知人 B (60 代男性) と調査者 (筆者) とともに片付けていた。そこへ大きなサイレン音とヘリコプターの旋回音がして、A が話し始めた。

```
    01.   海の事故か
→  02.   また  やまとが  もう  意味不明な  泳ぎ方をして
→  03.   いつも  事故  起こして
    04.   海上保安庁が  XXX さ
```

調査者の目の前で県外の人々の批判をすることは決してよくある話ではない
が、これまでにも海で命を危険にさらした人々に対してＡは深く心を痛め
ていた。数日前には空や海の便の欠航が決まっていたほど猛烈な台風が接近
し、島中が万全な備えをしている最中、海で遊泳することは極めて危険な行
為であった。

　Ａはサイレンとヘリコプターの旋回音を聞くやいなや、海上保安庁の出
動、すなわち海難事故の発生を察知した。2-3行目で「いつも」事故を起こ
すのは「意味不明な泳ぎ方を」する「やまと」であると言ったのは、台風が
近づく中で海へ出ていくのは海を熟知した島の人間であるはずがなく、外か
ら来た人間が海の事故に遭って海上保安庁に厄介をかけたという筋書きであ
る。2行目で日本の国を意味する「やまと」を使って他都道府県の人々に言
及しているが、これはＡの世代の島の人の間では割と普通である。ここで、
事故の当事者が島の人間ではないと断定し、これまでにも外から来た人々が
起こしてきた(であろう)海難事故に対する地元の人々の心配や半ば呆れた感
情が示されている。このような指標的意味を持つＡの発言とその妥当性を
この場に居合わせたＢと筆者は疑いもしなかった。この後、Ａの別邸を去っ
て、海岸近くで警察車両を見かけた際にも、Ｂと筆者は、事故の当事者イ
コール他都道府県から来た人というＡの想像に従って会話を続けていた。
事例(1)およびそれに付随したＢと筆者の言語実践は、生活や経験を通じて
形作られたイメージや文化的ステレオタイプから出たＡの発話を発端に、
集団間のディスコーダンスが焦点化し、それが参与者たちにも刷り込まれて
いたことを示している。

　しかし、数日後の新聞記事から事実が明らかになった。沖縄県出身、那覇
市在住の若者が地元の友人を訪ねた折に一緒に海に入ったという情報が確認
されたのである。(1)の時点で事実関係を把握していなかったＡ、Ｂそして
筆者でさえもが、経験と想像にもとづいて出来事を解釈したＡの発言を聞
き、文化的ステレオタイプのみならず、島に対する内地という区別や二者間の
ディスコーダンスを受け入れていた。ディスコーダンスとは、参与者自身が
意図あるいは意識しているかどうかも不明瞭なまま、時によっては事実と異

なっていても成立し、刷り込まれ、引き継がれていくものである。

　次は、他県出身者の口から島人への文化的ステレオタイプが語られた例を取り上げる。ここでも、島人の気質についての語りが誤認情報によるものであったと分かったにもかかわらず、コンテクスト化、テクスト化を経たディスコーダンスが解消されたとは言い難い。

(2) 2016 年 7 月の調査最終日、筆者は調査地を後にする挨拶のため、D と E（ともに 30 代女性、3 年前に関東から移住）の事務所を訪ねた。この前日に、筆者 T と D は、D の知り合いで連絡不通となった島人の件で会っていた（詳細は (4)、(5) 参照）。D と E の大学時代からの友人で初めて島を訪れた C も事務所に到着したばかりで、近くのリサイクルショップで道を尋ねたと語った。

　　01. D:　あすこ　ちょっと前まで パソコン売ってて その前が 古本屋で

　　02. E:　そうそう　その前は　おそばやさんで=

　　03. D:　=そうそうそうそう　おそばや あったあった

　　04.　　　これ全部　このせいぜい 1 年か　そこいらよ

　　05. C:　[へえ]

　　06. D:　[その]もっと前は　居酒屋だったし

　　07. C:　[へえええええ]

　　08. E:　[あああああああああ]　あったね　居酒屋

→ 09. D:　そうそう (1.0) だから　あの消えちゃった人もそうだけど

　　10.　　　長く続かないってのが (1.5) ね？　((E と T を見る))

　　11. E:　うん (1.3)　場所かね　ああいうのは

→ 12. D:　ん　場所っていうか　んんん　私たちもそうだけど

　　13.　　　内地の人は　とりあえず　1 年は　やるでしょ？

→ 14. C:　あああああああああ　そんなすぐコロコロ[と

　　15. D:　　　　　　　　　　　　　　　　　[そう　コロコロコロコロ

→ 16.　　　だあ こっちの人は ひとつを続けようって[根性がない]

17. C:　　　　　　　　　　　　　　　　　[あああああ]

18. D: [だから　もうね]

19. E: [ああ　それあるかも] だけど　あの居酒屋はそうだけど

→ 20.　　　そのあとは　内地の人がやってんだって

21. D:　ええええ　[うっそ]

22. E:　　　　　　　　　[ほんとほんと]　こないだ知ったの　びっくりし

23. D:　え::::　あたし　てっきり　こっちの[人だと思ってた]

24. E:　　　　　　　　　　　　　　　[あたしも　あたしも]

25.　　　そうもってた　コロコロかわるし　こないだ聞いてびっくり

26. D:　へえええええ　わかんないもんだね

27. E:　わかんないわかんない

　ＤとＥは、「こっちの人」つまり島の人は短期間で商売を頻繁に変えるのに対し、「内地の人」はそうではなく、両者の根性の有無による相違があると思っていたが、それに反する事実があることを知り驚いた、という話である。

　ここでは複数のレベルでディスコーダンスが認められる。まず、ＤとＥが持っていた情報の相違が生んだ2人の解釈のずれというディスコーダンスである。リサイクルショップだった店の商売は1年足らずの間に4回変わったが、Ｅは経営者が島の人でなかったことを最近知ったが（20、22行目）、ＤはＥから聞くまで島人の店だと思い込んでいた（23行目）。振り返ると、ここで把握していた情報の違いが、10行目のビジネスが「長く続かない」ことへの解釈のずれを生んでいる。Ｅは場所が悪いせいだと言ったが（11行目）、Ｄはそれをやんわり否定し、「私たち」を含む「内地の人」ならばもっと長く取り組むだろうと語った（12–13行目）。Ｃも長い相槌を打ってＤに賛同し、短期間に商売を何度も鞍替えすることをオノマトペの「コロコロ」で示した（14行目）。「すぐコロコロ」変えたのが内地の人であることを知っていたＥは、商売が「長く続かない」理由を出身や地域性に結び付けていない。

そのＥも、当初は島外出身者と島出身者とを区別し、イメージをもとにオーナー像を想像していたことが24–25行目で明らかになる。これが次に述べる事実と想像との乖離から浮かび上がるディスコーダンスに関連してくる。ＤもＥも商売を頻繁に鞍替えしたのが「内地の人」だと知って驚いたことから、自分たちと同様に商売を営む近隣住民を「島の人」と「内地の人」の文化的ステレオタイプを手掛かりにオーナー像を描いていたとわかる。両者を対立軸上に置き、そこに差異があると考えるメタ語用的解釈は強固なもので、それが日々の出来事のコンテクスト化に寄与していたことが暗に示されている。さらに島に初めて来たＣも、14、17行目でＤを支持する相槌を打って同意を示した。二項対立軸に基づくメタ語用的解釈枠組みにＣも既に巻き込まれていて、それを相槌の形で自身の言語実践の一部に取り入れてもいる。26–27行目でＤとＥは、出身や地域性と仕事への取り組み方に因果関係はなく事実とイメージに乖離がある、との結論に達したが、それ以前のＤとＥの言語実践を通して、ディスコーダンスのテクスト化は行われてしまっている。事実と異なる「創られたディスコーダンス」をもとに会話を進めていたと分かったにもかかわらず、相槌に見られるように新参者であるＣも既にそこに参与し、この先のディスコーダンスの拡散や固定化が図られる可能性は十分ありえる。

　２つの事例から言えるのは、個々人に関わる事実とそれぞれを形式上括る集団のステレオタイプの間には当然乖離があるにもかかわらず、「創られたディスコーダンス」が独り歩きし、それがあたかも所与のものであるかの如く参与者たちのメタ語用的解釈を、かなりの程度で規定していた点である。ステレオタイプに頼ったために起きた勘違い――これ自体が実際と想像との乖離というディスコーダンス――に気づかないうちに、そのコンテクスト化、テクスト化の過程で徐々に強化され固定化されていくディスコーダンスが、さらなるディスコーダンスを生み出していく。その結果、複数のディスコーダンスが同時に抱え込まれていく状況が作られることもある。

　しかし、ディスコーダンスはネガティブな機能だけを有するとは限らない。それが避けがたいものであるという特徴を逆説的に使って、必須で不可

欠なものと見なすことで、結果的に事態の深刻化を防ぐ働きをする場合を4.4から見ていく。

4.4 ディスコーダンスから始まる楽観的諦めと問題回避策

4.3では、否定的なステレオタイプから「創られたディスコーダンス」が参与者たちのメタ語用的解釈枠組みの中核を成し、ディスコーダンスの強化および固定化をもたらす過程を見た。本項では、二者間で何か事があったときに可視化されるディスコーダンスが、逆に、避けがたいゆえに不可欠な楯として利用され、当該事態の深刻化を回避するメタ語用的機能まで付与されていく例を見る。

それは、2012年9月、電気機器販売店主F（40代男性）と訪れた客G（50代女性）との間のやりとりに顕著に見られた。この2年前に東北地方から移住してきたGは、移住後まもなくからの調査協力者で、このやりとりのあった2週間前に島の別の地域からFの店のある地域へと引っ越してきた。最初FとGは天候の話題に始まり、庭の作物の出来具合と野菜の売買の仕方について20分近く談笑していた。その後、本題に入って意見の相違が生じた場面を分析するが、この中で、FとGそれぞれによって2度ずつ繰り返される「内地と（は）違う」が詩的な、反復構造に基づくテクストを成している。この表現が前提的に指標するのは、GとFを括る大きな母集団の間に横たわるディスコーダンスというコンテクストで、それが自然発生的なものであるかの如く繰り返されることで、問題の根本原因を説明すべく、また解決策としてのメタ語用的機能を担っていく。

(3)電気機器販売店主Fが客Gの持ち込んだ機器の修理代と修理期間を伝えると、揉め始めた。

01. G:　それで3万も先に取るって @　　商売おかしくない？

02. F:　お金払わなかったら　[誰もやらないよ

03. G:　　　　　　　　　　　[でも　そもそも　そもそも]

174 第2部　見えにくいディスコーダンスと見えるディスコーダンス

04.　　　直せないかもしれないのに？ [直んなかったら？]

05. F:　　　　　　　　　　　[直せるよ　直せるのは直せる]

06. G:　でも　直らなかったら　お金は戻ってくる？

07. F:　いや　(1.0)　なお：せたら　こない

08. G:　それは　今　わかんないでしょ？

09. F:　-いやいや @@　お金なかったら　無理　[XXX]

10. G:　　　　　　　　　　　　　[だから]　だから

11.　　　どういう直しで　それ　いくらか　今わかんないから

12. F:　　　　　　　　　　　　[わかるよ]

13. G:　わかんないよ　見てもないし

→ 14. F:　もう:::　細かいね: @@ないちゃーは　　内地とこっちは違うよ

→ 15. G:　あ:::　はいはい　内地と違うのは　はい　わかってる

→ 16.　　　そこはもうお互い無理って　[わかって　るんだけど]

→ 17. F:　　　　　　　　　　　[そうこっちは違うよ　払わないと]

→ 18.　　　もう　いくら言っても　内地とは違うよ@@

→ 19. G:　-は　内地と違うって@@　そういわれると　もう　あれだ

20.　　　しょうがないよね　違うんだからね

21. F:　ま　直せるから　直ったら連絡しますよ

　　　((Gが大きな溜息をつく))

　まずFとGには商売のやり方に関する考え方の不一致というディスコーダ
ンスが見られる。しかし、Fは、G個人を不一致の対象と原因にはせず、G
を括る大きな集団「ないちゃー」は「細かい」といった。「こっち」が指し
示すのは島および島でのものの進め方で、内地との区別を明示的に言及し、
個人間の意見の相違を地域による物事の進め方の違いにすり替えた。続く
Gも、Fが言及した地域による違いを前提的な指標として受け取り、島と内
地という集合体間のディスコーダンスについてはすぐに認めて「お互い無
理」と言った(15、16行目)。FもGも苦笑しつつ「内地と(は)違う」を相
互に繰り返すことで詩的テクストが作られ、相互の理解が無理であるという

メタ語用的解釈に至り、ディスコーダンスを埋める努力はお互いにはなから諦めている(19、20行目)。

　ここでは、GとFを括る大きな2つの集団の相違や二項対立が繰り返され、集団間のディスコーダンスが自然かつ必須な、ある種あらねばならぬものとしてメタ語用の基盤となっている。したがって、参与者2人は、今後の自分たちの解釈枠組みを、より深くより広汎にわたって規定するかもしれないディスコーダンス自体を疑うこともその解消やそれを乗り越える努力は目指していない。そのかわり、必然的で避けがたいと思われるディスコーダンスを楯に、「違うがゆえにお互いを理解するのは無理である」というメタ・メッセージを交換しあって相互行為テクストに変換していくことで、2人のやりとりの「今・ここ」における直近の問題は当面収束させている。こうした一回的なやりとりはそれだけで終わるどころか、この経験が何度も繰り返し語られていくことで、実質的には(1)や(2)でみた「創られたディスコーダンス」の固定化、強化に寄与する可能性は高い。それでも、ひとたび何かトラブルが生じたときに、ディスコーダンスを楯にしてそれがメタ語用的機能を果たすおかげで、やりとりの「今・ここ」における当面の問題の深刻化や人間関係の悪化は防いでいる。こうした点は、異文化接触場面でも見られる。英国在住の日本人の妻たちの会話を分析した秦(2013)は、日本の規範からは解せないイギリスの文化に基づく出来事について、イギリス的な解釈に基づけばそれは仕方がないものと笑って消化し、さらに解せない方がむしろよいという意見に変容していく例を出して、理解しようと努めると無用な苦労や不毛な議論が生じるため、理解すること自体を諦めるストラテジーを紹介している。(3)の参与者たちもディスコーダンスを解消するための努力はあえて行わず、メタ語用的枠組みとしてのディスコーダンスを印籠のように使って「楽観的諦め」を果たしている。メタ語用的機能を担ったディスコーダンスは悪役ばかりとは限らず、時に有効な問題回避の手段としても活用される。

4.5　ディスコーダンスを楽しむ逆転の発想とそこに見い出す島暮らしの意義

　ディスコーダンスは避けられるだけでなく、少なからず求められているものと考えられる場合もある。石垣島に 10 年以上暮らす移住者たちが、メタ語用としてのディスコーダンスを理解しつつも、それ自体つまり不一致をどこか求めていることが示された例を分析する。

(4) 移住して 2 年の H (30 代女性) は、年末年始を関東の実家で過ごして島に戻ってきた。帰省前に、ある約束をした島人に 1 ヶ月ぶりに連絡を取ろうとしたものの、携帯電話が繋がらない。H は最終手段として島人名刺に書かれた会社に電話を掛けたところ、会社も無断欠勤していた。筆者 T は H から連絡を受け、H とともに H の長年の知り合いが働く店に行って事の顛末を話した。店には、移住歴 16 年の I (50 代男性)、移住歴 11 年の J (40 代男性)、J の妻で島人 K (50 代女性) の 3 人がいた。(筆者 T はビデオを手にもって撮影したので基本的に話しに加わらないよう努めた。)

```
  01. H:  なんか　事件とか事故に遭ったとか　ですかね？
  02. J:  @@@ [それはない　それは]ない
  03. K:  @@@ [いや　辞めただけよ]
  04. H:  え　仕事を？
  05. I:  ん　そう
  06. T:  [え::::::::::]
  07. H:  [そうなん]ですか？　病気とかそういうんじゃないんですか？
  08. J:  ない　[ない
  09. I:         [ちがうな]
  10. H:  え:::　そうなんですか？
→ 11. K:  ほらまた島を知らない　これだからないちゃあは　って
  12.      [言われるんだよ]
  13. J:  [そう　こっちの]あるあるだよ
```

連絡の取れない相手が事件や事故に巻き込まれたわけではなく、単に会社を辞めただけというI、J、Kの解釈を聞いて驚くH（と筆者）に、11行目でKは、「また」「島を知らない」「ないちゃあ」と言った。後続に否定的な意味内容が来る定型表現「これだから　ないちゃあはって　言われるんだよ」は、移住者に対して否定的なコメントがされたケースをKが何度か耳にしたと推測される。現在の発話が過去に言われたことを反映し、影響を受けているというBakhtin（1981 [1934]）やVološinov（1973 [1929]）の論じる "voice"（声）そして "dialogicality"（対話性）の特徴も読み取れる。たとえば、島についての知識や経験が足りない人と接した時に、何かにつけて「これだから　ないちゃあは」と繰り返されると、その類似性が詩的なテクストを編み出し、この定型表現が言及指示するところ以上の社会指標的意味を伝達する相互行為テクストをも生み出す。（3）と同様、島人の目からみると、外から来た人々が異なる論理に基づいて行動し島での物事の在り方を解釈しようとする傾向があること、島のやりかたを本気で分かろうと努めてもなかなか分かるまでには至らないこと、島に住んでいても島を分からない素人のように見えることなど、それが指標する意味は無数に考えられる。いずれにせよ「これだから　ないちゃあは」の背後には島の人と移住者との間に溝があるという相互行為テクストが生まれていて、両者に一致しない点、つまりディスコーダンスがあるという解釈が引き継がれていく。

　この後、Iは移住して間もなくの経験を語り始めると、ディスコーダンスを意識することは（想像された）島の地域性を浮き彫りにすることにも通じ、移住者たちにとっては自分たちが島に憧れ、移住しようと思った原点に繋がるものであるという理解にたどり着く。

（5）（4）のあと、Iは移住後間もない頃の経験として、人手不足の折に自ら雇用を依頼に来た島人を雇うことにしたら、ある日突然、何の連絡もなしに仕事に来なくなったが、1年近く経ってまた突如現れ、何事もなかったかのように復帰したいと言ってきたという話を始める。

→ 01. I: また仕事させてくれって日本じゃ　絶対ありえない

02. H: [ありえないです]

03. T: [そうですね]

04. I: 勝手にやめて　　しかも無断で　　また雇って貰おうなんて

05. H: 　　　　　　そう　　　　　　はい

06. I: 許されないし　　そんなこと言う奴いないよ

07. H: 　　　　　　はい　　　　　　　　そうですね

08. I: だけどこっちは平気　　無断で休んで辞めたなんて　のは普通

09. T: 　　　　　　　　　　へ::::::

10. H: へ:::::::::::

11. J: よく 1 周回って（（手で大きな○を描く））　また戻ってくるって

12. 　　人もいますからねえ　ひとつのことが長続きしないの

13. H: [1 周回るって]　また元の仕事に？

14. I: [根性なしだからな]

15. J: 　　　　　　　　　　　　そうそうそう　点々として

16. 　　バスならバス全部会社回って　あ　やっぱこっちが楽だったとか

17. T: あ:::::::

18. K: 長く続かない[から離婚も]多いのかね@@@

19. J: 　　　　　　　[根性ないから]

20. I: もうその辺はなあ　感覚が合わない　　　内地ではって話は

21. H: 　　　　　　　　　　ふーん

22. I 　この島では関係ない　　　　な　どう？（（K の顔を見る））

23. H: 　　　　　　　　　　はい

24. K: や　どうせ知ってるからね　何してるか　みんな

25. I: ああ

26. K: 無断なら　ま　また戻れるかって

27. I: [うん]　違うだろ？

28. H: [あ::::::]　　　　　ああ　違いますね::::

29. J: 一から十まで　かみ合わないんですよ@@@

第 6 章　メタ語用としてのディスコーダンス　179

30. I:　それが　ところが　それがいいんだな

31. J:　そうそうそうそう　かみ合いたい　ってことじゃない

32. K:　@@@@ <u>根性なしとだし</u>

33: J:　そう@@でも　あれ？ってほうがいいし

34: I:　そうだな　この島らしいな

長い抜粋で分析の要素が多いため、ディスコーダンスとの関連で以下の3点に絞って論じる。1つ目は、個人の経験が「日本＝内地」対「島」という文化的ステレオタイプへと引き上げられ、両者のディスコーダンスが前景化されていること、2つ目は「長続きしない」と「根性がない」という2つの発話が詩的構造を成し、時空間を超えた別の会話（2）に引き継がれる詩的テクストとなってディスコーダンスの定着に寄与していること、3つ目はこの例に登場する長期移住者たちは、否定的な意味でよく使われる島対内地の不一致を、島に必要なメタ概念として理解し、そこに島らしさを探す手掛かりとしての価値を見出している、という点である。

　まず、ディスコーダンスの前景化から説明しよう。1行目の「日本」は、沖縄県全域で、内地あるいは沖縄県以外の都道府県を指すときに使われることが多い単語である。Iは東海地方から移住してきたが、移住歴が長く石垣島でよく聞くこの表現を使いこなすようになったせいなのか、沖縄県以外の都道府県を指す時に「日本」を使うこともある[4]。Iは、「日本」での離職・再就職のやり方を説明し、8行目で島での経験との違いを強調している。Iが雇った個人が特殊なタイプであったことによる可能性を初めから排除し、「日本」と島の文化的な相違に還元する談話として展開している点は、（3）の島人と共通している。そして、（3）と同じように、文化的ステレオタイプに基づいてIが最初に不一致を前景化し、ディスコーダンスをコンテクスト化した。

　それをJとIとKが次々と引き継ぎ、「長続きしない」と「根性がない」の2つの表現が繰り返し使われていくことに注目したい。12行目でJは、「ひとつのことが長続きしない」、Iも14行目で「根性なし」と、両者が島

180 第 2 部 見えにくいディスコーダンスと見えるディスコーダンス

人の特徴をステレオタイプ化して語った。この 2 つの発話はそれぞれ別の
話者 K と J によって、形態変化を交えて、18 行目と 19 行目、32 行目でも
繰り返されていく。ここには明らかな類似性・類像性による詩的構造が作ら
れているのだが、実はこの詩的構造は、Bakhtin (1981 [1934]) のいう時空間
("chronotopes") を超えて連関しているのである。(4) と (5) の D は、既に (2)
で見た D と同一人物であり、(2) は (4)、(5) の翌日の会話であるから、(2)
での「長く続かない」、「根性がない」は、(5) の発話との類像性そして対話
性が見られることは明白である。(2) での該当箇所を再掲しよう。

(2)

```
 09. D:  そうそう (1.0) だから  あの消えちゃった人もそうだけど
 10.      長く続かないってのが (1.5) ね？ ((E と T を見る))
 11. E:  うん (1.3)  場所かね  ああいうのは
→12. D:  ん  場所っていうか  んんん  私たちもそうだけど
 13.      内地の人は  とりあえず  1 年は  やるでしょ？
→14. C:  ああああああああ  そんなすぐコロコロ[と
 15. D:                          [そう  コロコロコロコロ
→16.      だあ こっちの人は  ひとつを続けようって[根性がない]
```

(2) で見た D の発話のうち 10 行目と 16 行目の下線部は、D 独自の経験や
意見というよりも、D が前日 (5) で見聞きした I、K、J の "voice" (Bakhtin
1981 [1934]) を新鮮なうちに再現した可能性が強いと考えられるのではない
だろうか。そうであるとすれば、ここで見られるのは、言語のもつ対話性、
詩的構造、コンテクスト化が時空間を超え、別の場所の別の瞬間に繋がった
事例である。そのようにして、島対内地のディスコーダンスというメタ語用
的解釈は、D だけでなく、(2) の出来事に遭遇した E、C へと潜在的に引き
渡されていくこともありえると思われる。
　一方、(5) の最後で、参与者たちはディスコーダンスに新たな解釈と役割
を見出す。長期移住者である J と I は、かみ合わない点について、「それが

いい」(30 行目)、「かみ合いたいってことじゃない」(31 行目)、「あれ？って
ほうがいい」(33 行目)と、島でのやり方や感覚と自分たちのやり方にディス
コーダンスがあることを肯定的に受け取る発言をしている。4.2 と 4.3 では、
「島と内地」を対立的に見るディスコーダンスが比較的否定的な指標矢を放
つ事例を見てきたが、10 年以上島に滞在する移住者たちからは、ディスコー
ダンスとの遭遇に「島らしい」(34 行目)ものを見出すことが言及された。
ディスコーダンスがあること、それをどこかで追い求め、それとの遭遇に島
にいる面白さや楽しみを見出すという逆転の発想が何を示唆するのかについ
ては丁寧な考察が必要となろう。少なくともここで言えるのは、ディスコー
ダンスの言及指示対象の当事者でもある参与者たちが、不一致をあえて求め
るといったメタ的なコメントを残したことはコミュニケーション研究に新た
な風穴を開ける、意外な鍵となるかもしれない、という点である。

5. おわりに—小さな島にみるディスコーダンスが示す社会関係

　本章では、島人と移住者がかかわる言語実践の分析から、そこに不一致を
見出そうとするディスコーダンス現象を見てきた。ときに誤った情報や文化
的ステレオタイプに基づく「創られたディスコーダンス」が繰り返され詩的
構造を持っていくと、不一致の拡大に繋がることもあった。しかし、創られ
たディスコーダンスを楯に問題の深入りが避けられたり、島の地域性を見出
す肯定的な機会ととらえられたりする場合もあった。このようなディスコー
ダンスが果たしている社会文化的な役割を分析した事例をもとに検討し本章
を終えたい。

　まず、ステレオタイプを増産するかの如く創られた(1)、(2)のようなディ
スコーダンスの場合、個人の問題を集団の問題にすり替え、かつ両者ともに
仕方がないと楽観的に諦めることで、個人も集団も攻撃対象とせずに済んで
いる。ディスコーダンスを解消するための努力や調整は積極的に行わないけ
れども、不思議なことにディスコーダンスの先に敵意や憎悪も見出されな
い。むしろ攻撃を抑制する潜在的な衝突回避策としての社会文化的な機能を

担っているのである。

　そして、ディスコーダンスという不一致や差異性にはマイナス面もあるが、島人にも移住者にも、時によっては、ある種必要なプラス面をも兼ね備えたものとして捉えられている。島とその外の関係性にディスコーダンスを見出すことは、島の地域性やアイデンティティ、特異性を浮き彫りにしようとする行為でもある。これは、島の人にとっても、また島に憧れてわざわざ遠くからやってきた移住者にとっても、島の地域性の保持や島に暮らす意義に直結する課題であると思われる。不一致やずれを楽しむといった(5)の移住者たちのメタ的なコメントは、ディスコーダンスが避けられるべきものではなく、むしろそこに肯定的な価値をも見出そうとする点で、言語コミュニケーション研究に新たな "scale"(尺度・物差し)(Carr and Lempert 2016)を提供しているとも言えるのではないだろうか。

　石垣島には、大きな産業も、高等教育機関も、娯楽施設もない。匿名性で特徴付けられる今日の日本の都市部の生活とは異なり、周り中が知り合いだらけで、地域行事への参加も強く期待(もしくは強要)されるような密度の濃い社会であるが、多様な背景を持つ人々同士は、不一致や越えられない壁を感じつつも、長い間均衡を保ち、それなりに友好的に暮らしてきた。世界の縮図である(かもしれない)小さな島にみるディスコーダンスは、そこに暮らす人々が日々鍛えあげ、不一致をも取り込んで成り立たせている社会関係そのものを表している。それは、異なる地域に暮らすどんな人々の日常にも垣間見られる出来事であるに違いない。

注

1　理論の詳細やその解説は、Silverstein 1976; 小山 2008, 2009, 2011, 2012; 坪井 2013; 浅井 2017 を参照されたい。

2　数字に大きな幅があるのは、住民票を異動していない人々も含まれるためである。

3　「しまんちゅ」や「しまないちゃあ」の「しま」が指示するのは、話し手や指示対象の暮らす沖縄県内の島の場合もあり、沖縄本島とは限らない。

4 沖縄県の歴史を振り返れば、琉球王国時代やアメリカ統治などで日本でなかった時期がある。物理的な距離や文化的な相違からも、沖縄あるいは島の個別性やアイデンティティを示すために、こうした表現が使われるとも言われる（cf. 仲村 2000）。

参考文献

Anderson, Benedict. (1983) *Imagined Communities: Reflections on the Origin and Spread of Nationalism.* London: Verso.

浅井優一 (2017)『儀礼のセミオティクス―メラネシア・フィジーにおける神話／詩的テクストの言語人類学的研究』三元社

Bachnik, Jane M. and Charles J. Jr. Quinn. (eds.) (1994) *Situated meaning: Inside and Outside in Japanese Self, Society, and Language.* Princeton, NJ: Princeton University.

Bakhtin, Mikhail M. (1981 [1934]) *The Dialogic Imagination: Four Essays by Mikhail M. Bakthin* (ed. by Michael Holquist: translated by Caryl Emerson and Michael Holquist). Austin: University of Texas Press.

Carr, Summerson E. and Michael Lempert. (2016) *Scale: Discourse and Dimensions of Social Life.* Oakland: University of California Press.

Hanks, William F. (1993) Metalanguage and Pragmatics of Deixis. In John A. Lucy. (ed.) *Reflective Language: Reported Speech and Metapragmatics*, pp. 127–158. Cambridge: Cambridge University Press.

秦かおり (2013)「「何となく合意」の舞台裏―在英日本人女性のインタビュー・ナラティブにみる規範意識の表出と交渉のストラテジー」佐藤彰・秦かおり編『ナラティブ研究の最前線―人は語ることで何をなすのか』pp. 247–271. ひつじ書房

石垣市企画政策課 (2016)『平成 27 年度 統計いしがき第 38 号』石垣市役所

Jakobson, Roman. (1960) Closing Statement: Linguistics and Poetics. In Thomas A. Sebeok. (ed.) *Style in Language*, pp. 350–377. Cambridge, MA: MIT Press.

小山亘 (2008)『記号の系譜―社会記号論系言語人類学の射程』三元社

小山亘 (2009)「シルヴァスティンの思想―社会と記号」シルヴァスティン・マイケル.『記号の思想　現代言語人類学の一軌跡―シルヴァスティン論文集』pp. 11–233. 三元社

Koyama, Wataru. (2009) Indexically Anchored onto the Deictic Center of Discourse: Grammar, Sociocultural Interaction, and 'Emancipatory Pragmatics.' *Journal of Pragmatics* 41(1): pp. 79–92.

小山亘 (2011)『近代言語イデオロギー論―記号の地政とメタ・コミュニケーションの

社会史』三元社

小山亘(2012)『コミュニケーション論のまなざし』三元社

Labov, William. (1972) *Sociolinguistic Patterns*. Philadelphia: University of Pennsylvania Press.

三木健(2010)『「八重山合衆国」の系譜』南山舎

仲村清司(2000)『住まなきゃわからない沖縄』新潮文庫

小田切徳美・阿部亮介(2015)「地方移住の現状」『月刊ガバナンス』4 月号 pp. 103–105.

大森和也(2017)「［読書］三木健著「八重山合衆国」の系譜　懐深い移民文化浮き彫り」『沖縄タイムス』2017 年 2 月 11 日.

Schieffelin, Bambi B. (2008) Tok Bokis, Tok Piksa: Translating Parables in Papua New Guinea. In Miriam Meyerhoff and Naomi Nagy. (eds.) *Social Lives in Language-Sociolinguistics and Multilingual Speech Communities*, pp. 111–134. Amsterdam: John Benjamins.

Scollon, Ron, Suzanne Wong Scollon, Rodney H. Jones. (2012) *Intercultural Communication: A Discourse Approach* (3rd edition). London: Wiley-Blackwell.

Shores, David L. (2000). *Tangier Island: Place, People, and Talk*. Newark: University of Delaware Press.

Silverstein, Michael. (1976) Shifters, Linguistic Categories, and Cultural Description. In Keith H. Basso and Henry A. Shelby. (eds.) *Meaning in Anthropology*, pp. 11–55. Albuquerque, NM: University of New Mexico Press.

Silverstein, Michael. (1993) Metapragmatic Discourse and Metapragmatic Function. In John A. Lucy. (ed.) *Reflexive Language: Reported Speech and Metapragmatics*, pp. 33–58. Cambridge: Cambridge University Press.

坪井睦子(2013)『ボスニア紛争報道―メディアの表象と翻訳行為』みすず書房

UNESCO (2009) *Atlas of the World's Languages in Danger, 2009*. http://www.unesco.org/languages-atlas

Vološinov, Valentin N. (1973 [1929]) *Marxism and the Philosophy of Language* (translated by Ladislav Matejka and I. R. Titunik). Cambridge: Harvard University Press.

第 7 章

モノ、語彙、指標性
南太平洋の災因論的ディスコース

浅井優一

1. 序

1.1 妖術のコミュニケーション論的省察

　イギリスの社会人類学者エヴァンズ＝プリチャードが、『アザンデ人の世界』のなかで、南スーダンと中央アフリカとコンゴ共和国の国境地帯に住むアザンデ人（the Azande）の社会における妖術信仰を分析したことは良く知られている（Evans-Pritchard 1937）。農作物が不作になれば、それは妖術のせいである、切株に躓いて怪我をすれば、それは妖術師が自分に妖術をかけたからだ、と言われる。エヴァンズ＝プリチャードは、こうしたアザンデ人による妖術の語りは、特定の出来事が起きた際、その出来事がどのようにして（How）起きたのかという法則性を説明するのではなく、それがなぜ（Why）特定の人間に起きたのかを説明する語り、つまり、出来事それぞれがもつ個別的意味や偶発性を説明するための語りとなっていると言う。

> 「アザンデ人は、我々に受け入れやすい言葉で因果関係の理論を系統的に述べることは出来ないとしても、出来事を説明的なやり方で述べる。妖術の証拠となるのは、人間との関わりにおける出来事の特異な状況や、特定の人物に与えた危害であることを彼らは知っている。妖術は、事象がなぜ人間に危害を加えるかを説明するのであって、どのようにしてそれが起きるかを説明するのではない。」（エヴァンズ＝プリチャード

2001: 84–85)

　このようなエヴァンズ＝プリチャードの妖術論は、その後、「災因論」などとも呼ばれ、妖術とは「人間にふりかかる不幸や災いを解釈し、説明し、そしてそれに対処するための行動を指示する、個人に外在するシステム」（長島 1987: 539）であると理解されるなど、これまでの妖術／呪術研究における主要な分析視座を提供してきた（cf. 白川・川田 2012: 52）。

　しかし、こうした妖術論は、出来事と妖術的語りを「因果関係」という（機能主義的）概念によって結び付ける結果、災厄についての語りとしての妖術が、実際にどのようなコミュニケーションの原理を経て生み出されているのかという点は不可視となっている。言い換えれば、「因果関係」なるものそれ自体が、当該社会においてどのようなコミュニケーションの様態（記号作用）として生起するのか、この点は不問になっていると言えるだろう。これまで筆者が調査してきた南太平洋にあるフィジー社会においても、上述した意味での災因論的語りが観察されることが指摘されてきた（cf. 春日 2001; 宮崎 2002）。例えば、子供たちの学業が期待通りに向上しないことや経済（金銭）的な困窮、仕事の失敗、沿岸の漁獲量の減少や農作物の不作、病や事故による不慮の死など、個人や共同体に降りかかる災厄や苦難の原因が、社会に「悪魔（tevoro）[1]」が蔓延っている結果であると考えられることがある。そして、そのように社会に悪魔が蔓延っている原因は、「ある社会的状態」が「あるべき状態」ではないこと、フィジー語の表現を用いれば、「本当の／真実の（dina）」状態を体現していないからであると言われる。すなわち、現実と真実の間にズレがあることが原因だとされるのである（cf. 浅井 2017）。

　他方、このような仕方で言及される「あるべき状態」や「真実」の所在は、実のところ極めて不確かなものでもある。例えば、それは、政府が保管している過去の文書に記された氏族間の政治的な地位関係に見出されたり、地域で語り継がれてきた神話の内容であったり、あるいは地域を統治する最高首長の存在であったりと、多様な解釈が存在する。そうした状況では、「真実」それ自体の内容は不問のままに、「真実と現実の間にはズレがある」

とする語り、そうした語りを成功裏に実践することそれ自体が、翻って、「真実（らしさ）」の所在となっているとさえ言えるだろう。つまり、不幸や災厄についての災因論的な語り、その意味での妖術的思考は、不幸や災厄がなぜ起きたのかについての説明という機能的事象であるよりは、現実世界が何らかの対照的なカテゴリーへと分割され、その両カテゴリーの間に「一致／不一致」の関係を見出そうとする思考や意識が生み出すディスコースであると考えられる。

1.2　ディスコーダンス―意識と語彙、あるいは捉え損ねた世界

　このような理解に基づき、本章では、フィジーにおける災因論的語りに着目し、それをカテゴリー間の「ディスコーダンス（不一致）」に収斂する意識として理解したい（cf. 武黒 本書序章）。ここで言う「ディスコーダンス」とは、例えば、政治的な対立や世代差、または文化間に生じる誤解やそれに起因する争いなど、何らかの二者間の齟齬自体ではなく、そのような齟齬を生み出すコミュニケーションの様態、あるいは、そこに見出される人間の美的、表出的、イデオロギー的志向性である。

　このような人間の美的、表出的、イデオロギー的志向性は、とりわけ、エドワード・サピアやベンジャミン・リー・ウォーフらの研究に端を発する、一般に「言語相対性（linguistic relativity）」と呼ばれる現象として論じられてきた（cf. Blount 1995: 2–8）。この考え方を簡潔に述べれば、言語の使用者は、音の領域においては、弁別特徴、形態音素、イントネーションなどの要素と比較して、音素、シラブル、モーラ、トーン／ピッチ・アクセントなどの要素に、より意識を集中させやすい。他方、意味の領域においては、形態素や統語的範疇（例えば、倒置・一致などの統語的配置、完了形・進行形などの機能語）などと比較して、「語彙」（単語・表現）に対してより意識を集中させやすい。その理由は、これらの要素は、①言語使用という「表層」レベル[2]において、まとまりをもった連続体（分断されず、分節可能（segmentable）なかたち）として現れること、②言及指示的（referential）であること、③前提的に（presuppositional）機能するユニットであること、以上３つの条件に合致

する度合いが比較的高いからである（Silverstein 1981: 385–386）。

　より詳しく説明すれば、音の領域では、「音素」は言及指示的な意味を担った形態素を区別する基準となることが示すように、①表層レベルにおいて分断されず、容易に分節可能なユニットとして表出し、②言及指示的意味を担っている。したがって、ある音素と別の音素を区別し、表層レベルにおいては「束」となって表出するため容易には分節できない弁別特徴や、言語構造の中核に位置し、表層レベルでは変形を被ってしか現れない形態音素などと比較して、音素が言語使用者の意識に上りやすいものとなる。また、「シラブル（音節）」は、①表層レベルで、「オンセット、ピーク、コーダ」という分節可能なユニットとして現れ、②それらが音の響き（sonority）の階層を通して、音素と強い相関を示すことによって、言及指示的意味を担うもの（音素の連なり）となっている。したがって、シラブルは、表層レベルにおいて現れるが、分節可能ではなく、言及指示的意味を担わないイントネーションなどの要素に比べて、言語使用者の意識に上りやすい。

　意味の領域では、「語彙」（単語・表現）が、音の場合と同様の原理にしたがって、言語使用者の意識に最も上りやすい要素となる。語彙は、①表層レベルにおいて、連続的に分節可能なかたちとして現れ、多くの文法範疇が凝縮された「塊」であり、②「具体的な」内容、言及指示的な意味を典型的に担っている。その結果、語彙は、あたかも、③言語とは独立に存在する「外界」や「事物」に対応するラベル、つまり、「前提的」に指し示す「モノ」として理解され、言語使用者の意識が集中する言語要素となる。それに対して、これら①・②・③の条件に合致する度合いが比較的低く、表層レベルにおいては、非分節的に現れる「倒置」や「一致」などの統語的配置、「機能語」などは、語彙に比べて、言語使用者の意識に上りにくいものとなる。

　重要なことは、言語使用者の意識は、「語彙（単語・表現）」に集中しやすいのだが、それは言語使用者が、語彙が言語構造と言語使用の複雑な過程を経て現れる要素であることには及ばず、語彙は現実世界を反映するもの、言語使用に先立って現存している事物／モノの世界と対応するラベルであるという誤認（および、その対応関係のズレに収斂する意識）であり、そのような

第7章　モノ、語彙、指標性　189

誤認（意識による不完全な現実の把握）によって人間の経験世界は生成し、そして変容してゆくと捉えられている点である。語彙に向かう人間の（不完全な）意識を通して、経験世界はカテゴリー化（語彙化）され、認識できる実体として生起する。

　概ね以上の理解に基づき、本章では、フィジー諸島のダワサム地域において、首長位の継承歴にまつわって展開された災因論的語りを事例として取り上げる。そして、そうした語りは、特定の2つの領域をカテゴリー化／語彙化し、その間に「ディスコーダンス（不一致）」見出す語りとなっていること、つまり、そのような一致／不一致が、どのようなディスコースとして生起しうるのかについて考察する。したがって、分析を進める上では、特定の語彙（固有名詞／人物）が、ディスコース上でどのように登場するのかに焦点をあてることになる。言い換えれば、特定の語彙が、特定のコンテクストにおいて、人々の意識に上りやすい対照性を有したカテゴリーを喚起するもの——モノ化した社会指標性[3]——として生起することを明らかにし（cf. Parmentier 1987）、現代フィジーにおける災因論的語りを、「ディスコーダンス」の概念を通して社会言語学的研究へと接合することを企図するものである。

2.　南太平洋の災因論

2.1　調査地の概要—フィジー・ダワサム地域

　フィジー諸島は、ヴィティレヴ（Viti Levu）・ヴァヌアレヴ（Vanua Levu）の2島を中心に、大小322の火山島と珊瑚島によって構成され、その内、約3分の1は無人島である（Walsh 2006）。通常フィジーは、ポリネシアの社会的特徴として論じられる階層性を有した社会であるが、地域としてはメラネシアに区分され、その内部においては多様な民族的差異を有している。2009年現在で、総人口は約84万人であり、その内訳は、先住民系フィジー人が56.8％と、移民の子孫であるインド系フィジー人[4]が37.5％を占め、フィ

190　第 2 部　見えにくいディスコーダンスと見えるディスコーダンス

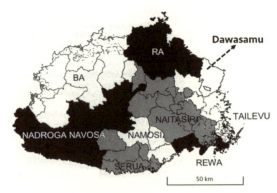

図 1　ヴィティレヴ (Viti Levu) 島におけるダワサム地域の所在
　　　［Walsh (2006: 2) から作成。］

図 2　ダワサム地域の拡大地図 ［Lasaqa (1984: 21) から作成。］

ジーにおける2大民族集団となっている。その他は、少数民族によって占められ、ヨーロッパ人、パート・ヨーロピアン (Part European)[5]、華人、ロトゥマ人、バナバ人 (Banaban)、ソロモン諸島民などが含まれている。また、宗教的には、キリスト教徒 (64%)、ヒンドゥー教徒 (28%)、イスラム教徒 (6%) などに分かれている (Fiji Islands Bureau of Statistics 2000, 2009)。

本章が扱うダワサム (Dawasamu) 地域は、フィジーにおいて最大面積を有するヴィティレヴ島の東北部にあるタイレヴ (Tailevu) 地方に位置し、西部のラ (RA) 地方に隣接する、総面積 80km^2 ほどの地域である。

1947年に地域合併が行われるまで、ダワサム地域はナシヌ (Nasinu)、シラナ (Silana)、ナタレイラ (Nataleira)、ドゥリティ (Driti)、デラカンド

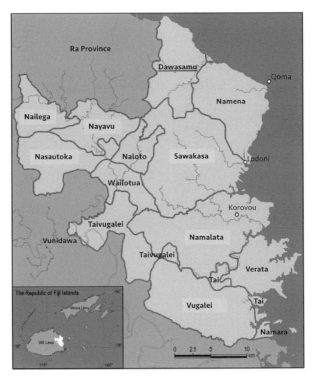

図3 タイレヴ地方におけるダワサム地域の位置
[Fraenkel and Firth (2007: 207) から作成。]

192 第 2 部　見えにくいディスコーダンスと見えるディスコーダンス

(Delakado)の 5 つの村落の集合を指していた(Lasaqa 1963: 7–9)。ヴォロヴォ
ロ(Vorovoro)村は、地理的には、ほぼダワサム地域に所在しており、ダワサ
ム地域の他の集団と、密接な関わりをもっているが、地理空間としては、サ
ワカサ(Sawakasa)地域に区分されていた(「図 3」を参照)。また、ルヴナヴ
アカ(Luvunavuaka)村も、南東部に隣接するナメナ(Namena)地域に区分さ
れていたが、現在では、他の氏族集団との関係から、ダワサム地域は、ヴォ
ロヴォロ、ルヴナヴアカ、ナタンドゥラダヴェ(Natadradave)、ナンブアラ
ウ(Nabualau)各村落・集落を含め、計 9 つの村落・集落がある(Lasaqa 1984:
19–22)。

2.2　裸のヴァヌアに蔓延る悪魔

　まず初めに、フィジーにおける災因論がどのようなものであるか、ダワサ
ム地域の事例を通じて概観したい。以下に挙げる談話は、ダワサム地域で約
30 年ぶりに開催された首長の即位儀礼の直前(2010 年 4 月 6 日)に、儀礼の
開催を強く望んでいた長老が、長い間即位儀礼が行われなかったことについ
て言及している場面である。

　　　"Sa keitou mani nanuma me ka kua ni luvawale na vanua me sa caka na veiv-
　　　agunuvi. Sa vale sui tale na vanua qo. Na ka ga vakarautaka na Kalou na
　　　ituvatuva ni vanua qo. Qo sa tiko sara ga e bati ni boto, bati ni waqa. Na leqa
　　　tiko qo, e dua na ka e tiko i loma, na tevoro e qaravi tiko qo. Ke gole tani, e
　　　na cakava dina tiko na cakacaka ni veivakamatei, vagunuva tiko na tevoro e
　　　na sauma na tevoro qo e na dua na siga. Koya na vanua sa taura rawa tiko o
　　　koya. Na tevoro sa qarava tiko, e na yacova sara me rawa na ka ya."
　　　「私たちは、土地を裸(luvawale)にしておくべきではないと考えた。首
　　　長の即位儀礼(veivagunuvi)を行い、この土地を、改めて骨組みをもつ家
　　　(vale sui)にしなければならない。それは、神が準備した、この土地が
　　　辿る運命(na ituvatuva)である。時は既に、ボートの端(bati ni boto)、船
　　　の端(bati ni waqa)まで来ている。ここには問題がある、ある 1 つのも

のが（土地の）中（loma）にいる、この土地は、悪魔（tevoro）を蔓延らせている（qaravi）。もし（即位儀礼が）逸れて（gole tani）しまったら、悪魔による殺し（na cakacaka ni veivakamatei）が本当に為されるだろう、悪魔を養う（vagunuva）ことになり、いつか悪魔によるお返しが起こるだろう。悪魔がこの土地を支配する（taura）ことが可能になる。悪魔が（土地を）覆って（qarava）いる。即位儀礼が実現するまで。」

　この長老は、ダワサム地域における長引く首長不在の状態を、土地（vanua；ヴァヌア）が「裸」であること、「骨の無い家」であると理解し、そうした状態が土地に「悪魔（*tevoro*）」を蔓延らせ、地域に様々な災厄を招いていると述べている。そして、首長不在の状態を終わらせることが、地域を「神（*na Kalou*）」の導きに叶った秩序に戻すこと、悪魔の覆いから地域を開放しうる術であると主張している。vanua（ヴァヌア）は、通常、「土地」や「氏族の連合体」を指示する名詞であるが、使用される文脈によって、「土地の人々」、「土地と沿岸」、「伝統的共同体」、「首長制」、特定の場所や広範囲にわたる場所など、様々な言及指示対象をもち、風土や伝統・文化といった概念を指示する名詞でもある（Kaplan 1995: 27）。「土地の人々」は、しばしば lewe ni vanua（ヴァヌアの肉／物質）という比喩により明示的に示されこともある。

　その後、首長不在に終止符を打つための即位儀礼が開催されることになったのだが、その儀礼を主導した同長老による談話は、The Fiji Times 紙にも掲載されるに至る。

［THE FIJI TIMES（2010 年 4 月 17 日）からの抜粋］（下線は筆者による）
"The eldest in the king-maker clan of Voni, Nacanieli Lagilagi, told the Fiji Times <u>the vanua of Dawasamu had been under a curse in the last 100 years because of a dispute over who should be in charge of the official installation of chiefs.</u> Speaking in Fijian, Mr. Lagilagi said <u>they knew what was going on because so many relatives of the title holder had died because of the king-</u>

maker's wrongdoing. Ratu Peni is only the second chief to be traditionally installed by the yavusa Voni who are the rightful kingmakers. Mr. Lagilagi said the past four chiefly title holders were installed by another group from the same yavusa and the result was death to the title holders and his family members. He said Ratu Peni's father, Ratu Seva Veilave, had seen the worst of it in the 1970s when his brother died prematurely along with a sister-in-law and his 18-year-old son."

　ここでは、ダワサム地域において、首長を即位させる義務をもたない集団が、長く首長の即位儀礼を執り行ってきた、その結果、ダワサム地域は過去100年にわたり呪われた状態にあり、そのことが首長の親族が次々と不慮の死を遂げた原因であると述べられている。

　こうした語りは、本章冒頭で説明した災因論の思考形態に類似したものであると理解できるが、そうした語りがなされた理由は、何らかの災厄が身の回りに起きた原因を説明するためであると単純には理解し得ない複雑な背景がある。このような災因論的語りは、ダワサム地域における首長位の系譜を巡ったカテゴリー間の「一致／不一致」に根ざしたものとなっている。以下では、この点を紐解いておく。

2.3　首長位の系譜と二分割された政体

　当該地域において、首長を輩出する集団とされているのは「ダワサム氏族（Yavusa Dawasamu）」である。現在の首長は、❸ペニ・ワンガ (Jr.) (Peni Waqa, Jr.) であるが、彼の父親は前首長である❷セヴァナイア・ヴェイラヴェ (Sevanaia Veilave)、彼の祖父は、さらに先代の❶ペニ・ワンガ (Sr.) (Peni Waqa, Sr.) である[6]。こうした当該地域の首長の系譜を表したものが、表1

第7章 モノ、語彙、指標性 195

である。

表1 ダワサム地域における首長の系譜（ダワサム氏族）

推定在位年	首長（名前・生年）	出自（地域）	氏族・系族
19世紀中葉	ナゾウ（Nacou）	ヴニンダワ地域	不明
不明	コリー（Koli）	ヴニンダワ地域	不明
不明	マナサ・ラクラ（Manasa Rakula）	ヴニンダワ地域	不明
不明	⓪チョナサ・デライトゥンブナ （Jonasa Delaitubuna）	ヴニンダワ地域	ダワサム氏族・ ラトゥ系族
～1940	❶ペニ・ワンガ（Sr.） （Peni Waqa, Sr.）（1876年生まれ）	ラ地方	ダワサム氏族・ ナサンギワ系族
1940～ 1960	❷セヴァナイア・ヴェイラヴェ （Sevanaia Veilave）（1910年生まれ）	ラ地方 （ペニ・ワンガ Sr.の長男）	ダワサム氏族・ ナサンギワ系族
1981～	❸ペニ・ワンガ（Jr.） （Peni Waqa, Jr.）（1937年生まれ）	ラ地方 （セヴァナイアの 長男）	ダワサム氏族・ ナサンギワ系族

　ダワサム地域においては、この3代の家系は、「ラ（RA）」と呼ばれるダワ
サムに隣接する他地方[7]に元々の出自をもっていると考えられている[8]。そし
て、この3代の系譜が、⓪チョナサ・デライトゥンブナ（Jonasa Delaitubuna）
以降、ダワサム地域の首長位を継承する家系となった理由は、内陸部のヴニ
ンダワ（Vunidawa）という地域に出自をもつ首長の系譜が途絶えたため、そ
れを継承するに相応しい人物・家系（kawa）として選出されたからであると
理解されている[9]。表1の中央の太線は、この両系譜の境界を示している。
このようにヴニンダワ系最後の首長チョナサ・デライトゥンブナから❶ペ
ニ・ワンガ（Sr.）へ首長位が移行した背景について、当該地域の長老の1人
は、次のように述べている。

"A lumuti o Ratu Jonasa, qai tukuni ni luvena se gone sara ga. Qai kerei o
Ratu Peni Waqa me mai taura tiko vakawawa na itutu ni turaga. A mani
kacivi iratou na turaga ni vanua o Dawasamu, a kerei Ratu Peni Waqa, nona

yaca o Ratu Peni Waqa qo, me mai taura mada na itutu vakaturaga e Dawasamu. 'Baleta ni se lailai na luvequ me levu au sa na qai solia.'"

「首長チョナサ・デライトゥンブナが即位した（lumuti）後は、彼の子供は、まだ全くの子供（gone sara）だったと言われている。したがって、ペニ・ワンガ（Sr.）に、（次期首長を）待つ（vakawawa）ために、その首長位（itutu ni turaga）を受け取るように依頼された。そして、ダワサムの土地の長老たち（turaga ni vanua）が招集され、このペニ・ワンガ（Jr.）と同じ名前（nona yaca）であったペニ・ワンガ（Sr.）に、ダワサムの首長位を受け取って（taura）もらうよう頼むことになった。『私の子供はまだ小さいため、（彼／彼女が）大きくなるまで、私は（首長位）を渡します』と。」

以上の語りによれば、❶ペニ・ワンガ（Sr.）は、⓪チョナサ・デライトゥンブナの死後、ダワサム地域の長老たちによる討議を経て、ヴニンダワ系の首長位を引き受けた者であった。そして、それ以後、ヴニンダワの首長の系譜は途絶え、代わって、ラ地方系の首長の系譜が現在まで続くことになった。以上が、ダワサム地域における首長位に関する一般的な語り／理解となっている。

3. アンディ・リティアを巡るディスコース

3.1 最後の末裔と両義的位置づけ

　このように、ダワサム地域の首長位、ないし政体に関する語りは、過去と現在の間には大きな隔たりがあり、前者が真実の所在、本来あるべき状態であり、後者は偽りの状態であるとされている。そして、こうした当該地域のディスコースにおいて必ず参照され、常に両義的な位置づけを伴って登場する人物がいる。以下では、この人物に焦点を当てて、ダワサム地域の過去と現在の首長位の系譜の移行に関するさらなる語りを考察したい。

"Na luvena yalewa, nona itini, o koya o Adi Litia. Na luvena yalewa sa qai vakawati i Nabulebulewa, lai tiko mai Nabulebulewa, sa qai nanumi me lesu tale mai, sa mani sega ni vakasukai rawa na itutu ya. E tu ga vei Ratu Peni Waqa levu, mate, taura tale e dua na luvena o Ratu Sevanaia Veilave, oti sa digitaki sara o Ratu Peni Waqa. O Ratu Peni Waqa sara ga, sa turaga."

「チョナサ・デライトゥンブナの子供で残った最後の(itini)娘(luvena yalewa)が、アンディ・リティア(Adi Litia)である。彼女は、ナンブレンブレワ(Nabulebulewa)氏族へ嫁ぎ、ナンブレンブレワ氏族と共に過ごしていたのだが、ダワサムの首長位が途絶えることが無いように(sega ni vakasukai rawa)、(ダワサム地域に)戻ってくることが期待された。ペニ・ワンガ・シニア(Peni Waqa levu)に置かれていた首長位は、彼の死後、その息子であるセヴァナイア・ヴェイラヴェ(Ratu Sevanaia Veilave)が受け取った。その後、ペニ・ワンガ・ジュニアが選出された。よって、ペニ・ワンガ・ジュニアこそ、首長(turaga)となるべき人物だ。」

この語りは、儀礼開催を主導した氏族(ヴォニ氏族)の長老の1人によって、儀礼が終了した後になされたものである。ここで言及されているように、ヴニンダワ系最後の首長⓪チョナサ・デライトゥンブナの子孫は、彼の一人娘であった「アンディ・リティア(Adi Litia)」という人物である。しかし、彼女は、ダワサム地域ではないナメナ地域にあるゴマ(Qoma)島に嫁いでいたため(図3参照)、❶ペニ・ワンガ(Sr.)の死後に首長位を継承したのは、彼の長男❷セヴァナイア・ヴェイラヴェであった。その後、首長として選出されるに至った人物が❸ペニ・ワンガ(Jr.)であるとされている。この事実が、ペニ・ワンガ(Jr.)をダワサム地域の首長であると考える理由となっているのだが、このアンディ・リティアという女性に関連し、❸ペニ・ワンガ(Jr.)が首長として選出されるに至った事情について、同長老は、以下のように語っている。

"Keitou sa vavia na kena magiti, keitou sa vakaraitaka vei ira na turaga ni

Dawasamu, sa ra wasea na veiyavusa kece qo. 1981. Keitou cakava ike na kena magiti, ra kacivi na lewe ni vanua Dawasamu. Ai solisoli nei Adi Litia, o koya na kawa turaga. O koya sa qai lako mai, keitou sa qai lai raica ga vakavanua me lesu mai, keitou vinakata me mai dabeca ga na itikotiko vakaturaga. O Adi Litia qai kauta mai dua na kamunaga, 'Dou yalo vinaka na qase, au sa qase. Au sa vakamakubuni, sa sega ni yaga vei au me'u lai taura na itutu. Dou lai tiko ga me'u lai dusia e dua.' Keitou sa qai waraka eke, sa qai lako mai o Adi Litia qo, keitou sa rai tu sa tubera o koya e dua na kamunaga. Sa tukuna o koya vei Ratu Peni Waqa, 'Ratu Peni, qo na noqu itutu. Au sa solia vei iko kei ira kece na nomu kawa.' Na vosa ga nei Adi Litia, keitou sa rogoca na qase. 'Nomu qo vata kei na nomu kawa.' Oti ga, keitou sa rogoca ga, sa suka tale o Adi Litia i Qoma, keitou sa qai kaciva na vanua o Dawasamu. Sai koya qo na noda turaga o Ratu Peni Waqa."

「私たち（ヴォ二氏族）は、（ペ二・ワンガ Jr. が首長位を継承したことを記念する）祝宴（magiti）を開催し、それをダワサムの土地の長老たちに知らせ、その食事（magiti）を、この全ての氏族と分け合った（wasea）。1981 年のことである。私たちは、ここで、その祝宴を行い、彼らダワサム地域の民が招集された。それは、（ヴ二ンダワ系）首長位の最後の子孫であるアンディ・リティアからの継承（ai solisoli）であった。彼女は（ゴマ島から）やって来た。私たちが、彼女の元を訪れ、彼女が（ダワサムに）戻り、首長の座に着くことを求めた。アンディ・リティアは、一つのカムナガ（kamunaga）[10] をもってきて、『あなた方、私の先達（qase）よ、お願いです（yalo vinaka）、私は年老いています。私は、既に孫をもつ（vakamakubui）老婆であり、私が首長位を継承するのは無意味です（sega ni yaga）。私は、1 人の人物を選出しに行くので、あなた方は（ダワサムで）待っていてください。』そして、私たちは、ここで待ち、アンディ・リティアはやって来た。私たちは、彼女が 1 つのカムナガを掲げた（tubera）のを見守った。彼女は、ペ二・ワンガに言った。『首長ペ二よ、これは私の首長位（noqu itutu）です。私は、あなたと、あなたの

家系（nomu kawa）に、それを渡します。』その彼女の言葉（vosa）を、私たち土地の長老は聞いた。『これは、あなたとあなたの家系のものです。』その後、私たちは、アンディ・リティアは（嫁ぎ先のゴマ島へ）戻ったと聞いた。そして、私たちは、ダワサムの土地の民を招集した（kaciva na vanua）。以上が、この首長ペニ・ワンガが私たちの首長である理由である。」

　この語りから分かるのは、ペニ・ワンガ（Jr.）は、ヴニンダワ系首長位の末裔であるアンディ・リティアによって、首長位を継承する人物として選出されたことが、地域で共通の理解となっている。さらに、当該地域では、このヴニンダワ系首長位こそが、「本当の（dina）」首長の系譜であり、それが絶えた以後の政体、つまり❶ペニ・ワンガ（Sr.）から、❷セヴァナイアを経て、❸ペニ・ワンガ（Jr.）に至る現在の体制は、「ヴニンダワ系」を単に引き継いだ体制に過ぎず、「首長の系譜は、疾うの昔に終わってしまった。（Sa oti makawa sara na kawa vakaturaga.）」などと、ダワサム地域の政体を2つの領域に分割する語りが一般的になっている。つまり、「ヴニンダワ系」と「ラ地方系」という2つの系譜が対照性を有しており、前者は、過ぎ去った「本当の（dina）」系譜、後者は、それが「終わった（sa oti）／変わってしまった（sa veisau）」後の系譜、「本来あるべき状態ではない」系譜として理解されているのである。

3.2　内部と外部─語りを通じて輪郭を帯びるヴァヌア

　3.1で記述した長老の発言にあった通り、アンディ・リティアは、ナメナ地域のゴマ島に嫁いだのだが、ゴマ島に嫁ぐ以前には、さらに異なるサワカサ地域のヴォロヴォロ村のナンブト氏族に嫁いでいたと語られることが多い。以下は、それについての地域の古老の1人による語りである。

"Sa oti na Ratu koya qo, baleta na bui ya, Adi Litia, ke a vola ike e dua na luvena mai Nabuto, dua vei rau o <u>Ratu Sakiusa Coci</u> se o <u>Ratu Jonasa Delai</u>

ke donu tiko, na luvena o koya. Me se lako tiko ga nona dra. O rau na kai Nabuto, kai Vorovoro, na luvena na Vunivalu mai Nabuto, o rau na luvena. Ia, o rau sa lako mai valelevu na seda ga i cake, dabe, valelevu Dawasamu. Sega ni kila o cei na turaga Dawasamu, baleta o rau turaga mai Nabuto, turaga tale ga ike. Na tinadrau loma ni valelevu sara ga. Baleta o rau volai ikea, na tinana sega ni vola vua e dua na gone, sa volai koya na yavusa Nabuto, rau volai rua-rua kina, sega ni rawa ni kau mai."

「首長位は終わったのだ。老婆アンディ・リティアが、もし、ナンブト氏族で生まれた（彼女の）2人の息子の1人、首長サキウサ・ゾジ（Saki-usa Coci）、あるいは、首長チョナサ・デライ（Jonasa Delai）を、ダワサムに登記（vola）していたなら、正しかった（donu）かもしれない。その血筋（dra）が依然として続いてゆくためには。実際には、その2人の息子たちは、ナンブト氏族の人、ヴォロヴォロ村の人であり、2人はナンブト氏族の首長（Vunivalu）の息子（として登記されているの）である。しかし、彼ら2人が、ダワサムの首長の邸宅（valelevu Dawasamu）を訪問した場合、彼らは上座（i cake）へと導かれ、そこに座る（dabe）。誰がダワサムの首長であろうと、彼ら2人はナンブト氏族の首長位に属するものであろうと、彼らは、ここ（ダワサム）でも首長位に属しているのである。なぜなら、彼らの母親アンディ・リティアは、ダワサムの首長の邸宅（首長位の系譜）の、中心人物なのだから。しかし、2人ともあちらに（ikea）登記されているから、彼らの母親は、彼ら2人をダワサムの子供（gone）としては登記しなかった。彼ら2人とも（rau ruarua）ナンブト氏族として登記されているから、（ダワサムの首長として）連れてくる（kau mai）ことは出来ない。」

この語りの中で言及されている「ヴォロヴォロ（Vorovoro）村」は、ダワサム地域に隣接しているが、行政区分に従えば、サワカサ（Sawakasa）地域の村落として括られている（図2参照）。アンディ・リティアは、ヴォロヴォロ村へ嫁いだ後、2人の息子（サキウサ・ゾジ、チョナサ・デライ）をもうけてい

るが、彼ら2人はダワサム地域には登記されず「ナンブト（Nabuto）氏族」の成員となった。したがって、彼ら2人は、ダワサム地域の王位を継承する人物とはならなかったとされる。この点に関して、同長老は、以下のように言及している。

"Sa mate Vunivalu mai Nabuto, sa lako mai Tui Nabulebulewa mai Qoma, sa mai vosaki koya tale, lai vawati tale mai vua na Tui Nabulebulewa mai Qoma. Sa mate Tui Nabulebulewa mai Qoma, o koya sa qase tiko mai tiko tale Dawasamu, sa Ratu oti tiko na tamai Peni Waqa qo, Ratu Sevanaia."

「嫁ぎ先のナンブト（Nabuto）氏族の首長（Vunivalu）が死去（mate）し、そして、ゴマ島から、ナンブレンブレワ氏族の首長（Tui Nabulebulewa）がやって来て、彼女（アンディ・リティア）へ（結婚の）申し入れ（vosaki koya）が為され、ナンブレンブレワ氏族の首長の元へ改めて嫁ぐことになった。ゴマ島のナンブレンブレワ氏族の首長が死去した時、彼女は年老いており、その時には、このペニ・ワンガ（Jr.）の父親、セヴァナイア（・ヴェイラヴェ）が首長となっていた。」

アンディ・リティアのヴォロヴォロ村での夫（ナンブト氏族の首長）が死去した後、彼女は、ゴマ島に住むナンブレンブレワ氏族の首長の元へと嫁ぎ、子供を授かる。しかし、そこでも同様の理由から、その子供たちにダワサム地域の首長位が継承されることはなかった。

　ヴォロヴォロ村とは異なり、ゴマ島は、ダワサム地域からは10km以上離れた場所に存在する島であることから、ダワサム地域とは明瞭な地理的隔たりが存在するのだが、ゴマ島で彼女が嫁いだナンブレンブレワ氏族の一派は、実はダワサム地域の内部に「ナンブアラウ（Nabualau）」という独自の集落を形成している（図2を参照）。この一派は、以前はダワサム地域の最高首長の住まいであるドゥリティ村で、首長の「漁師（kai wai）」としての儀礼的義務を担う集団として住んでいたと言われている。この点においても、「アンディ・リティア」という人物が、ダワサム地域という「場所」の内部

202　第2部　見えにくいディスコーダンスと見えるディスコーダンス

と外部の境界、その両義性／曖昧性を体現する人物として登場することが分かる。

　以上の理由により、ダワサム地域では、アンディ・リティアの家系（つまり、ヴニンダワ系）に属していない家系、すなわち、ペニ・ワンガ（Jr.）へと至ったラ地方系の家系が首長位を引き継ぐことになったのである。

4.　「モノ」が喚起する文化的カテゴリーとその序列

　以上に記述した通り、ダワサム地域の政体は、過去と現在、内陸部のヴニンダワ系と沿岸部のラ地方系、として二分割され、それぞれ「本当の系譜」と「偽りの系譜」として価値付けされたディスコースとして生起していると言える。さらに、このように政体が二分割される背景について、アンディ・リティアに纏わるさらなる出来事に着目し、特に、その中で登場する「モノ」に焦点を当てて考察したい。

4.1　ビロ（bilo）と名付けられた鯨の歯―王位の証左

　1981年に、ペニ・ワンガがダワサム地域の首長位を継承することが認められたのだが、その後、彼が実際に即位するための儀礼が開催されることはなかったとされる。このことによって、ペニ・ワンガは、アンディ・リティアから首長位の後継者として認められ、晴れて首長となったにも関わらず、儀礼が開催されなかったために、その首長位の正統性は曖昧な状態にされ続けて来たようである [11]。なぜなら、フィジーにおいて首長として即位することは、「ヴァヌア（土地）の民（itaukei ni vanua）」から与えられる「ヤンゴナ（yaqona）[12]」を飲む即位の儀礼を経ることを指すためである。

　ペニ・ワンガが首長として即位するための儀礼が開催されなかった理由は、アンディ・リティアからペニ・ワンガへ首長位が継承された際に分割された威信財に遡る。1981年に、ペニ・ワンガがアンディ・リティアから、ヴニンダワ系首長位を継承した「証左（na ivakadinadina）」として受け取ったのは、1つの鯨の歯、フィジー語で「タンブア（tabua）[13]」と呼ばれるモノで

第 7 章　モノ、語彙、指標性　203

図 4　タンブア (tabua)[14]

ある。

　ダワサム地域では、このペニ・ワンガが受け取ったタンブアは、フィジーにおいてヤンゴナを飲む際に使用されるココナッツの殻で作られた器を意味する「ビロ (bilo)」と名付けられている。上述した通り、フィジーでは、ある人物が首長として即位する際に、「ヴァヌア (土地) の民 (itaukei ni vanua)」によって与えられるヤンゴナを飲むことが一般的となっており (cf. Hocart 1927, 1936; Sahlins 1981, 1985; Valeri 1985)、その儀礼は「ビロ (器) の譲渡 (soli na bilo)」、「飲み交わし (veivagunuvi)」などと呼ばれ、即位儀礼自体の代名詞としても使用されている。つまり、ペニ・ワンガがアンディ・リティアから受け取ったタンブアは、当該地域において、首長が即位する際に、「ヴァヌアの民」から譲渡されるヤンゴナを飲む器を指示するメトニミーとなっている。このことは、このタンブア (鯨の歯) が、過去に起源をもつダワサム地域の首長が代々継承してきたという出来事の系譜、マクロ的コンテクストが投影された (今ここ) の「器」、モノ化した社会指標性[15]であり、それを所有する者を首長位の系譜という「指標的連鎖 (indexical chain)」の中に位置付ける、よって、首長たらしめる「証左 (na ivakadina-dina)[16]」となっている (Agha 2007; cf. Thomas 1991)[17]。このタンブアの所有者となったペニ・ワンガが、ダワサム地域の首長であると認識されているの

は、このためである。ペニ・ワンガの首長位の正統性が曖昧な状態となったのは、このビロが儀礼において使用されず、ヤンゴナがそこに注がれ、それが飲まれるという行為が為されなかった、つまり、ビロが「空」であり続けたという事態に起因するものであるとも言える。つまり、指標記号（メトニミー）は存在するが、その指示対象（ヤンゴナ、あるいはヴァヌアの民）が伴っていなかった訳である。

4.2　ゲレ・ヴァカラトゥ（qele vakaRatu）―王位継承者のための土地

　次に、アンディ・リティアが譲渡した、もう1つの「モノ」に着目したい。上述した通り、1981年にアンディ・リティアは、ペニ・ワンガに対して首長位の証左であるタンブアを継承させたのであるが、実はその際に彼女は、ペニ・ワンガと同じダワサム氏族出身であるが、異なる家系に属するレヴァニ・ヴエティ（Levani Vueti）という人物に、「首長のための土地（ゲレ・ヴァカラトゥ；qele vakaRatu[18]）」を授けている。つまり、「土地」という更なるモノを、レヴァニ・ヴエティという人物に与えたのである。

　アンディ・リティアは、1)当該地域において、ヴニンダワ系首長位の「正統な」継承を指標する「ビロ（bilo）」と名付けられたタンブアをペニ・ワンガへ、そして、2)「首長のための土地（qele vakaRatu）」という、ヴニンダワ系首長位の「正統な」継承を指標するもう1つの証左をレヴァニ・ヴエティへ授けたのである。これによって、ダワサム地域では、首長位の継承者を主張できる人物・集団が、事実上、2人ないし2集団存在するという状況が現れたのである。

　このような事態が生じた背景について略述しておきたい。アンディ・リティアは、現在フィジー政府が保管しており、各々の氏族の成員が記載してある台帳（Vola ni kawa bula）には、ダワサム氏族の「ラトゥ系族」にその出自が登記されている。したがって、彼女の父親であり、ヴニンダワ系の最後の首長であったとされる⓪チョナサ・デライトゥンブナは、同様に、「ラトゥ系族」に属した人物であった。しかし、アンディ・リティアは他地域に嫁いだため、彼女の首長位は、首長の世話人としての地位にあった「ナサン

第7章 モノ、語彙、指標性　205

図5 「首長の土地（qele vakaRatu）」の位置（斜線箇所）

ギワ系族」（❶ペニ・ワンガ・シニア⇒❷セヴァナイア・ヴェイラヴェ）が継承することになった。1981年、アンディ・リティアはダワサム地域に召還され、首長となるように要請されたのだが、自らの年齢を考慮し、既に首長位を継承していた「ナサンギワ系族」の❷セヴァナイア・ヴェイラヴェの息子❸ペニ・ワンガ・ジュニアへ、首長位の証左としてのタンブアを譲渡したのである（表1を参照）。したがって、彼女は、実際には、首長位を継承するより「正統な」地位にあった可能性があるラトゥ系族に対し、「首長の土地」を授けることによって、これら両系族の力の均衡を保ち、継承の問題を収めようとした訳である。

　ダワサム地域では、首長位の証左／象徴が分割されたこの出来事こそが、当該地域における首長位を巡る「問題の源泉（vu ni leqa）」であると語られる。なぜなら、ペニ・ワンガの即位儀礼が開催されずに、彼の首長位の正統性が曖昧なまま彼が死去したとすれば、当然、1）ペニ・ワンガの直系の子孫（ダワサム氏族・ナサンギワ系族）ではなく、「首長のための土地」を継承したレヴァニ・ヴエティの系譜（ダワサム氏族・ラトゥ系族）に属する人物、あるいは2）単にペニ・ワンガの家系以外の系譜に属する人物を、首長位の継承権を有する人物として擁立し易くなるからである。アンディ・リティア

が首長位の象徴を二分した出来事は、ダワサム氏族内部での首長位を取り巻く集団間の対立を生じさせるコンテクストを（彼女の意に反して）準備したのである。

事実、ペニ・ワンガがアンディ・リティアから首長位を継承したとされる1981年以来、ダワサム地域では即位儀礼を経た首長は、2010年までの28年間、不在であり続けた。そして、この長引く首長の不在、すなわち、存在すべき首長が存在していない状態、あるべき過去の状態から逸脱した現在の状態[19]、このような意識が、当該地域に悪魔を招き込んでいる、不幸や災厄を生じさせている原因だという思潮、災因論的語りを生み出したのである。

4.3　固有名詞による時空間の個別化

以上の語りが示す通り、このダワサム地域のディスコースにおいて顕著なことは、アンディ・リティアという人物が、（内陸部のヴニンダワ地域に起源をもつとされる）「本来の（dina）」王位の最後の子孫であり、彼女がその王位を、同じダワサム氏族内部における別の系族・家族へと譲渡した人物であるとされている点である。つまり、このアンディ・リティアという固有名詞を境界にして、過去に高い文化的価値を見出し、それとの対照として、現在には、より低い価値付けをする二分法の存在である。

まず、固有名詞とは、名詞句階層（Noun phrase referential hierarchy）[20] に照らした場合、一人称・二人称代名詞や指示詞など、言及指示する対象が状況に依存する度合いが高い名詞句と、具体名詞や抽象名詞など、言及指示対象が状況に依存する度合いが比較的低い（よって象徴性が高い）名詞句との中間に位置付けられるものである。したがって、このアンディ・リティアという固有名詞[21] は、a) 二分割されたカテゴリーからなる「ダワサム」という社会文化的時空間を指示すると同時に、b) そうして指示される過去の「本当の」首長位／政体、象徴的／神話的時空間を、実際に生きられている今ここの時空間へと投錨する名詞（キアスムス）でもあると言える。すなわち、アンディ・リティアという固有名詞は、「今ここ」の時空間と、「今ここ」を超えたマクロな社会文化的な諸実践との連鎖、過去と現在の存在論的な基礎付け

を、ディスコースの中で「喚起」する語用的キアスムスの1つとして機能
していると考えられる (cf. Agha 2007; Keane 1997; Parmentier 1987)。つま
り、ダワサム地域の住民、その中でも、特に地域の歴史に関する語りに慣れ
親しんでいる長老たちにとって、アンディ・リティアという人物／固有名詞
は、「ダワサム」という特定の時空間、首長位に纏わる特定の文化的カテゴ
リーを強く喚起する象徴記号[22]、強固にモノ化した社会指標性(いわば神話)
となっていると言える。

　言い換えれば、ダワサム地域の政体は、「アンディ・リティア」という固
有名詞を境界として、1) それ「以前」とそれ「以後」という時間的範疇に
二分割されていること[23]、2) 彼女の嫁ぎ先であったヴォロヴォロ村とゴマ島
が、ダワサム地域の「内部」と「外部」という地理空間的範疇を二分割して
いること、また、内陸部にあるヴニンダワ地域と、沿岸部にあるラ地方とい
う首長位の系譜の分割、さらに、3) 社会文化的範疇(親族関係)において、
彼女が嫁いだ2つの氏族(ナンブト氏族とナンブレンブレワ氏族)との間で
儲けた子供たちも、ダワサムの首長位を継承する人物としての「正統性」を
もたなかったにも関わらず、それら2つの氏族が、ダワサム地域と歴史的
に密接な関係を有した氏族であること、以上、少なくとも4点に鑑みれば、
この「アンディ・リティア」という人物／固有名詞は、ダワサムの歴史を語
るディスコースにおいては、実際に存在した「今ここ」の特定の人物を指示
すると同時に、「歴史上の」、「歴史の中の」人物としても指示され、それが
「ダワサム」という社会文化史的・地理的時空間を個別化するディスコース
を生成している。

　この点をまとめると次のようになるだろう。アンディ・リティアによって
二分された証左、つまり、ビロと名付けられたタンブア(鯨の歯)とゲレ・
ヴァカラトゥ(首長のための土地)は、ダワサムというヴァヌア(土地)、「ヴァ
ヌアの民」、「ヴァヌアの肉」を「裸」にすることになった。すなわち、「裸
の肉」としての内部と、「ヤンゴナが不在のビロ／器」としての外部、この
両空間に不一致をもたらした。そして、その出来事の中心人物であった「ア
ンディ・リティア」は、ダワサムという場所の歴史にまつわるディスコース

の中で、様々なギャップを束ねる空間的、時間的（過去／現在の存在論的基礎付け）、認識論的価値論的（真／偽）相同関係を、キアスムス的に喚起する語彙——モノ——となったと言えるだろう。

5.　結―モノ化した指標性、ズレの形象化

　以上の様に、ダワサム地域の政体を巡るディスコースでは、「アンディ・リティア」という固有名詞、そして、彼女によって二分された首長位の象徴であるタンブア（鯨の歯）とゲレ・ヴァカラトゥ（首長のための土地）、これら複数の「モノ化／語彙化した社会指標性」、フィジーでの表現を用いれば「証左（na ivakadinadina）」が、ディスコース上で参照・言及されることを通して、「ダワサム」という二分されたカテゴリーのペアとして、社会文化的な価値付けを伴った時空間が生み出されていると了解できるだろう（図6を参照）。

　言い換えるなら、1)「アンディ・リティア」から「ペニ・ワンガ」へと譲渡されたダワサム地域の首長位、つまり、「本当の系譜」から「偽りの系譜」へという政体の変遷、2)ダワサム地域という空間の「外部」と「内部」、3)過去と現在、そして4)これらの「証左」が喚起する範疇間には相同関係が存在しており、それぞれ前者に「正しい／本当／真実」という価値付け、後者に「誤り／虚偽」という対照的な価値が付与されている。このようなディスコースの付置が、現在の社会状況は「真実」を反映していない「誤った」状態である、「神」が導いた「本当の」土地の姿、「あるべき」地域の秩序を体現しておらず、「悪魔」（災厄）に覆われた状態である、過去と現在には「不一致」があるとする意識、すなわち、文化的カテゴリー間のディスコーダンスに収斂する災因論的な思潮を生み出していると言えるだろう。

　フィジー、ダワサム地域の事例に関して言えば、不幸や災厄についての語り、文化人類学においては一般に災因論などと呼ばれてきたような呪術的思考は、不幸や災厄を説明するためになされるコミュニケーション行為である

第 7 章　モノ、語彙、指標性　209

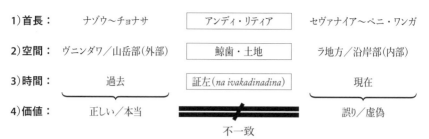

図 6　ダワサムという時空間を形成する「証左」と範疇間の相同関係

ことを超えて、現実世界を 2 つの対照的なカテゴリーに分割し、その両カテゴリー間に「一致／不一致」の関係を見出すこと、そのような意識・思考に起因するものとなっていると考えられる。また、そのようにして、一致／不一致が意識化されること、ディスコーダンスの所在を敢えて明示的に指差すことを通して、その帰結として「真実」なるものの所在を、「今ここ」で可視化／喚起し続ける儀礼、ディスコーダンスとしてのディスコースそれ自体が現代フィジーを生み出し、変容させるコミュニケーション的メカニズムとなっていると言えるだろう。

　したがって、このようなディスコーダンスとしてのディスコースは、社会の「あるべき状態」や「真実」自体に重要性があるのではなく、真実と現実という対照的なカテゴリーを創出し、その両者に一致／不一致を見出そうとする行為、そのような比喩的な過程それ自体が成功裏に遂行されることによって、特定の社会的状況における政治的力や正統性を獲得したり、社会的変革を促したりする源泉になっていると考えられる。このように考えれば、ディスコーダンスという視点は、言語使用／コミュニケーションから社会や文化の生成を思考する上で、有効な概念であると言えるだろう。

注

1 フィジー語で言う「テヴォロ(tevoro)」とは、英語では「デヴィル(devil)」に相当する名詞である。これは、キリスト教の「神(na Kalou)」と対照を成す概念となっている。

2 「表層レベル」(surface level)とは、象徴性の高い言語の形式構造(深層レベル)の周縁部、つまり、指標的、語用的領域と言語構造との接点を指す。

3 社会指標性(social indexicality)とは、何らかの事象が、それが起きた特定のコンテクストにおいて伴う意味や性質のことである。例えば、「お腹がすいた」と「腹減った」という言及では、両方とも同じ事柄を述べている一方で、前者の方がより標準的でフォーマルであるのに対し、後者はぞんざいでインフォーマルな言語使用であると認識される傾向が高い。これは、言語は、常にそれが使用された特定の場所で特定の認識を喚起することを示唆している。

4 19世紀末から英植民地政府は、フィジーにおいて「先住民保護政策」を敷いた。フィジー人は土地を提供する一方で、砂糖黍プランテーション労働に従事することを禁止され、村落で「伝統的」な生活を営むべきとされた。他方、プランテーションへの労働力を補うため、インド人がフィジーへ移入され、経済的基盤の確立と安定化が図られた。今日のインド系フィジー人の多くは、この頃にフィジーに移民したインド人の子孫である(丹羽2005: 271)。

5 ヨーロッパ人とフィジー人の混血。

6 セヴァナイア・ヴェイラヴェの死後、スリアシ・デライ(Suliasi Delai)という人物が地域の意志決定を担う役職に就任したが、この人物は首長に相応しい人物が現れるまで、首長位を一時的に預かった者とされている。

7 ダワサム地域があるタイレヴ地方の北西部に隣接する異なる地方である。

8 この家系は、何らかの理由で、彼ら自身の土地(ラ地方)に住み続けることが困難となり、ダワサム地域に流れてきた家系であると考えられている。そして、ダワサム地域に住んでいたヴォニ(Voni)という氏族によって、首長の世話を担当する義務(itavi)を与えられ、その後、その世話人としての功績が認められて有力な家系を形成し、「ダワサム氏族」の成員として登記されることになった家系であると言われている(cf. France 1969)。

9 ダワサム地域とヴニンダワ(Vunidawa)およびラ(Ra)地方の地理的関係については、図3を参照。

10 フィジーにおける贈与交換儀礼で交換される威信財(yau)を指すが、通常、その中でも鯨歯である「タンブア(tabua)」を指示する名詞である。カムナガは、儀礼スピーチにおいてタンブアを指示する用語(レジスター)であると言える(Arno 1990: 265)。

11 地域の長老の1人は、「首長位を継承することと、即位儀礼を経ること(ヤンゴナを飲むこと)は、同義ではない。」と述べている。彼は、「正式に」首長として即位するためには、単に首長位を継承するだけではなく、即位儀礼が行われ、「ヴァヌア(土地)の民」によって授けられる「ヤンゴナ」を飲まなければならないと主張している。そのようにして即位した首長が死去すれば、次期首長は同様の手続きによって即位しなければならないと述べている。儀礼を経ずしては、首長にはなれないと考えられていることになる。

12 胡椒科の植物(Piper methysticum)の根を乾燥させて作られる飲み物。フィジー語(標準変種バウ語;Bauan)で「ヤンゴナ(yaqona)」と呼ばれる。

13 フィジーにおける重要な儀礼では、集団間で威信財であるタンブア(鯨歯)が贈与・交換されることが多い(Thomas 1991: 69–75)。

14 このタンブアは、実際にアンディ・リティアから継承されたものではなく、筆者がダワサム地域で調査をしていたとき、他の儀礼が行われた際に交換されたタンブアであり、それを筆者が撮影した。

15 「敬語」の生成と同一の記号現象(レジスター化)である(cf. Agha 1994)。敬語とは、ある特定の言語要素に、「敬意」や「丁寧さ」などの社会指標性が、メタ語用的に内在化させられて生じる「レジスター」と呼ばれる現象である。(例えば、仏像(象徴)の内部に、その仏像化された人物の「遺髪」(指標)を埋め込むといった風習、詩や俳句、あるいは儀礼スピーチ(象徴)に、特定の「信条」(指標)を詠い込むなどの行為も、同様の記号現象であると解釈できよう。)

16 この「証左(na ivakadinadina)」という名詞は、民族記号論的(ethno-semiotic)な記録／メディアであり、これらがディスコースで生起し、「歴史の中の記号」となること、すなわち、それら記号についての解釈が生起することによって社会文化的時空は生成・維持され、変容してゆく(Parmentier 1987: 1–19)。

17 実際に、この「ビロ」が、どこから、どのようにダワサム地域にやって来たものであるのか、その「所有者」、それを「最初に」首長に渡した地域の人物は誰なのかといった点が、ダワサム地域での即位儀礼開催の正統性を巡った論争の焦点となった。

18 「首長の(vakaRatu)土地(qele)」という意味。

19 Tomlinson (2004: 7)は、フィジー諸島のカンダヴ(Kadavu)島でのキリスト教メソジスト派による集団で行われる祈り(masu sema; chain prayer)の事例の考察から、現代フィジーにおけるインド系とフィジー系の対立の関係や、フィジー系内部における政治的な正統性や主導権(leadership)を巡る争い、キリスト教教会と土着的首長の関係性など、現代フィジーが経験する様々な歴史的苦境は、目に見えない領域(invisible realm)、あるいは「過去」との関係を通して生み出されていること

を指摘している。そして、現在は、かつては素晴らしく、偉大で、そして、失われた過去・祖先（golden age）から堕落し、過去や祖先の「呪い（curse）」に取り憑かれた「力なき（powerless）」時空として概念化されているとしている。正統性を有しない政治的主導権、混乱し忘却された親族関係、土地所有権を巡る論争など、これら全ての事象が、過去には存在したが、しかし今は失われた力、その不在としての現在を指標するものとなっているとしている。

20 1970年代前半に、マイケル・シルヴァスティン（Michael Silverstein）によって明示された文法範疇である（Silverstein 1976）。様々な種類の名詞句範疇が、概略、1) 一人称・二人称代名詞、2) 照応代名詞、3) 指示代名詞、4) 固有名詞、5) 親族名詞、6) 人間名詞、7) 有生名詞、8) 具体名詞、9) 抽象名詞という順序で文法的に階層化されていることを示すものである。その階層性は、ヤコブソンのコミュニケーション論や文法論、その基底を成すパース記号論における「指標性（indexicality）」（状況・コンテクスト依存性）という概念、（ポスト）分析哲学などにも取り入れられている記号論的概念に基づいたものである。言い換えれば、名詞句階層は、言及指示行為が行われているコミュニケーション出来事のコンテクストと、名詞句によって言及指示される対象との間にある関係性を、「指標性の大小」という記号作用の原理に基づいて、体系的に表すものである。

21 「固有名詞」は、コミュニケーションの出来事の外で行われた「命名」という儀礼的行為との史的連続性に基づいて、特定の対象を指示する名詞である。すなわち、「固有名詞」付近の名詞句範疇に位置付けられる名詞が特定の対象を言及指示する力は、「命名」という出来事との（マクロ的な）連続性に基づいている（cf. Kripke 1972; Putnam 1975）。

22 これは、デュルケムによって論じられた、「エムブレム（emblem）」（集団表象）、あるいは、「トーテム」のことである。つまり、脱コンテクスト化・任意化・規約化に基づいて集団表象・集合を創りだす象徴化作用（symbolic signification / symbolicization）のことを指す（小山 2008: 143）。

23 ヴニンダワ系最後の首長チョナサ・デライトゥンブナの娘であるアンディ・リティアは、「アンディ・リティア・マラマ（Adi Litia Marama）」（1903年生まれ）として、「ダワサム氏族・ラトゥ系族・ナンブケンブケ家族」に登記されており、夫は、ヴォロヴォロ村の「ナンブト氏族・ナゾヴ（Nacovu）系族」の「メサケ・ソリケナンブカ（Mesake Solikenabuka）」（1897年生まれ）であると登記されている。つまり、このアンディ・リティアという人物が、ダワサム地域の首長位の系譜／政体を、過去と現在という範疇に分割する記号、その「境界」となっている。

参考文献

Agha, Asif. (1994) Honorification. *Annual Review of Anthropology*, 23, pp. 277–302.

Agha, Asif. (2007) *Language and Social Relations*. Cambridge, MA: Cambridge University Press.

Arno, Andrew. (1990) Disentangling Indirectly: The Joking Debate in Fijian Social Control. In Karren. Watson-Gegeo and Geoffrey White (eds.) *Disentangling: Conflict Discourse in Pacific Societies*, pp. 242–289. Stanford, CA: Stanford University Press.

浅井優一 (2017)『儀礼のセミオティクス—メラネシア・フィジーにおける神話／詩的テクストの言語人類学的研究』三元社

Blount, Ben G. (ed.) (1995) *Language, Culture, and Society: A Book of Readings (2nd Ed.)* Long Grove, IL:Waveland Press.

Fiji Islands Bureau of Statistics (2000) *Fiji Social Atlas: 1996 Census of Population and Housing*. Suva, Fiji: Fiji Islands Bureau of Statistics.

Fiji Islands Bureau of Statistics (2009) *Key Statistics: June 2009*. Suva, Fiji: Fiji Islands Bureau of Statistics.

Evans-Pritchard, Edward E. (1937) *Witchcraft, Oracles and Magic among the Azande*. Oxford: The Clarendon Press.(エヴァンズ＝プリチャード・エドワード・E　向井元子訳(2001)『アザンデ人の世界—妖術・託宣・呪術』みすず書房)

Fraenkel, Jon, and Stewart Firth. (eds.) (2007) *From Election to Coup in Fiji: The 2006 Campaign and Its Aftermath*. Suva, Fiji: IPS Publications University of the South Pacific.

France, Peter. (1969) *The Charter of the Land: Custom and Colonization in Fiji*. Melbourne: Oxford University Press.

Hocart, Arthur M. (1927) *Kingship*. Oxford: Oxford University Press.

Hocart, Arthur M. (1936 [1970]) *Kings and Councillors: An Essay in the Comparative Anatomy of Human Society*. Chicago, IL: University of Chicago Press.

Kaplan, Martha. (1995) *Neither Cargo nor Cult: Ritual Politics and the Colonial Imagination in Fiji*. Durham, NC: Duke University Press.

春日直樹 (2001)『太平洋のラスプーチン—ヴィチ・カンバニ運動の歴史人類学』世界思想社

Keane, Webb. (1997) Religious language. *Annual Review of Anthropology*, 26, pp. 47–71.

小山亘 (2008)『記号の系譜—社会記号論系言語人類学の射程』三元社

Kripke, Saul. (1972) *Naming and Necessity*. Cambridge, MA: Harvard University Press.

Lasaqa, Isireli Q. (1963) *Dawasamu-Bure. N.E. Viti Levu: Fiji* (Master thesis). Auckland University Library, Auckland, New Zealand.

Lasaqa, Isireli Q. (1984) *The Fijian People: Before and After Independence*. Canberra: Australian National University Press.

Loanakadavu, Samuela. (2010, April 17) Vanua installs Waqa. *The Fiji Times*. Retrieved from <http://www.fijitimes.com/story.aspx?id=144593>

宮崎広和 (2002)「文書館と村—歴史人類学から文書の民族誌へ」春日直樹編『オセアニア・ポストコロニアル』(79–107 頁) 国際書院

長島信弘 (1987)『死と病いの民族誌—ケニア・テソ族の災因論』岩波書店

丹羽典生 (2005)「フィジアン—フィジー人とインド人の共存」綾部恒雄監修，前川啓治・棚橋訓編『世界の先住民族 ファースト・ピープルズの現在 09：オセアニア』(262–282 頁) 明石書店

Parmentier, Richard J. (1987) *The Sacred Remains: Myth, History, and Polity in Belau*. Chicago, IL: The University of Chicago Press.

Putnam, Hilary. (1975) The Meaning of 'Meaning'. In *Philosophical Papers*, Vol. 2: *Mind, language, and reality*, pp. 215–271. Cambridge, MA: Cambridge University Press.

Sahlins, Marshall. (1981) *Historical Metaphors and Mythical Realities: Structure in the Early History of the Sandwich Islands Kingdom (ASAO special publications)*. Ann Arbor, MI: University of Michigan Press.

Sahlins, Marshall. (1985) *Islands of History*. Chicago, IL: University of Chicago Press.

Silverstein, Michael. (1976) Hierarchy of Features and Ergativity. In Robert M. W. Dixon (ed.) *Grammatical Categories in Australian Languages*, pp. 112–171. Canberra: Australian Institute of Aboriginal and Torres Straits Islander Studies.

Silverstein, Michael. (1981) The Limits of Awareness. *Sociolinguistic Working Paper*, 84. [Reprinted in Alessandro. Duranti, (ed.) (2001) *Linguistic Anthropology: A Reader*, pp. 382–383. Malden, MA: Blackwell].

白川千尋・川田牧人編 (2012)『呪術の人類学』人文書院

Thomas, Nicholas. (1991) Against Ethnography. *Cultural Anthropology*, 6, pp. 306–322.

Tomlinson, Matt. (2004) Ritual, Risk, and Danger: Chain Prayers in Fiji. *American Anthropologist*, *106*(1), pp. 6–16.

Valeri, Valerio. (1985) *Kinship and Sacrifice: Ritual and Society in Ancient Hawai'i*. Chicago, IL: University of Chicago Press.

Walsh, Crosbie. (2006) *Fiji: An Encyclopaedic Atlas*. Suva, Fiji: The University of the South Pacific.

第 3 部

社会記号過程としてのディスコーダンスと
言語コミュニケーション

第 8 章

「荒らし」と相互忘却

野澤俊介

1. はじめに

　本章は、オンライン上の日本語コミュニケーションにおいて「荒らし」と描写される現象を分析することにより、メタ概念としてのディスコーダンス（不一致・不調和）(Briggs 1996) の理解に寄与することを目的とする。荒らしが「寄生」(Kockelman 2010) するコミュニケーションの出来事の諸指標的関係の分析を通して、ディスコースのディスコーダンスとしてだけではなくディスコーダンスのディスコースとして荒らしを捉え、そこに通底する記号的イデオロギーを現在のネットワーク化されたメディアエコロジーに見出したい。また、荒らしの「対称的分裂生成」(Bateson 1935) 的傾向に着目し、その状況の収束に向けた言語的・社会技術的方策——スルー、削除、放置、忌避など——がどのような条件において達成可能と考えられているのかを検証することで、「不調和」や「不一致」を「調和」や「一致」の単なるネガティブな対義概念以上のものとして捉える。つまり、不一致を一致の「不在」または「失敗」として理解するのではなく——言いかえれば、コミュニケーションのテロスに一致・合意・調和などを前提とするのではなく——ディスコーダンスがそれ自身の社会記号的過程を形成することを示す。

　前提として、「荒らし」というメタ語用論的描写は、ある程度にネットワーク化されたコミュニケーションの文脈を指標すること、つまり二者間のダイアディックな相互行為に還元されないコミュニケーションの環境やイン

218　第 3 部　社会記号過程としてのディスコーダンスと言語コミュニケーション

フラストラクチャの問題を前景化させることを確認しておく。荒らしがしば
しばオンライン上の匿名コミュニケーションを舞台として展開されることを
考慮に入れ、「匿名性」(Coleman 2014; Nozawa 2012) が前提とされるような
コミュニケーションの出来事が描き出すディスコーダンスの特性を明らかに
したい。

2.　エスカレーション

　「荒らし」の定義というメタ語用言説は様々な対象や主体、原因や形態を
想定するのだが、ひとまずは、すでに社会に浸透している言説として、以下
のような定義を挙げることができるであろう。

> 「荒らし」「荒らし行為」とは、ネット上の掲示板やチャット、コメント
> 欄などに大量の無意味な書き込み、レスをしたり、法律や規約、マナー
> などの点で禁じられている非常識な書き込み(名前や住所、電話番号な
> どの個人情報を書き込む、その場所と無関係な差別用語、わいせつな用
> 語の羅列、あるいはその掲示板の管理人などを名指しして「死ね」など
> と罵倒したり叩くような行為をする)を連続的に行い、その掲示板やコ
> ミュニティの運営を妨害し、破壊する行為のことです[1]。

　また同列の現象として「炎上」が取り上げられることもある(荻上 2007)。
いずれにせよ、荒らしは往々にして「ネット上の掲示板やコミュニティの運
営」(同様に散見される表現としては「コミュニケーションの場」)の「妨害・
破壊」が「連続的」に発生する過程として解釈される。特にその過程の速さ
や規模、すなわちその過程の「スケール」(scale) が時間・空間的にエスカ
レートする様 (escalation) が強調される傾向があり、逆にその沈静へ向かう
過程は脱エスカレーション (de-escalation) の方法論として語られる (Carr and
Fisher 2016 参照)。この意味において、荒らしの解釈を、ベイトソンの言う
「対称的分裂生成」的なエスカレーションの過程に即して理解することがで

きるだろう(Bateson 1935)。また第4・5節で分析するように、荒らしは作用・反作用のダイナミズムにおけるエスカレーションであり、荒らしのメタ語用言説が「荒らし的表現」なるものを脱コンテクスト化(de-contextualization)して呈示することはあるとしても、それは「連続的」にエスカレートするテクスト化・コンテクスト化の過程に依存することに注意したい。

　本章で取り扱う荒らしのメタ語用言説は、オンライン上の不特定多数の参加者が関わる(主に匿名性が担保され、また志向される)コミュニケーションの空間——具体的には、2ちゃんねるやYahoo! 知恵袋といった掲示板型のサイト、ツイッターやフェイスブックのようなソーシャルネットワーク、ニコニコ動画におけるコメント機能(もしくは動画そのもの)など——をその考察の文脈とする。

3.　荒らし、群衆、おぞましいもの

　「レジスター」概念(Agha 2007など)の研究が示すように、コミュニケーションの出来事における言語をはじめとする様々な記号(例えば身体的所作や服装)は社会に流通する記号使用者のイメージを指標する機能を持つ。例えば「赤ちゃん言葉」や「スポーツキャスター言葉」、「女性語」といったレジスターは、それぞれが喚起する使用者のイメージ(またはfigure; Goffman 1974参照)を、社会的ステレオタイプから使用の文脈へ投影する機能を持つ。またはゴッフマンの「表敬」(deference)と「品格」(demeanor)に関する議論(Goffman 1956)を参照すれば、対人的に使用される指標表現(first-order indexicality)は、メタ語用的解釈を通して、社会的投影としての使用者自身のイメージを指標する(second-order indexicality)という記号的帰結をもたらす(Silverstein 2003)。

　「荒らし」をこのようなレジスター過程に即して理解するのならば、同様に、その現象は何らかのメタ語用的解釈を伴って「荒らしをするであろうタイプの記号使用者」を喚起すると言えるかもしれない。実際、荒らしをしばしば特定の社会的・心理的・政治的などの属性を持つ人間主体として想像す

ることがある。こういったメタ語用的解釈は、「荒らし」という名詞句が現象とともに行為者も指示することを準拠として、現象を行為者に還元する解釈と言ってよい。と同時に、荒らしが、多分に匿名性が担保された不特定多数のノードを持つネットワークにおける対称的分裂生成として発生することを鑑みると、そういったコミュニケーションの独自の特性を効果的に捉えるためには、対面的発話行為をモデルとした（基本的に人間中心的な）分析枠組みに加えて、別の視点を考察する必要もあるだろう。

　そこで、ひとまずは、荒らしをそういったレジスター的「イメージ」に即して人格化する（personification）ことなく——つまり荒らしが巻き起こるインターフェイスの向こう側にある「人間」的記号使用者やその戦略性、社会的ポジショニングなどから考えるのではなく——ネットワーク上に生起する社会技術的アフォーダンスの１つの具体的な表れとして理解することを、本章における分析の主眼としたい。すなわち、「どのような種類の人間が荒らしを行うのか」ではなく、また「どのような種類の社会的ステレオタイプを荒らしは喚起するのか」でもない、別の、ややシンプルで記述的な設問「荒らしという現象は、どのようにしてコミュニケーションの出来事におけるディスコーダンスを発生させるのか」を端緒として、そのディスコーダンス発生のメカニズムが要求する様々な対応の形を考察したい。

　ダイアディックな対面的発話行為とネットワーク環境におけるノード的連結性という対比は、言うなれば「公共性」（publics）と「群衆」（crowds）をめぐる議論の間にある対比に似ていなくもない。「公共」概念をめぐる議論においては、言説的媒介（Warner 2002 の言うような public address）により形成される社会的「集団」をその分析的言語の前提としている。

　他方、「群衆」論はそういった社会集団の外、またはそれとは別の形で生起する身体の集合としての群衆に着目する。「暴動」や「満員電車通勤」という出来事を構築する身体の集合としての群衆が、公共性にとってある種の「おぞましいもの」（abject）であるように、荒らしが規範的なコミュニケーションの視点において「おぞましいもの」として感じられるという感覚は経験的に観察できる。「群衆」の解釈や価値付けは論者により異なり、そのよ

うな感覚を安易に一般化することはできないが（Mazzarella 2010 参照）、荒らしに対する嫌悪感の情動が、荒らし的記号 1 つ 1 つの性質よりも、またはそれが喚起する社会的集団の性質よりも、その集合体（aggregation）が持つ量的にエスカレートする力能に関連付けられることは、荒らしの「おぞましさ」についてのメタ言説の特徴と言ってよいだろう。

　この規範的コミュニケーションと「おぞましいもの」は単に対立する概念ではなく、その間には「寄生」的（Serres 2007）関係がある。ハバーマスはその公共性概念の議論において、対話的合理性の近代的エンブレムとして、イギリスにおける「コーヒーハウス」といったコミュニケーションの場を想定している（Habermas 1989）。「社交性のアーキテクチャ」（Ellis 2008）としてのカフェのような場は、社会的階層性を後景化させ、他者との社交性（stranger-sociability）を担保するものとして捉えられ、そういった場を通して展開される（熟議的民主主義の端緒としての）「合理的な対話」は、公共性をめぐる議論においては到達・具体化されるべきコミュニケーションのテロスとして設定される。

　一方、マンニングは、ヨーロッパ的近代主義の具現化としてのカフェ文化が、往々にして（ウィーンに実在するカフェをプロトタイプとして）「カフェ・セントラル」（Café Central）と表象されることに着目し、20 世紀初頭のグルジアにおけるカフェ文化の分析を通して、近代的カフェの言説が可能にする「対話」の物質的・イデオロギー的条件（特にそのインフラストラクチャ的条件）を批判的に考察している（Manning 2013）。グルジアのカフェ文化のような、ヨーロッパ的中心性の周縁において生起する空間（マンニングはこれに「カフェ・ペリフェラル」（Café Peripheral）という名称を与える）においては、「対話」は常に都市インフラストラクチャの欠如や不整備によって脅かされている。例えばマンニングが紹介する『（グルジア西部の地方都市）クタイシの娯楽』と題された 1903 年制作の 1 コマ漫画は、大通りに面したオープン・カフェの目の前に、村落社会において使用される古びた下水処理のカートが下水を垂れ流す様子を描いている（ibid., 62）。「下水」はカフェ・セントラルの言説において「おぞましいもの」であり、しかしながら

同時に、この風刺的漫画に描かれるカフェとの隣接性が示すように、その言説に内在する寄生的な痕跡でもあると言えるだろう。

　マンニングの批判の矛先は合理的対話を前提とするようなコミュニケーションの理論に向けられており、そういった理論は「おぞましいもの」がもたらすディスコーダンスを直接の分析の対象として拒否しながらも、その痕跡を無批判に前提とすることにより成立することが示される。この点をインターネット上の荒らしに即して考えれば、おぞましい群衆としての荒らしを合理的対話の規範から排除すると同時に、いわば矯正可能な主体として対話のテロスへと同質化させてしまう分析的志向は、近代的コミュニケーションのイデオロギーを再生産することになりかねない。そこで、前述の設問「荒らしはどのようにしてコミュニケーションの出来事におけるディスコーダンスを発生させるのか」に応える形で、コミュニケーションの出来事における荒らしの寄生の様相を、まずは記述することにしたい。「寄生」概念はセールからの援用（Serres 2007）であるが、ここではコックルマンによる記号論的再解釈——「関係性の混乱」をもたらすいかなる記号関係、「関係への関係」(any perturbation of a relation; a relation to a relation; Kockelman 2010: 412, 410)——に依拠する。

4.　荒らしの記号的様相

　「荒らし（が起こっている）」という様にメタ語用的に描写される発話行為の出来事において、この「おぞましい」ディスコーダンスのディスコースが示す群衆的様相をその「出来事」性の分析から考察するため、ヤコブソンが示した「コミュニケーションの出来事」モデルを参照したい（Jakobson 1960; 小山 2008、第 2 章）。その前に、記号論的視座、特にパースのいう指標記号（index）の観点から、この分析モデルについて 2 点、短く確認しておく。第一に、ヤコブソンのモデルはコミュニケーションの出来事の中に 6 つの要素——メッセージ、送り手、受け手、指示対象、コード、導体——を見出すが、その中心に送り手や受け手（往々にして擬人化のオントロジーを伴う参

加者）ではなく、メッセージ（生起する記号、パース記号論の用語で言えば sinsign）を据えているところに鍵がある。つまり、このモデルはコミュニケーションを「メッセージ中心的」視点から分析する枠組みであることを理解したい。第二に、ヤコブソンのモデルはその6つの要素にそれぞれ「機能」を見出したと言われるが、これはいわゆる（社会学、人類学などで言われる）「機能主義」的視点とは無関係である。ここでいう「機能」とはむしろ「設定」「コンフィギュレーション」（ヤコブソン自身の表現では *Einstellung* または set）と解釈すべきものである。設定とはメッセージが（それ自身を含んだ）共-生起する6つの要素をいかに前景的に志向するか、すなわち、メッセージと（それ自身を含んだ）6つの要素の間の「指標的」関係を示す用語である。したがってコミュニケーションの出来事には6つの指標性の矢印が存在しており、コミュニケーションの出来事とは指標関係の束、そこに生じる強度の設定として理解される。以上の確認を踏まえて、出来事を形作る諸指標関係のそれぞれにおいて、どのように荒らし的ディスコーダンスが寄生するかを検証する。

　a）表出機能：メッセージが「送り手」を指標する機能。典型的な例は間投詞。「荒らし」とメタ語用的に解釈される出来事においては、例えば「一人語り」や「自分語り」と呼ばれるディスコース・ジャンルを考えることができる。オンライン上の自分語りとは、不必要に詳細な自己表現を指し、（一般に「売名行為」や「自作自演」、「武勇伝」などと称される行為に関連付けられる）有名性への欲望の発露や、送り手のナルシスティックな心理的逸脱性の表現（極端なケースでは「メンヘラ」などと称される表現、または仮想敵に対する偏執的表現）としてネガティブに理解される。こういった表現は匿名のオンラインコミュニケーションの視点から見て病的な話者の指標と解釈され、荒らしの起因として指摘されることがある。

　b）動能機能：メッセージが「受け手」を指標する機能。典型例は呼格の表現。荒らし的コミュニケーションにおいては、一般的におそらく最も可視化しやすいメタ語用的解釈の実例として、「人格攻撃」（argumentum ad hominem）などの攻撃的表現が挙げられる。日本語の文脈で言えば「煽り」

や、場合によっては「晒し」と呼ばれる行為もこれに準じる。異議申し立て・批判・不満などがメッセージの受け手の社会的・行動的属性に向かう場合、そのコミュニケーションの出来事は荒らし的な様相を呈すると理解されることがある。

　c）指示機能：メッセージが「指示対象」を指標する機能。数々の言語人類学的研究が示すように、近代的コミュニケーションのイデオロギーが往々にして強調する機能（Silverstein 1979; Schieffelin et al. 1998 など参照）であるが、荒らしというディスコーダンスのディスコースにおいてはおそらく最も関連の低い機能であろう。しかし指示内容における不一致が継続的に発生する場合、何らかのミスコミュニケーションを生むことは想像に難くなく、例としてツイッターにおける「クソリプ」が挙げられるかもしれない。クソリプとは「主に短文投稿サイト『ツイッター』におけるリプライ（特定のツイートに対する返信・応答）のうち、内容がまったく見当外れであるなど、罵倒したくなるリプライを指して用いられる語。クソみたいなリプ」の意である[2]。

　d）メタ言語機能：メッセージが「コード」を指標する機能。荒らし的コミュニケーションとの関連では、メッセージの文法的、語彙的逸脱性が荒らしの起因となる場合が考えられる。例えば、標準語やある特定のコミュニティにおける言語使用規範を参照していない表現が、その言語社会化のプロセスからの逸脱を指標するものとして「ゆとり（世代）」的と解釈されることがある。ここでいう「ゆとり」とは年齢集団（age-set）的には通時的な視点からいわゆる「ゆとり教育」を受けた世代を指し、年齢階梯（age-grade）的には共時的な視点から（メディア・）リテラシーの低い者を一般的に指す揶揄表現である。揶揄表現としての「ゆとり」に対するメタ語用的反作用に「老害」などがあり、そういった揶揄の作用・反作用を起因として荒らしが発生・発展することがある。より直接的なコードへの指標として、日本語以外のテクスト（主にハングル文字やキリル文字）の使用が出来事のメタ言語機能に排外主義的な「ネトウヨ」の反作用を寄生させ、荒らしの発生・持続に貢献する場合がある。

e）詩的機能：メッセージがそれ自身の形式を指標する機能。荒らしのメタ語用的解釈においては、動能機能をめぐるディスコーダンス（煽りなど）が取りざたされることが多いが、実際の荒らしにおける特徴はこの詩的機能に関わることがより顕著である。典型的な実例としては2ちゃんねるなどの掲示板における「連投」やニコニコ動画における「長文コメ（ント）」、ツイッターにおける「自リプ」や「あげ（リプ）」などと称される行為である。「連投」や「長文コメ」は、同一使用者による連続した、または過大なディスコースへの貢献を指し、「自リプ」や「あげ」はツイッターにおけるタイムライン構造に介入する行為を指す[3]。すなわち、これらの行為はコミュニケーション空間の詩的構造（metricalization）に直接介入しそれを変容させる行為であり、それに対してネガティブな反作用（「長文乙」など）が見られる場合、またはそういった行為そのものが荒らし的状況を生み出す起因となる。英語の文脈において「長文乙」とほぼ同義の「tl; dr」（too long; didn't read）と比較することができるだろう。

　したがって、「自分語り」などはそれが送り手の指標と捉えられた場合は表出機能の荒らし的様相と考えられるが、それがコミュニケーションのテクスト構造の撹乱と見做される場合は、その特徴的な「冗長さ」が詩的機能におけるディスコーダンスを生むと理解できる。詩的機能に即した荒らしのメタ語用的解釈は、ディスコースの詩的構造、つまり様々なレベルのテクストの単位化（unitization）（「サイト」、「スレッド」、「レス」、「リプライ」、「コメント」など）に直接関わるという点において、今まで考察してきた4つの機能（a〜d）に関連したメタ語用的解釈よりも明確に、インターネットの技術的アフォーダンスを前景化させると言って良い。

　f）交感機能：メッセージが「導体」（channel）または接触（contact）を指標する機能。典型例は、マイクロフォンを軽く叩くことにより、導体の具合・不具合を確認する行為、メッセージを作成するにあたり電話かメールどちらで連絡を取るべきかといった導体を選択・吟味する行為などが挙げられる[4]。詩的構造への寄生としての荒らしに見られた技術的アフォーダンスの前景化は、この交感機能との関連でさらに強調され、そのような技術的条件

そのものが寄生の直接の対象になる。また荒らしの「群衆的」な様相はこの交感機能において最も顕著である。端的に言えば、交感機能における荒らしとは、ネットワーク的コミュニケーションが常に（つまりその技術的条件として）アフォードするインフラストラクチャ（下部「構造」）のレベルにおいて確認できる。このレベルにおける荒らし的介入として最も典型的なものとして DDoS（Distributed Denial of Service）攻撃に類似した行為、すなわちネットワークそのものへ負荷を与える行為がある。2 ちゃんねる発祥の「田代砲」もその一例である[5]。

　ここで注目したいのは、交感的ディスコーダンスにおいてメッセージの集合的な力能は往々にして人間的キャパシティの外において形成されることである。交感機能における介入は、メッセージ自動生成などのプログラムといったいわゆる「荒らしスクリプト」によって完遂されることが多い。そのようなプログラムは多数作成されており、数々のサイトにおいて使用されている。人身攻撃や一人語り、長文コメや自リプにおいては、そのメタ語用的解釈は人間的なコミュニケーションのキャパシティを表象するが（つまり、ある人間がコンピュータのキーボードや、スマートフォンのインターフェイスに向かい「発話行為」（performance）を行っているという情景を喚起させるが）、交感的ディスコーダンスとしての荒らしは、そういったパフォーマンス（発話行為）のイメージではなく、プログラミングやオペレーションの関係性（操作するもの、操作されるものの関係）を喚起させる点で、特徴的である。このディスコーダンスをラトゥールの言う「代理」（delegation; Latour 1992）の関係への寄生として考察することも可能だろう（Silvio 2010 及び Manning and Gershon 2013 も参照）。

　交感機能の寄生は、ネットワーク化されたメディア環境における導体が持つリスクを再帰的に喚起させる。日本語 Wikipedia「荒らし」の項は以下のように始まる。

　　荒らし（あらし、Troll）とは、物事の順列を無作為に乱すことで、奪うことを指す語。またそのような行為に及ぶような人。特にチャットや電

子掲示板、ブログ、Wiki などの、不特定多数の人間が参加する形態の
コンピュータネットワーク上のリソースに対して、不合理なメッセージ
の送信や妨害行為を継続的に行っている者を表す[6]。

　第2節で引用した定義では「コミュニティ」の破壊という意味を含んで
いたのに対し、ここでは「ネットワーク上のリソース」、すなわち導体のロ
ジスティクスが強調されている。この定義に見られるように、荒らしは「コ
ミュニケーションの場」の技術的条件を混乱させ破壊するものとして理解さ
れることが多い。コミュニケーションの「導体」は「多様な寄生（干渉や傍
受など）に晒されているという意味において、その破綻の力能という観点か
ら理解されるべきものである」というコックルマンの指摘の通り（Kockelman
2010: 412）、交感的寄生としての荒らしはネットワーク化されたメディア空
間の「破綻の力能」を示している。「おぞましいもの」はその最も親和性の
高い活動空間を交感機能において見出すと言えるだろう。
　次節に移る前に1つ注意を付け加えるならば、ヤコブソンのモデルがコ
ミュニケーションの出来事をその機能によって分類するものではなく、諸指
標性の束（諸機能性、multi-functionality）の強度における差異を記述するもの
であるのと同様、この節での検証は荒らしの分類を示しているわけではな
い。

5.　相互忘却—スルー、削除、放置、忌避

　こうした異なる様相は荒らしが収束するプロセス、脱エスカレーションの
過程にどう影響するのか。この節ではそれが・をどのように「沈静」する・
させるかという拡散の方法におけるパターンを抽出する。「炎上」した「火
を消す」などというメタ語用的表現が存在することに注目し、荒らしという
出来事において参加者が取り組む（取り組まざるをえない）戦略的実践を検討
する。特に顕著に散見される4つのパターンの差異を紹介するが、このよ
うな戦略的実践の形態に共通の価値指向として「相互忘却」のテロスを見出

228　第3部　社会記号過程としてのディスコーダンスと言語コミュニケーション

すことができるだろう。

　まずおそらく最も代表的なものとして「スルー」がある。荒らしを指標する諸記号に対しては「反応しない」ことが、実践知として強調される。例えばある指示内容や参加者へ荒らし的・炎上的攻撃(特に人身攻撃の類)がなされているという解釈がある場合、その攻撃を助長する反応は当然のこと、その対象を擁護する反応も(例えば「擁護コメ」などという揶揄の表現を攻撃陣から引き起こすという点で)この出来事を「荒らし」とするメタ語用解釈をさらに継続・深化させると考えられる傾向がある。「炎上」のイディオムに如実に表されているように、「反応する」ことは「火に油を注ぐ」行為としてみなされる。一方「反応しない」ことは、(コン)テクスト化の(詩的構造の)「連続性」を切断することで荒らしの集合性・群衆性を収束・縮小させる役割を担うと期待される。対面的コミュニケーションの場合、沈黙はその沈黙者のテクストへの非言語的貢献として多分に意味を持つが、不特定多数の匿名ネットワーク上の反作用的メッセージの不在は、単に第二ペア・パートの不在を意味し、詩的構造をその時点で構築されている以上に発展させないという機能があるとされる。

　「スルー」が能動的な受動性であるとするならば、より直接的、積極的に荒らし的分裂生成を収束させる手段として「削除」がある。これはあるコミュニケーションの出来事の参加者(メッセージの送り手本人)が自らのメッセージに対して行うこともあれば、その出来事の場を管理する立場にいる参加者(例えばブログやサイトの管理者、動画アップロード者など)がその場に寄生する荒らしに対して行うこともある。つまり削除は積極的な統制または封じ込めである。削除の方法論の根本的な前提は、ある特定のテクスト・パーシャルを荒らしの起因として限定することが可能であるということだが、パンデミックなウイルス拡散の封じ込めがその起因を特定・除去するのみでは不十分であるように、エスカレーションの過程においては原因と結果の分別・特定は非常に困難であり、この点で削除は非常に困難なオペレーションを要求する。加えて削除によって生じる不在は――スルーによる不在とは対照的に――それ自体がメッセージになる可能性がある。削除の痕跡が

「反応」（反作用）という指標として理解され荒らし的メタ語用解釈を助長するというケースは頻繁に散見され、ニコニコ動画におけるイディオム「消すと増えます」がこれを端的に表している。ゴッフマンはそのスティグマ論考において、スティグマを指標する記号を隠匿することがスティグマ化の過程に寄与してしまうという可能性を取り上げているが、荒らし対策としての削除に同様の構造を見ることもできるだろう（Goffman 1963b; cf. Taussig 1999）[7]。

　荒らし的なディスコーダンスが継続してその強度を保ちその収束へ向けた介入が困難と考えられた場合の方法として、極度の放射能汚染にさらされた地域から避難するかのように、極度に荒らされたオンライン上の場を「放置」するという手段も垣間見られる。スルーも「放置」に近い部分があるが、スルーにおいてはテクストの詩的構造への非貢献を通してその構造の解釈の変容が期待されるのに対し、ここでいう放置とはコミュニケーションの導体そのものの破棄である。最も典型的な例は炎上したブログの閉鎖、ユーザーアカウントの停止・破棄、別プラットフォームへの移動（例えばニコニコ動画から YouTube へ、ツイッターからフェイスブックへ）などが挙げられる。これらの行為は、コミュニケーションのインフラストラクチャや接触のロジスティクスに荒らしの収束を見出すという点で、交感的寄生に最も自覚的な行動といえる。

　「放置」に比べてより顕著に言語使用の問題が前景化するのは固有名（または何らかのエンブレム的価値を吸収したテクスト・パーシャル）をめぐる忌避（avoidance）であろう。例えば、匿名掲示板2ちゃんねるにおいては、参加者の固有名はもちろん、仮名（「コテハン」、固定ハンドルの意）ですら忌避され、参加者がディスコース内で投稿を指示する場合は、サイトの技術的条件が作り出すランダム文字列の ID（「捨てハン」と称されることがある）が使用される。つまり人間的な命名儀式の過程を非人間の ID 生成装置によって代替することで固有名を忌避している。

　この例に見られるように、特に匿名性が高く担保された状況においては、固有名の言及そのものが有徴（タブー）となり、荒らしの起因として解釈され

る傾向がある。さらにそのようなケースでの固有名の更なる言及は、荒らしを促進させることはあっても沈静には寄与しない。モンティー・パイソンの映画『The Life of Brian』における「神の名」の「冒涜」(blasphemy)シーンでの群衆の描写に見られるように、言語的タブーに内包されている「パフォーマティヴィティの取消不可能性」(Fleming 2015)は、再帰的記号過程(例えば他者による発言の引用)において忌避の実践に貢献している。こういった固有名性をめぐる忌避の言説が、2ちゃんねるのサイト上や他のサイトにおいて注意事項として広く紹介されていることを踏まえると、固有名の忌避は荒らしの鎮静・防止の方法として相当の価値があると理解されていることがわかる(Nozawa 2012 参照)。

　スルー、削除、放置、忌避などの対処方が示すように、荒らしの脱エスカレーションのプロセスが示唆するものは、荒らしとは非人間のオントロジーであり、それとは「対話」できない、という根本的な記号イデオロギーである。荒らしは非人間的な、怪物性の表象で描写されることが多いが、この怪物性、「おぞましいもの」はむしろ字義通りに理解した方が良いであろう(荻上 2007)。したがって、荒らしをあたかも対等な人間的他者として人格化し、合意や協議といった過程を通してその収束を期待する言説は「対話」のテロスを如実に描き出す。そういった期待は、現実のコミュニケーションの出来事としての荒らしのメタ語用言説を鑑みれば、絶望的に楽観的すぎるばかりではなく、むしろその分裂生成を助長するものですらあるだろう。本章で検証したメタ語用言説においては、合意などの多分に社会的・言語的な媒介を目的とするよりも、むしろ荒らしの怪物性を認め、それに対峙するある種の無関心、あきらめ、切断、または相互忘却のアクティブな創出に価値が置かれている。こういった忘却を、それ独自の社会記号的条件を伴う実践として理解するためには、合意や調和をコミュニケーションの「あるべき姿」またはそのテロスとして見る分析的態度を批判的に展開する必要があるだろう。

6. おわりに

　ディスコーダンスのディスコースに着目する視点が切り開くそういった批判的展開の平行線上に、例えば「無知」(ignorance)の多様な様相をめぐる文化人類学における研究を考えることができるかもしれない。知識社会学や認知関連の分野のみならず、人類学にとっての中心問題は「(他者の)知」である一方、無知を知の対立概念やネガティブな残滓として捉えるのではなく、それ自身の社会的・政治的・制度的条件と帰結を持つものとして民族誌的考察を展開する研究も見られる (High, et al 2012; Dilley and Kirsch 2015 など)。特に無知の生成過程としての忘却や沈黙、秘匿に関しては、例えば記憶研究・政治人類学などの分野に膨大な蓄積がある。同様に、テクノロジー研究やメディア研究において、テクノロジーの多様な使用について論が重ねられる一方、テクノロジーの「非使用」(non-use)の出来事性へも分析の目が向けられてきた。Plaut (2015) は、テクノロジーの過度な使用を制限する多様なテクノロジー、例えば難解なパスワードを要求することでスマホなどの「中毒的」使用の抑制を促すアプリを考察しているが、本章で紹介した「スルー」やその他の対抗措置は、そういった「忌避のテクノロジー」または「非使用のテクノロジー」に準じて理解しても良いであろう。また、相互忘却のアクティブな創出・追求の分析は、ゴッフマンの civil inattention (Goffman 1963a) やジンメルの blasé 概念 (Simmel 1950) といった社会学においては古典的な問題を、現在のメディアエコロジーに即して再考察するきっかけとなるかもしれない。

　一方、関連する言語人類学の近年の研究として、ロビンズとラムジーなどによるコミュニケーションの不透明性(opacity)をめぐるメラネシアの民族誌的考察 (Robbins and Rumsey 2008 参照) や、スタッシュによる他者性の研究 (Stasch 2009)、翻訳と通約不可能性 (incommensurability) に関する研究 (Hanks and Severi 2014 所収の各論文参照) などが思い起こされる。また、マンニングによるグルジアの歴史人類学的メディア研究 (Manning 2012) は、公共性の理論が内包する対話概念やナショナリズム研究が前提とするメディ

232 第3部 社会記号過程としてのディスコーダンスと言語コミュニケーション

アや言語イデオロギーの批判を提供している。こういった平行して展開する研究のように、ディスコーダンスの記号論的分析はその可能性の地平線に様々な批判や再考察を喚起する点で重要であり、合意や対話をコミュニケーションのテロスに据える(特に言語人類学それ自身が内包する)記号イデオロギーの批判的展開の端緒となるだろう。

注

1 「荒らし／荒らし行為」、同人用語の基礎知識(http://www.paradisearmy.com/doujin/pasok_arashi.htm)。

2 「クソリプ」、Weblio 辞書(http://www.weblio.jp/content/ クソリプ)。ニコニコ大百科の表現ではより鮮明に「日常会話において、会話している相手の表情・話の前後を読み取ることによって何事も起こらない平常な会話がなされるが、しかしながら世の中そう上手くはいかず、「話がかみ合わない」「相手が何を言っているのかさえ解らない」といった多くの人がいる。そのような状況において、ある発言を行った時に、「自分が求めている質問に対する回答では無いもの」や、「自分が求めている共感に対するものでは無い回答」や、「方向性がまったく違う回答」、「今そんなことは話していない」「誰だよお前」と言った『そんなクソ(な回答)返信求めてないんだよ！』を略に略され言いやすい四文字化した言葉がクソリプである」と説明される。「クソリプ」、ニコニコ大百科(http://dic.nicovideo.jp/a/ クソリプ)。

3 「あげ」は元々2ちゃんねるにおける表現。スレッド一覧のページにおいて、最も直近の投稿があるスレッドをその一覧の筆頭に表示される設定を利用し、特定のスレッドをリスト上部に「上げ」て可視化させる投稿のことを「あげ」「age」と呼ぶ。

4 「交感」(phatic)は元々マリノフスキーの(「聖餐」Holy Communion になぞらえた)造語「phatic communion」が由来である(Malinowski 1923)。Zuckerman (2016)が指摘するように、マリノフスキー的な「コミュニオン」の意味が合致・協同などの語用論的テロスを(「原始的機能」として)内包しているのに対し、ヤコブソンの再解釈に見られる「接触」の意味においては、あくまで導体への指標(それがもたらすものが合致であれ、切断であれ)が強調される点において、この2つの意味は分析的に区別されるべきものである。

5　「田代砲」については例えば以下の説明を参照：「田代砲／超田代砲」、同人用語の基礎知識（http://www.paradisearmy.com/doujin/pasok7s.htm）。

6　「荒らし」、Wikipedia（https://ja.wikipedia.org/wiki/ 荒らし）。

7　ニコニコ動画では 2011 年 10 月 5 日より「NG 共有」機能がコメント・インターフェイスに実装された。「NG」とは特定の（不快な）テクストやユーザー ID などを NG リストに入れることで、そのテクストやそのユーザー ID から発せられるコメントをインターフェイス上に表示させないフィルター機能である。「NG 共有」の導入はそのリストを全ユーザー間で共有することで集合的なフィルターを可能にした。これによりユーザーは個々のインターフェイス上に不特定多数の他者の削除要請を反映させながら、その痕跡は可視化させずに動画を視聴することになる。一方、そういった削除の痕跡を抽出するツールを提供するサイトとしてhttp://nicoco.net/ などがある。

参考文献

Agha, Asif. (2007) *Language and Social Relations*. Studies in the Social and Cultural Foundations of Language, no. 24. Cambridge ; New York: Cambridge University Press.

Bateson, Gregory. (1935) "Culture Contact and Schismogenesis." *Man* 35 (December): pp. 178–83.

Briggs, Charles L. (ed.) (1996) *Disorderly Discourse: Narrative, Conflict, and Inequality*. New York: Oxford University Press.

Carr, E. Summerson, and Brooke Fisher. (2016) "Interscaling Awe, De-Escalating Disaster." In *Scale: Discourse and Dimensions of Social Life*, edited by E. Summerson Carr and Michael Lempert, pp. 133–58. Berkeley: University of California Press.

Coleman, Gabriella. (2014) *Hacker, Hoaxer, Whistleblower, Spy: The Many Faces of Anonymous*. New York: Verso.

Dilley, Roy, and Thomas G. Kirsch. (eds.) (2015) *Regimes of Ignorance: Anthropological Perspectives on the Production and Reproduction of Non-Knowledge*. Oxford: Berghahn.

Ellis, Markman. (2008) "An Introduction to the Coffee-House: A Discursive Model." *Language & Communication* 28(2): pp. 156–64.

Fleming, Luke. (2015) "Taxonomy and Taboo: The (Meta)Pragmatic Sources of Semantic Abstraction in Avoidance Registers." *Journal of Linguistic Anthropology* 25(1): pp. 43–65.

Goffman, Erving. (1956) "The Nature of Deference and Demeanor." *American Anthropologist* 58(3): pp. 473–502.

Goffman, Erving. (1963a) *Behavior in Public Places; Notes on the Social Organization of*

Gatherings. New York: Free Press of Glencoe.

Goffman, Erving. (1963b) *Stigma: Notes on the Management of Spoiled Identity*. 1st Touchstone ed. New York: Simon & Schuster.

Goffman, Erving. (1974) *Frame Analysis: An Essay on the Organization of Experience*. New York: Harper & Row.

Habermas, Jürgen. (1989) *The Structural Transformation of the Public Sphere: An Inquiry into a Category of Bourgeois Society*. Studies in Contemporary German Social Thought. Cambridge, Mass: MIT Press.

Hanks, William F., and Carlo Severi. (2014) "Translating Worlds: The Epistemological Space of Translation." *HAU: Journal of Ethnographic Theory* 4(2): pp. 1–16.

High, Casey, Ann Kelly, and Jonathan Mair. (eds.) (2012) *The Anthropology of Ignorance: An Ethnographic Approach*. London: Palgrave McMillan.

Jakobson, Roman. (1960) "Closing Statements: Linguistics and Poetics." In *Styles in Language*, edited by Thomas A. Sebeok, pp. 350–77. Cambridge: MIT Press.

Kockelman, Paul. (2010) "Enemies, Parasites, and Noise: How to Take up Residence in a System without Becoming a Term in It." *Journal of Linguistic Anthropology* 20(2): pp. 406–21.

小山亘(2008)『記号の系譜—社会記号論系言語人類学の射程』三元社

Latour, Bruno. (1992) "Where Are the Missing Masses? The Sociology of a Few Mundane Artifacts." *In Shaping Technology/ Building Society: Studies in Sociotechnical Change*, edited by Wiebe E. Bijker and John Law, pp. 225–58. Wisconsin Studies in Classics. Boston: MIT Press.

Malinowski, Bronisław. (1923) "The Problem of Meaning in Primitive Languages." In *The Meaning of Meaning: A Study of the Influence of Language upon Thought and of the Science of Symbolism*, edited by Charles K. Ogden and Ian A. Richards, pp. 296–336. New York: Harcourt, Brace and Company.

Manning, Paul. (2012) *Strangers in a Strange Land: Occidentalist Publics and Orientalist Geographies in Nineteenth-Century Georgian Imaginaries*. Brighton: Academic Studies Press.

Manning, Paul. (2013) "The Theory of the Café Central and the Practice of the Café Peripheral: Aspirational and Abject Infrastructures of Sociability on the European Periphery." In *Café Society*, edited by Aksel Tjora and Graham Scambler, pp. 43–65. New York: Palgrave Macmillan.

Manning, Paul, and Ilana Gershon. (2013) "Animating Interaction." *HAU: Journal of Ethnographic Theory* 3(3): pp. 107–37.

Mazzarella, William. (2010) "The Myth of the Multitude, or, Who's Afraid of the Crowd?" *Critical Inquiry* 36(4): pp. 697–727.

Nozawa, Shunsuke. (2012) "The Gross Face and Virtual Fame: Semiotic Mediation in Japanese Virtual Communication." *First Monday* 17(3).

荻上チキ(2007)『ウェブ炎上──ネット群衆の暴走と可能性』ちくま新書

Plaut, Ethan R. (2015) "Technologies of Avoidance: The Swear Jar and the Cell Phone." *First Monday* 20(11).

Robbins, Joel, and Alan Rumsey. (2008) "Cultural and Linguistic Anthropology and the Opacity of Other Minds." *Anthropological Quarterly* 81(2): pp. 407–20.

Schieffelin, Bambi B, Kathryn Ann Woolard, and Paul V Kroskrity. (eds.) (1998) *Language Ideologies: Practice and Theory*. Oxford Studies in Anthropological Linguistics 16. New York: Oxford University Press.

Serres, Michel. (2007) *The Parasite*. Translated by Lawrence R. Schehr. Minneapolis: University of Minnesota Press.

Silverstein, Michael. (1979) "Language Structure and Linguistic Ideology." In *The Elements: A Parasession on Linguistic Units and Levels*, edited by Paul R. Cline, William F. Hanks, and Carol Hofbauer, pp. 193–247. Chicago: Chicago Linguistic Society.

Silverstein, Michael. (2003) "Indexical Order and the Dialectics of Sociolinguistic Life." *Language & Communication* 23(3–4): pp. 193–229.

Simmel, Georg. (1950) "The Metropolis and Mental Life." In *The Sociology of Georg Simmel*, translated by Kurt H. Wolff, 409–24. New York: Free Press.

Silvio, Teri. (2010) "Animation: The New Performance?" *Journal of Linguistic Anthropology* 20(2): pp. 422–438.

Stasch, Rupert. (2009) *Society of Others: Kinship and Mourning in a West Papuan Place*. Berkeley: University of California Press.

Taussig, Michael. (1999) *Defacement: Public Secrecy and the Labor of the Negative*. Stanford: Stanford University Press.

Warner, Michael. (2002) "Publics and Counterpublics." *Public Culture* 14(1): pp. 49–90.

Zuckerman, Charles H. P. (2016) "Phatic Violence? Gambling and the Arts of Distraction in Laos." *Journal of Linguistic Anthropology* 26(3): pp. 294–314.

第 9 章

社会言語学とディスコーダンスの空間
葛藤と合意の絡み合いによる現代世界の
編成とプラグマティズムの原理

小山亘

1. 導入—コミュニケーション論における「葛藤」と「合意」

　言語研究、ディスコース研究においてディスコーダンスは比較的、近年になって前面化し始めた概念である。だが、この概念が指し示す問題群の歴史と射程はかなり古く、広い。

　たとえば、ディスコーダンス概念を、その明示性の度合いにかかわらず、ディスコースにおける不調和、不一致を表すものであると理解すれば、その射程には当然、葛藤、衝突、相克、対立、異化など、特に社会言語学や言語社会学などの領域において長く探究されてきた現象が含まれる。したがって、ディスコーダンス研究は、そのような葛藤（conflict）などに関わる上記の分野の研究をその射程に収めるとともに、より微細で萌芽的な葛藤の様態まで包含するコミュニケーション研究であると特徴づけられる。

　さらに、社会言語学、ひいては社会理論一般における 2 つの対立する理論的志向性、すなわち葛藤理論（conflict theory）と合意理論（consensus theory）という対立関係に着目すれば、（1）円滑なコミュニケーションや、その要件の 1 つとされる文法などの規則に関する「合意」に焦点化し、それを基軸に言語や語用、コミュニケーションを捉える流れ、つまり、構造言語学などの形式文法や機能文法、そして古典的な語用論などから成る近現代言語研究の主流派と、他方、（2）葛藤・衝突や不調和に焦点化し、それを基軸に

238　第3部　社会記号過程としてのディスコーダンスと言語コミュニケーション

言語や語用、コミュニケーション、社会文化、世界全体を捉える流れ、すなわち、近現代言語研究では傍流となってきた、葛藤理論に基づく社会言語研究、プラグマティズム、あるいはポスト構造主義やアフェクト理論などに依拠する社会的コミュニケーション研究、これら両者の対立という枠組みの中にディスコーダンスの問題を捉えることができる。

　本章では、まず、このような諸分野にまたがる、合意理論と葛藤理論という根本的な対立、両者間の相違を簡単に描出したうえで、葛藤、衝突、相克、分裂、発散、対立、対照などディスコーダンスに関わる現象を、社会言語学や言語社会学、社会心理学(特に適応理論)、そして社会記号論系の言語人類学などの研究蓄積を参照に、文化人類学者グレゴリー・ベイトソンの「分裂生成」、言語学者ローマン・ヤコブソンの「対照ペア」、社会学者／活動家 W. E. B. デュボイスの「二重意識」などと結びつけて記述・分析する。

2.　コミュニケーション研究の基底
―プラグマティズムのコミュニケーション論における合意と葛藤

　一般的に言って、構造言語学から現代に到る形式文法、機能文法、古典的な語用論(オースティンやサールなどの発話行為論、グライスから新グライス派、関連性理論に至る流れ)、そして会話分析などでは、コミュニケーションというものが成就すること、円滑に行われていることを先験的あるいは帰納的な与件・前提とし、そのような円滑なコミュニケーションが成立するために必要なものとして、話者や聞き手など、コミュニケーション参加者の間で共有されているコード・言語を措定し、その詳細を記述・分析すること、あるいは、円滑なコミュニケーションのために前提とされる「コミュニケーションの原理」、「会話の規則」などを記述・分析することが為されている。このようなコミュニケーションの捉え方は、コミュニケーションにまつわる現象の根柢に、参加者たちによって暗黙裡に共有(合意)されている言語や語用の規則を想定するという特徴をもつが、これは社会科学では合意理論と呼ばれるものである。すなわち社会科学では、社会や世界に関する基本的

な捉え方として合意理論と葛藤理論とが対照的なものとして立てられている
にもかかわらず、言語研究においては葛藤理論は傍流化しており、合意理論
に基づくものが主流となっている。

　合意理論は、上記のように、参加者たちによって共有されているコード・
文法や規則に焦点化する傾向を示すが、それに対して葛藤理論では、コミュ
ニケーションにおいて共有されていると見なされるものではなく、コミュニ
ケーションという出来事そのもの、社会的・歴史的な出来事としてのコミュ
ニケーションに焦点を据える。言語研究において、そのような出来事への焦
点化は、相互行為の社会言語学／社会語用論、言語学者ヤコブソンや言語人
類学者ハイムズの「発話出来事」(speech event)に根差したコミュニケーショ
ン・モデル、パース記号論に基づく言語人類学の言語文化研究などに見られ
るものである(小山 2011)。これに示されているように、コミュニケーショ
ン研究における葛藤理論の源流の1つは、パース記号論、そしてそれと不
可分に結びついたパースのプラグマティズムにある。よって、ここではまず
簡単にパース、そしてウィリアム・ジェイムズ、ジョン・デューイなどのプ
ラグマティズムの説く世界像において、葛藤、ディスコーダンスなどが、ど
のように根柢的なものと捉えられているかを概観する。

　プラグマティズムの根本的な特徴は、思考や行為を探究・学習・習慣化の
発展過程として捉える点にある。そして、そのような探究の起点には「驚
き」、つまりは、出来事において前提化・当然視されているものとは異なる
対象(他者)との接触・遭遇が措かれており、そのような驚きとの取り組み、
想定外のものにどう対処するかが探究・学習・習慣化・発展、人間や動物、
無生物などの歴史的変容(パースの言う記号過程)の基幹にあるとされてい
る。たとえばデューイは、思考とは、動態的なコンテクストの中で為される
実践であり、不一致・不協和(discordancy)によって促され発動される行為で
あるとしている(Dewey 1916: 19)。したがってプラグマティズムにおいて
は、驚き、不一致、葛藤、ディスコーダンスを基点に世界が過程論的、歴史
的に捉えられている、つまりディスコーダンスは言語・思考にまつわるもの
も含め世界全体の形成・再形成の基点に据えられているといえる。

240　第3部　社会記号過程としてのディスコーダンスと言語コミュニケーション

　さらに、このような特徴はプラグマティズムに固有のものではもちろんなく、たとえばデューイにおいてプラグマティズムに接合されているヘーゲルの弁証法／歴史哲学、そして後者の延長線上に展開したマルクス社会学の葛藤理論などでも葛藤が社会・世界・歴史の基底にあり、遍在しているものとして位置づけられている。そして、デューイのプラグマティズムの淵源にヘーゲルとともに位置するジェイムズのプラグマティズム、加えてジェイムズの後継者の1人であるデュボイスのプラグマティズムも同様の特徴を示すのだが、黒人運動の指導者であったデュボイスのそれでは、マイノリティ（北米の黒人など）が抱く二重意識（double consciousness）というかたちで葛藤の問題が展開されている。（この二重意識と、ヤコブソンの言う「対照ペア」、ベイトソンの「分裂生成」、マーサズ・ヴィニヤード島などに関わる社会言語学の古典的な研究については以下に詳述する。）

　また、現代のアフェクト理論の騎手である Massumi（2015: 53）も、出来事を生起させるものは「ショック」、「驚き」であるとするパースの見解の正当性を認めたうえで、それに基づいて自らの思想を描き出している。それが示唆するように、現在のアフェクト哲学は、スピノザやドゥルーズに加え、ホワイトヘッド、ジェイムズ、パースなどのプラグマティズムに大きく依拠したものである。ジェイムズの言う「経験の滴」（drops of experience）、それが形成する宇宙（世界）をその内側から記述することを試みようとしたホワイトヘッドの過程哲学によれば、世界は、ライプニッツの説くように、自己完結しモナドの間で成立する調和・一致によってではなく、ディスコーダンス、互いに相容れない出来事の不調和な共存によって形作られ（再）生成されている（Stengers 2011: 304）。

　あるいは、フーコーの統治論やドゥルーズなどに依拠して生命や心の政治学を主に（新）自由主義を分析対象に展開している Rose（1996: 35–36）なども、自分たちの振舞い（行動、実践）を統制する規範・体制への人々の抵抗は、自由や解放を求める行為・主体性などなしに自然と生起していると説いており、その理由として、人はそもそも一貫した規範・体制に基づいて統一されている主体などではなく、異なった仕方で彼ら彼女らを主体化する様々

な実践を常時、横断しながら生きているため、それら様々な規範・体制間の不調和により自然と、特定の規範・体制に抵触・抵抗するかたちで生を形成せざるをえないことを挙げている。つまり、日々の暮らしにおいて、人は様々な実践の中に居る／入るので、自然と、異なった（相反する、不調和な）複数の主体化の試みに晒され、そのようにして衝突や対立、抵抗が自ずから生起するというのである。1人の人間の中に生起するそのような衝突・葛藤は、まさしくデュボイスの言う二重意識の示す特徴であると言え（下記参照）、したがって、黒人などマイノリティについてのデュボイスの議論において提示された概念である二重意識が人間全体へと一般化可能であることがここに示唆される。（また、衝突・葛藤の遍在性が、ここでは実践の多様性に起因するものであると位置づけられているが、そのような実践の多様性への着目は、実践共同体（communities of practice）に関する議論など、今日の社会言語学の多くの潮流でも強く見られるものである。）

　実際、Posnock（1998）も説くように、デュボイスの二重意識は、単に、黒人などのマイノリティが晒されている（克服されるべき悪しき）「問題」なのではなく、ある逆説的・生産的な意味で「恵まれた機会」、すなわち、プラグマティズム的な意味の「真実」に至る集団的探究・運動の契機となる「問題」として位置づけられていた。つまり、プラグマティズムが説く、人間にとって普遍的なものとしての探究・問題解決の過程にとって、二重意識はその過程の契機の重要な、まさしく特権的な、事例として——言い換えれば、普遍的な過程が卓越して顕在化されたものとして——デュボイスによって捉えられていたといえる。

　加えて、デュボイスの二重意識と関連する概念として、デュボイスと同じくプラグマティズムとの関係も深いシカゴ学派の生態学的社会学者ロバート・パークの「周辺的人間」（ジンメルの異人論などにも由来）があり、これは、2つ以上の自己アイデンティティと取り組まざるをえないがゆえに二重の視点・世界観・意識を持つ人間として特徴づけられる。そしてこのような特徴は、科学技術研究の領域においてダナ・ハラウェイが言う「サイボーグ」や、シカゴ学派の生態学的社会学の流れに属しプラグマティズムの色彩

242 第3部　社会記号過程としてのディスコーダンスと言語コミュニケーション

の濃い Bowker and Star（1999: 302）の言う「境界的物体」（boundary objects）
などにも、人間・非人間の区別を超えて、つまり存在者一般を射程に収める
ものとして、体現されているとされている。

3.　社会記号論系言語人類学における合意と葛藤
―適合性・適切さとその欠如、収束的適応と発散的適応

　以上、前節では葛藤、衝突、対立、不調和を社会・世界・宇宙の基底に据
える諸理論を簡単に概観した。上記の諸理論は科学技術、自然、社会、心
理、宇宙論など多岐にわたる領域に関わるが、全て何らかのかたちでプラグ
マティズムと結びついたものである。上でも述べたようにプラグマティズム
の特質は、驚き・意外性・衝突などを契機とする出来事・経験とその連鎖の
過程を中心に思考や世界の生成・変容を解する点にあり、したがって、その
ようなプラグマティズムに基づくパースの記号論を特定の角度から展開した
言語学者ヤコブソンや言語人類学者ハイムズのコミュニケーション論では、
発話出来事（speech event）、コミュニケーション出来事、接触という偶発的
な「事件」を伴うコミュニケーション出来事が、文法も含め言語やコミュニ
ケーションの基点に置かれている。

　ヤコブソンに師事した言語人類学者シルヴァスティンなどによってさらに
展開された、このコミュニケーション理論によれば、コミュニケーションの
基点にはまずコミュニケーション出来事（event）があり、そしてその出来事
の参加者たち（participants）、加えて、その出来事（およびその参加者たち）が
生み出す2種類の「テクスト」（texts）――言及指示（言われたこと）のテクス
ト（referential texts）と相互行為（為されたこと）のテクスト（interactional texts）
――これらが、コミュニケーションを構成する主要な要素となっている（小
山 2011）。相互行為のテクストは、依頼や侮辱などの「発話行為」、あるい
はアイデンティティや権力関係の指標など、その出来事・相互行為におい
て、その参加者たちが何をやっているかに関わるものであり、そのような相
互行為のレベルでの結束性・一貫性によって形成されるのが「相互行為のテ

クスト」である。他方、言及指示のテクストは、「言われていること」、つまり命題レベルでの一貫性・結束性によって形成されるものであり、相互行為のテクストが、今ここで行われているコミュニケーション出来事の性格（今ここで何が為されているか）に関わるものであるのに対して、言及指示のテクストは、今ここで行われているコミュニケーション出来事に根差しつつも、今ここで言われていること、つまり、（今ここで起こっていることに限定されず）過去、未来、恒常的真理などに関する命題に結びついたものとなっている。

こうして、コミュニケーション出来事、参加者、テクスト（相互行為と言及指示のテクスト）、これら3者を含み込むかたちでコミュニケーションは成立している。上でも見たように、ディスコーダンス・衝突・葛藤はコミュニケーションの基底にあり、またコミュニケーションにおいて遍在しているため、上記3者にわたってディスコーダンスは看取される。

まず出来事レベルで見るならば、たとえば(1)期待・予想に適う出来事と、期待・予想に反する出来事、そして(2)期待・予想されるものに対する出来事の適合性（適切さ）・不適合（不適切さ）の次元と、出来事のもたらす（予想・意図された、あるいは、されなかった）効果・帰結の次元、さらに(3)期待・予想に反する（つまり不適合・不適切な）出来事が起こった場合、その出来事に対してどのような適応が示されるのか、その出来事を取り入れるのか（収束的適応；convergent accommodation）、あるいはそれを排除するのか（発散的適応；divergent accommodation）、などといった局面においてディスコーダンスを位置づけられる。このうち、適応について見ると、収束的適応は模倣、同化、統合、一体化などと、発散的適応は、異化、不一致、分散化などとして特徴づけられうるが、これらは出来事レベル（たとえば、予期・前提されたものとは異なった出来事が起こる現象としての異化）だけでなく、個人や集団など、コミュニケーション出来事の参加者である人間のレベルでも観察可能なものである。（コミュニケーション出来事への参加者は、定義上、必然的に出来事に参与しており、よって出来事の特徴、収束的あるいは発散的適応は参加者個人ないし参加者集団のレベルでも観察可能と

244 第3部 社会記号過程としてのディスコーダンスと言語コミュニケーション

なる。)対話相手(あるいはその集団)の行為・規範に合わせる／合わせない、などといったかたちで現れる、このような参加者レベルの現象は、集団間、個人間、個人内、などとさらに細分化しうるが、たとえば集団間で起こる発散的適応の顕著な例がベイトソンの言う相補的「分裂生成」(Bateson 1958; Woolard 1989)などとなる。

このような出来事レベル、あるいは参加者レベル(集団間、個人間、個人内)で生起する収束的適応あるいは発散的適応など一体化・不一致に関する現象は、コミュニケーションの中の様々な要素(異音・音素・形態素・形態音素・統語・意味論から語用論までの言語媒体、そして非言語媒体、全ての記号論的要素)に関して個々別々に起こりえるが、複数の要素にわたり、あるいは特定の要素が目立つかたちで、一体化(あるいは不一致)が一貫性を持って観察されるとき、「テクスト」が生成される。「言われたこと」、言及指示(命題)のレベルでそのような一貫性が見られる場合、「言及指示のテクスト」が形成され、「為されたこと」、つまり相互行為のレベルで一貫性が見られる場合、「相互行為のテクスト」が形成される。前者の例としてはたとえば、同一の対象(トピック)への言及指示が継続されること(言及指示的一貫性)、後者の例としては、たとえば「依頼」(第1成分)に対する応答(第2成分)としての(「挨拶」などではなく)「受諾」あるいは「拒絶」などといった隣接ペアなどが挙げられる(相互行為的一貫性)。

このような一貫性、テクスト生成は個々の要素の次元で生起するが、複数の次元間で類似した現象が観察されることがある。たとえばコード・スイッチングは、使用される言語や言語変種(コード)レベルにおける変換、不一致に関わる現象であるが、コード・スイッチングは、トピックの変換、つまり言及指示のレベルでの一貫性の欠如、不一致と結びつくことがままあることが知られている(Gumperz 1982)。次節ではこの現象について詳細に論じていく。

4. コード・スイッチングに見られるディスコーダンス
―ミクロ・レベルでの不調和

　まず、コード・スイッチングは Gumperz（1982）の言う「コンテクスト化
の合図」の一種であるから、当然、後者の特徴を持っており、それは、ミク
ロなコンテクストで用いられ、そうすることにより話者の聞き手に対するス
タンスを示すなど、メタ語用的フレームを喚起・指標する、という特徴であ
る（小山 2016）。この話者の聞き手に対するスタンスを示す機能が、Auer
（2009: 491）の言う「参加者に関わるコード・スイッチング」（participant-
related code alternation）、より一般には（アコモデーション理論で言う）対話
相手への「適応」に対応し、他方、それ以外のかたちのメタ語用的フレーム
を喚起・指標するのが Auer の言う「ディスコースに関わるコード・スイッ
チング」（discourse-related code alternation）に当たる。

　すなわち、Auer によって区別されたこれら 2 種類のコード・スイッチン
グは両者とも主にミクロ社会的な相互行為の次元に属し、したがって両者は
混淆し相互作用しあうことなる。こうして、たとえば Auer（1995: 130）が示
すように、隣接ペアの第 1 成分でよりも第 2 成分の方で、コード・スイッ
チングをしないという規制が強く働くのであるが、これは、第 1 成分の発
話者に第 2 成分の発話者が収束的に適応する（合わせる）という「参加者に
関わるコード・スイッチング（の不使用）」であると同時に、ディスコース＝
相互行為の 1 つのテクスト・チャンクを成す隣接ペアの内的な結束性（詩的
構造化[1]）を示すコード使用を行うという「ディスコースに関わるコード・
スイッチング（の不使用）」ともなっている。（また、これも Auer（1995:
131）が指摘するように、コード・スイッチングによって発話内容、つまり
言及指示内容が構造化・テクスト化されるという現象が頻繁に見られるが、
これは主に「ディスコースに関わるコード・スイッチング」として特徴づけ
られる。）

　他方、Li（1998: 168–169）などは、たとえば依頼に対する（受諾ではなく）
拒絶などのように、非優先的な応答を成す第 2 成分では、優先的な応答（受

諾など）を成す第2成分よりもコード・スイッチが行われやすい傾向があることを指摘し、その明白な事例をいくつか提示している。これも、第1成分の発話者に発散的に適応する（合わせない）という「参加者に関わるコード・スイッチング」であると同時に、ディスコース＝相互行為の1つのテクスト・チャンクを成す隣接ペアの内的な結束性（詩的構造化）を示さないコード使用を行うという「ディスコースに関わるコード・スイッチング」ともなっている。そして、以上の2例に見られるように参加者に関わる側面とディスコース（テクスト化）に関わる側面とが機能的に重ね合わされることにより、参加者間の社会関係を指標する相互行為のテクストが形成されるのである（小山 2011）。

　なお、重要なことに、上の例では、コード・スイッチングと非優先的な応答（より一般には、相互行為の次元での「円滑さの欠如」、つまり相互行為のテクスト形成における結束性・一貫性の綻び：interactional text-incohesiveness）、これら両者の間に正の相関が見られたが、そのような相関は、どのような社会文化でも、あるいは、どのような相互行為の局面においても、成立するとは限らない。すなわち、その社会文化に見られるメタ語用的規範の有り様などによって、両者の相関の意味づけ・価値づけは明瞭に変異する。たとえば、パプア・ニューギニアの Gapun という 90 ～ 110 人ほどの村では、Stroud（1998: 334）も指摘しているように、複数の話者が協働して（しばしば複数の言語・コードを用いながら）1つの語りを作り出していくという語用のパターンが規範化されており、ある時点で主な語り手となっている者の発話に、別の話者がコード・スイッチしながら（つまり違った言語・変種を用いて）割り込み、挿入連鎖を差し挟むという行為は、普通、相互行為上の円滑さの欠如や不協和音、非優先性などを意味せず、むしろ支援や共感、つまり相互行為のテクスト形成における結束性・一貫性を示す（作り出す）ことが一般的である。ここに見られるように、会話分析などによって同定されるミクロな相互行為のパターンは、普通、社会文化やジャンルなど、メタ語用的な枠組みによって、その効果・機能を大きく変えるのである。したがって、そのような、比較的マクロな次元に属するコンテクスト的要因（メタ語

用的枠組み）の分析なくして、ミクロな相互行為の有り様は十分には分析・解明できない（小山 2016）。

　以上、コード・スイッチングと葛藤・不一致などの関わる現象を一瞥した。次に、社会一般、あるいは社会科学の有り様に関する議論であるという意味で、より抽象的で一般的、「マクロ」な次元に目を移し、上でも触れた合意理論と葛藤理論との対立および絡み合いについて論述する。

5. 社会、および社会理論に見られる合意理論と葛藤理論との絡み合い—ミクロからマクロまで

　合意理論と葛藤理論との対立を、特に社会言語学という分野に照準を合わせて見た場合、まず、合意理論の典型の1つとされるラボヴの古典的な社会言語学的探究に着目するのが妥当であろう。周知のように、ラボヴの研究の特徴は、タルコット・パーソンズの機能主義の社会理論に基づき、「（社会経済的）階級」を「階層」（stratification）として解釈している点にある。そのため、ラボヴに対して、「階級」の問題を経済的過程に基づく階級間の葛藤を中心に解釈するマルクス主義の立場からの批判が投げかけられることとなった（Williams 1992）。つまり、ラボヴ流の階級概念の階層論的な解釈は、下層（労働者階級）も含め、この階層の中にいる人々が階層の存在や階層を構成している規範に対して一定の同意、共通理解を持っていると捉える「社会合意理論」となっているとして批判されたのである。たとえばグラスゴーで声門閉鎖音（[?]）を労働者階級は頻繁に用いるにもかかわらず、中産階級だけでなく労働者階級も、この音に対する否定的なステレオタイプ（意識・規範）を共有している、などといった（語末のrの欠如に関するニューヨークでのLabov（1972a）の調査結果と同じ類型に属する、よくあるタイプの）事実が、規範の共有によって形成される「語用共同体」（speech community）、つまり離散的な実体としての社会言語学的な共同体の存在を示しているという古典的なラボヴ派の解釈は、明らかに階層論的なもの、「社会合意理論」の一例であると捉えうる。

それに対して、古典的なマルクス主義や、より一般には葛藤理論の立場では、異なった利害集団間の衝突・対立、優位な階級の提示する規範に対する不合意・発散的適応が、階級概念にとって重要なものであり、したがって後者の立場から見れば、ラボヴに見られるような階層論的な階級概念の理解は、階級闘争の現実を覆い隠すものとして機能する、などといったことになる（Milroy and Milroy 1997: 54）。

しかしもちろん、たとえば（古典的マルクス主義ではない）イタリアのマルクス主義者グラムシのヘゲモニー概念に沿って「合意」を解すれば、ラボヴが示したような社会言語学的階層は、近代リベラル社会における支配的秩序、すなわち階級に基づき、そしてイデオロギーによって媒介された、つまり政治経済的かつ文化的、心理的な支配構造の構成する階層秩序として、批判的な分析の対象とすることが可能となる（Silverstein 1996）。

また、合意理論を批判する葛藤理論は、えてして、社会的な合意・同意なしでも顕著な社会的階層化は存在しうるのを看過していること、あるいは、葛藤理論は、対立する社会集団のそれぞれに異なった規範を見出すが、そうすることにより個々の社会集団を同質的な一枚岩のものとして扱いがちであること、さらには、葛藤理論は、デュボイスの言う二重意識に見られるように、個々人が異なった相矛盾する規範を抱きうるのを見過ごしがちであることなども Patrick（2002: 589–590）によって指摘されている。

以上、古典的なラボヴ派の合意理論、特にその「社会経済的階級」という概念に関する、古典的マルクス主義など葛藤理論の立場からの批判、加えて、機能主義的な合意理論と葛藤理論、両者に対する批判などを概観した。以上を通して、合意と葛藤とが社会、あるいは社会科学の有り様を規定する基軸の1つになっていること、そして合意が権力関係において優位にある主流派の規範への収束的適応（規範に対する適切さへの志向性）や同化・同一化と結びつく一方、葛藤が（主流派の）規範への発散的適応（適合の欠如、あるいは不適切さ・不一致への志向性）や異化、対立などと結びつくこと、つまり、これら対照的な2つの志向性の絡み合いを通して現代社会の有り様が一定程度、規定されていることが示唆された。こうして、出来事レベルで

見られる 2 つの相反する志向性の共存が、マクロ社会的なレベルでも現れていることが看取されたことになる。

6. 社会言語学・方言学における「葛藤」
―相補的分裂生成と社会文化変容

　実際、合意と葛藤との絡み合いによる社会の編成は、合意理論であるとされるラボヴの枠組みにおいてさえ容易に観察可能なほど広く見られるものである。たとえば、葛藤理論によって注目されるような対立の構図は、ラボヴの古典的な研究の 1 つ、有名なマーサズ・ヴィニヤード島（映画『ジョーズ』のロケ地、またオバマ前大統領の避暑地としても知られる）の事例に顕著に観察される（Labov 1972a: 1–42）。マサチューセッツ州に属し、以前は漁業などを主な生業とする者の多かったこの離島は、しかし、伝統的な生業で食べていくことが困難になる中、やがて、リゾート地へと変貌しだす。より標準変種に近い英語を用いる本土からの客・消費者たち向けの宿泊施設、別荘、ホテルなどが建設され、地元民の一部は、それらに関わるサーヴィス産業で働くこと、また、本土との交通が容易となったことなどにより、標準語への志向性を強め、北米標準英語に近い発音を取り入れていくことになる。他方、伝統的な生業（漁業など）に従事し続けた者たちは、以上のような変化に伴って、標準語化されたローカルな変種との接触、あるいは標準語への志向性を示すローカルな人々との接触が増えたにもかかわらず、リゾート地化以前の島の方言よりも、さらに標準語から乖離したような発音、いわば過剰に土着化したネオ方言変種――つまり、上方志向を示す過剰矯正（hypercorrection）の、ヴェクトルを逆にしたようなもの――を喋りだしたのである[2]。（なお、焦点となった変項は二重母音、[au]（house, mouth）、[ai]（light）などの顕在的威信（overt prestige）のある標準語的変異形と、他方、[əu]、[əi] などの島の方言的特徴を示す中舌母音、これら両者の対比であって、両変種の全ての変項が、このようなイデオロギー化を伴う焦点化・変容過程に巻き込まれたのではもちろん、ない。）

250 第3部 社会記号過程としてのディスコーダンスと言語コミュニケーション

　そしてさらには、伝統的な島の産業に従事しておらず、したがって、標準語や標準語化されたローカルな変種との接触頻度が、漁民などよりも高く、より新中間層的な性格を示す島民たちのうち、本土へ移民することを意図的に拒んだ者たち、つまり土着への回帰を選択した人たちも、このネオ変種を「潜在的な威信」(covert prestige) を示す規範とし、これを真似た喋り方をし始めたのだが[3]、これはまさしく Bateson (1958) の説く分裂生成の1事例となっている[4]。

　これに類似した事例としては、以下のようなものがある。アメリカ合衆国で、signifyin、(playin) the dozens、soundin などと地域等によって異なった名称で呼ばれるアフリカ系アメリカ人俗語変種で行われる「儀礼的侮蔑」(ritual insult) に関して、Labov (1972b) がかつて述べたように、この儀礼で優れたもの、「良い」ものとされるのは、白人中心の中産階級の「(趣味あるいは品の) 良い」基準・標準に照らして「悪い」ものとなっている。したがって後者の規範への参照なしにはこの儀礼は成立せず、この儀礼の意味は「彼らの『良い』有り様」と「我らの『悪い』有り様」との対照ペアを基軸に構成されている。(対照ペアとは、昼と夜、母と父、正と負などの反義語のように、対照を成す1対で、対照を成す2つのユニットは普通、隣接して生起するのみならず、両者間の意味論的な類似性も大きい。ゆえに対照ペアは、ヤコブソンの言う「詩的機能」、つまり同一ないし類似した要素が反復して生起することによるメッセージの前景化——ゲシュタルト心理学で言う「図」(フィギュア) の立ち上がり——の一種である (Fox 1988))。ここに分裂生成の原理が作用しているのは自明であり、このような分裂生成は、現代北アメリカにおける「白人英語」と「黒人英語」との発散的な言語変化にも現れているとされる (Rickford 1999: 257–260)。

　しかし、上のようなラボヴの見解は、アフリカ系アメリカ人俗語英語を、標準英語や白人主流社会との対照性を基軸に描き出そうとするものであり、したがって、前者がそのような対照性に基づいて構成されているかぎりにおいては妥当性を持つが、その反面、そのような対照性に基づかない、前者に独自の構成原理に関しては、やや間接的な記述しか与えられないものとな

る。Morgan (2002: 115) によれば、ラボヴが対象としたようなインナー・シティーの路上のアフリカ系アメリカ人俗語英語変種でさえ、単に標準英語の対極に位置するようなものではなく、両方の変種を混淆させながら顕在的威信を示す変種(標準英語)の権威に挑戦するという性格をもつ。したがって、この見解によれば、ラボヴのように、標準英語に見られない特徴(文法的特徴など)を中心にアフリカ系アメリカ人俗語英語変種を特徴づけることは原理上、誤っていることになる。

　実際、signifyin(儀礼的侮蔑)というジャンルは、ラボヴの古典的な研究など以来、アフリカ系アメリカ人、特に都市中心部(ストリート)に住む男性若年層の言語文化を象徴するものの1つとされる傾向が強かったのであるが、しかし、その後の研究により、アフリカ系アメリカ人の社会文化内部におけるこのジャンルの特性・意味が探究され、この種の言語使用は、(ストリートや男性に限定されない)より広範なアフリカ系アメリカ人の言語文化的な「社会化」の一環を成すものであり、顕著に比喩的・メタ語用的な性格が強いもの(たとえばアフリカ系アメリカ人自身の修辞的・文化的スタイルをターゲットとした、極めてスタイル化されたメタ語用的批判・批評)であることが指摘されるに至っている(Morgan 2002: 88)。

　すなわち、この、アフリカ系アメリカ人共同体を特徴づけるとされる儀礼的侮蔑の語用、あるいは、それに顕著に体現されるが、この共同体の、より一般的な日常的・俗語的言語使用にも、これらほど構造化されたかたちでないにしろ広く見られる修辞の型——つまり、標準語(白人主流社会の言語)とそれと対照ペアを成す俗語の世界という構図を措定したうえで、前者あるいは後者の特定の側面を、戯画的に誇張するなど、修辞的に表現、あるいは批評するメタ語用——は、バフチンの言う double-voicedness(二重ヴォイシング)と結びついているだけでなく、デュボイスの言う二重意識(double consciousness;社会的に動機づけられた分裂生成が個人に内在化されたもの;後述)とも類縁性を持つものであることが Richardson (2003: 40-41) によって示唆されている。たとえば標準語(白人主流社会の言語)を批評・批判のターゲットとする場合、アフリカ系アメリカ人俗語英語の話し手は、ことばの意

味を反転させるなど転換し、主流社会で受容された「真実」と非公式の俗語の世界の「真実」との緊張関係・分裂を比喩的に表したりするのだが、これは、バフチンの二重ヴォイシング、あるいはこの分裂を身をもって知っている者、この分裂を内面化しつつ、こうして修辞的に表現できるほど批判的に意識化・対象化している者としてその話し手を指標するという意味において、デュボイスの言う二重意識とも、まさしく重なり合っている。

　つまり、アフリカ系アメリカ人の言語文化は、部分的には白人主流社会のそれとの対照性・分裂生成に依拠しつつ、一定程度、独自の構成原理にも則って形成されているようである。ラボヴ派の言う「潜在的威信」とは、このうち、前者に関わるものであるが、もちろん、このような潜在的威信、すなわち顕在的威信を志向する者たちを「否定的準拠集団」とするような対極的な威信への志向性の関わる分裂生成は、北米のインナー・シティーやマーサズ・ヴィニヤード島のような古典的な事例に限られず、様々な地域で広範に観察されている（Wolfram, Thomas, et al. 2002: 200–201）。

　さらに、上記からも推察できるように、上で見たような分裂生成の例は、より一般的な、より低い強度の過程が、いわばたまたま、より強い強度で表出したものにすぎない。つまり、分裂生成の基底をなす原理は、より低い強度では、より多くの場で頻繁に観察される。それは、分裂生成・発散的適応のように「逆に振れる」のではなく、単に既存の境界線、ディスタンクシオン（差異）が強調・強化されたり、あるいは（全的ないし部分的に）維持されるというかたちで現れる。

　たとえば Taeldeman（2005: 278–279）も示すように、フランダースでの産業化した都市（コットン・シティー）とその後背地との間、たとえばヘントのような最も産業化した都市と、1960 年代までは保守的な農村であった地域との間には、過去数世紀にわたる接触を経て、（1）（フラマン語の）都市方言の他の多くの特徴が地方方言に取り入れられているという「蝸牛考」（方言周圏説）的な伝播（同化、収束的適応）の過程も観察されているのだが、他方で、（2）両者の間の対照性、対立も、都市／農村、革新／保守などの社会経済的、文化政治的な面だけでなく、たとえば連母音の短母音化の仕方の違

い、語末の鼻音の削除の有無などに関わる都市と地方の方言差によって言語的にも指標されている。

　もちろん、これが「逆に振れる」推移、発散的適応の一例ではなく、単に同化の欠如であるかどうかは、現在の地理的分布に先行する直前の状態を見なければ分からないが、Taeldeman (2005: 278) の記述によると、これは単に先行する状態の持続、つまり同化の欠如のようである。これが示すように、典型的な分裂生成のケースは、より一般的で強度の弱い、ディスタンクシオンの強調や保持のケースが、いわば過激化、過熱化したものにすぎず、両者は連続体を成している。

　以上、ラボヴなど古典的な社会言語学や方言学などに見られる異化、差異化、発散的適応、分裂生成などの現象を一瞥した。このような発散的適応、そしてそれと対照ペアを成す収束的適応、すなわち異化と同化は、言語のみならず、心理、政治、そして社会文化一般において現われるのであるが、重要なことに、フィリプソンなどの言語帝国主義論が含意するところに反し、言語的同化は必ずしも心理的、あるいは文化的同化を意味せず、逆もまた真である（小山 2016）。つまり、たとえば、社会文化的に優勢な集団に対して言語的な同化を示す集団が、必ず、前者へと心理的、文化的な同化を果たしているとはかぎらず [5]、後者が、前者とは区別された独自の文化的アイデンティティを保っている例は多く見られ、逆に、心理的同化を果たしている場合も、言語的には同化をしていない例も数多く観察されている。

7.　二重意識─マイノリティ意識とその一般性・普遍性

　以上、前節で示したように、言語、心理、政治、その他、社会文化の様々な領域にまたがって、同質化と差異化（多様化）、同化と異化、収束と発散の「弁証法」（相互作用）を顕現しながら社会文化は生成され続ける。そして、このような過程には当然、しばしば主体的、実存的葛藤が伴う。すなわち、上で見たようなラボヴなどの古典的社会言語学の対象となってきた、"H/L"（標準語などの上層言語変種と、それに対峙する労働者や人種的マイノリ

254 第3部 社会記号過程としてのディスコーダンスと言語コミュニケーション

ティなどの下層言語変種；high vs. low varieties）という体制、（連続的）ダイグロシアの体制に巻き込まれた、下層変種（地域方言、労働者階級方言、少数言語など）の使用者たちは、えてして、上層変種（顕在的な威信を付与されたパワー変種とその社会文化）へのメルティング・ポット的な同化か、あるいは、上層変種とその社会文化からの距離を強調する異化（潜在的な威信を付与された土着的社会言語文化、ローカル変種への民族主義的、文化相対主義的、ないし多文化主義的志向性）か、この二つの選択肢の間で引き裂かれる——同化か異化かという主体的選択を迫られる——という、マイノリティ状況に典型的な困難を経験する。

このような選択はマクロ的、構造的、歴史的に生み出されたものであるのに、マイノリティ化された者たちに主体性が帰せられ、マクロ的・構造的な問題が彼ら彼女らの主体的問題として捉えられ、他方、同化・同和・融和問題におけるマジョリティの主体性・主体的関与は不問に附せられたり、あるいは、有標なもの——「意識改革・高揚」、つまりイデオロギー的契機に彩られた、主意的・自主的なコミットメントに基づくもの——として刻印・体験される傾向にある。

こうして、構造的な契機がマイノリティへと一義的に投影されることにより、後者は、典型的に、いわば「分裂した主体」として構成される。そのような分裂は、一般に、マイノリティ集団の構成員たちを相互に矛盾した方向に動かし、集団内に分裂、裏切りの感情、排他的アイデンティティなどを醸成する。

たとえば、黒人英語研究者であるジニーヴァ・スミザーマン（G. Smitherman）によれば、黒人たちは普通、標準英語の修辞・文体を使う黒人に対して疑惑や懐疑を覚えるが、それと同時に、「社会上昇」のためには標準英語の習得が必要であるという思いも抱いている。スミザーマンはこの"linguistic push-pull"（異方向の言葉への引き裂き）を、デュボイスの言う二重意識に結びつけたうえで、この両義性についてのシニシズムは、主流社会での「成功」から遠い者ほど強くなると指摘し、ジェシー・ジャクソン、マルコムXやマルチン・ルーサー・キング、ルイス・ファラカーンなどはこれ

を熟知しており、よって彼らの演説は、文法は標準英語、修辞のスタイルはアフリカ系アメリカ人俗語となっているのだと論じている (Lippi-Green 1997: 191)。

　もちろん、このような状況は、北米の黒人マイノリティのみに見られるものではなく、たとえばサハラ以南アフリカにおいても同様である。すなわち、Mazrui and Mazrui (1998: 61–62) は、アフリカの知識人たちによる、アフリカの起源への探求、アフリカ土着の諸言語・文化・社会組織への回帰を目指す志向性は、それ自体、西洋への知的な依存と自らの同胞からの疎外、これらの現れである——つまり、欧州の諸言語・文化は、アフリカ人労働者にとって、彼らの実存的存在を否定する同化主義的なかたちでではなく、基本的な生存、生き残りという道具主義的なかたちで解され、したがって労働者階級は、深層的な同化を経験せず、その結果、彼らのアフリカ性は再発見の対象とならないのに対して、知識人階級はそのような実践的志向性を欠き、疎外と同化志向に苛まれ、その「解決策」として、アフリカ回帰へと走る、とファノンが論じたとしたうえで、20 世紀末のアフリカの状況はこのファノンの議論の妥当性を示す、と述べている[6]。

　あるいは Urciuoli (1996: 145–151) も言うように、成績は良いが「白人のように振舞っている／acting white」ようには見られたくない北米の黒人の高校生たちが抱える葛藤、つまり、仲間の間では無標の行為（「同朋・同胞と同じようにやっている」）が、より優勢な集団の中では有標（「ちゃんとやっていない」）となり、後者では無標（「しっかりやっている」）となる行為が前者の中では有標（「白人のように振舞っている／裏切っている」）となる、というジレンマには一般的な解決策などなく、この種の「非決定性」の中で、価値づけのコンテクストの変化や相互に矛盾する諸要素に敏感に反応して振舞うことは消耗し、頻繁に心に傷を残す経験を生み出しがちであることは、それを経験した者にとっては痛いほど明らかだろう。

　そしてまた、上でも記したようにプラグマティズムによれば、このような、一般的な解決策を欠いた非決定的状況の中に自らを見出し、その中でもがくこと、模索し続けることにおいてこそ、真理が遂行・体現されうるので

あり、そのような葛藤を通して社会、そして社会と自然とが渾然一体となった世界が、絶えず生み出され変容していく、(再)形成されていくのである。

　さらに、特に現代社会に照準を合わせて言うならば、上でも示唆したように、このような葛藤、相克は、典型的に、メトロポリスやメガロポリスなど、都市の社会文化や近代国家的標準、国際的標準への志向性と、他方、土着／民族／民俗への志向性、郷土愛、ローカルな生業・生活世界への忠誠心、などといった様態をもって現れ、しばしば、グローバリズムとそれに対立するナショナリズム・民族主義やローカリズム・土着主義という構図の一端を担っている。プランテーション(植民地)経済、産業資本主義、金融資本主義などがグローバリズムと結びつき、それに対するローマン主義的な、ナショナリスティックな反動、国民国家形成、国民福祉やセーフティー・ネットの確立、さらには、ローカルな風土や風俗、伝統的な生業、地域言語などの復興運動、村おこし・町おこしなどの地域振興運動、地域通貨、コミュニティ・メディアなども含めた地域的経済圏の形成への活動などがナショナリズムやローカリズムと結びつく、という事実を鑑みれば、上述のような社会言語学的な構図が経済や政治を含み込んだ歴史的過程の一端を成すものであることは明らかである(小山 2011)。

　以上、本章では、プラグマティズム／社会記号論系の言語人類学の理論的枠組みに依拠して、社会言語学や言語社会学、社会心理学において探究されてきた葛藤、衝突、相克、分裂、発散、対立、対照などに関わる現象をディスコーダンスとして捉え、それを、ベイトソンの分裂生成、ヤコブソンの対照ペア、デュボイスの二重意識などとも結びつけ、特に葛藤と合意との対立・絡み合いに焦点を当て、記述・分析した。以上を通して、現代社会の編成やそのコミュニケーション様態についての社会言語学的研究においてディスコーダンスの概念が持ちうる有用性・有効性の一端が示しえたとすれば幸いである。

注

1 詩的構造化とは、ヤコブソンの詩的機能に由来する概念で、同一・類似したユニットが隣接して生起することにより、それらのユニットが一個のテクスト・チャンクを構成することを指す（小山 2011）。

2 このような過程を通して、1930 年代には存在していた、島民内部の民族間の差異化、つまりヤンキー＝アングロ系、ポルトガル系、インディアン＝先住民系の間の差異化は、1960 年代以降、島民と本土人との差異化という位相によって背景化していった。このように、Irvine and Gal（2000: 47）も指摘しているように、ある特定の差異性（ディスコーダンス）の前面化は他の差異性を消去・不可視化する機能も担うことに注意されたい。

3 これとやや類似している事例としては、Hill（1985）が扱っているメキシコのマリンチェ火山地域のナワトル社会が挙げられる。このコミュニティでは、その生活の多くを工場労働者としてスペイン語圏で過ごし、よって最もスペイン語の影響を受けた言語使用を行っている特に中年の男性が、「純粋な」、つまりスペイン語の影響を受けていないようなナワトル語の使用を最も称揚している集団となっている。

4 このような、言語接触によって起こる発散的（異化的）言語変化、そして収束的（同化的）言語変化、これら両者とも対照ペアの創出に媒介された変化であり、特に発散的言語変化はベイトソンの言う相補的分裂生成の一種であることは既にWoolard（1989: 363）によって指摘されている。Woolard（1989: 363, 365）は、さらに、発散的言語変化と、レイモンド・ウィリアムズの言う「対抗文化」との相同性や関連性についても言及し、発散的言語変化が、言語的純粋性を（ブルデューの言う）象徴資本とする文化エリートたちのエリート・ネイティヴィズムと結びつくという点にまで論及している。

5 欧州の文脈で、これを示すものとして頻繁に引かれる例の 1 つは、ルクセンブルクのケースであろう。この小国では、仏語や独語の併用が非常に一般化しているが、他方で、心理・文化面では強いルクセンブルク・ナショナル・アイデンティティも看取されている。その背景としては、たとえば、第 2 次大戦中、この国家がナチス・ドイツによって占領・併合されたという出来事、さらに、ナチスが、ルクセンブルク人の母語がドイツ語であると主張し、それをもって、この併合を正当化しようとしたことなどが挙げられる（Ammon 2010: 212–213）。

6 ファノンが当初、黒人性という特殊とプロレタリアートという普遍、これら両者の要素から成るネグリチュード運動／アフリカ的共産主義（セゼールなどにも見られるもの）、特にサンゴールのそれに強く共鳴しつつ、後にネグリチュード概念の幻想性を認識し、独自の思想闘争を展開したことに留意されたい。吉澤（2015:

150-151）も指摘するように、1930 年代以降のネグリチュード運動の立役者たち
は、たとえば第 1 次大戦に狙撃兵などとして参加し復員した 1920 年代の黒人ア
フリカ人作家たちが描き出した「黒人」主体の像（アフリカ的な口承性を前景化
した新たなエクリチュール／書記ジャンルを用い、アフリカ的共同体性と共産主
義的な共同体性との連合を示唆する作品などにおいて示されるもの）を前提とし
つつ、さらに、そのような「アフリカ的なもの」（アフリカ的口承性／共同体性）
にモダニズム的な美的価値を見出し、「黒人」という主体像を（戦略的に）本質化
して政治文化闘争に臨んでいった。そして、前世代の復員兵などとは異なり、こ
れらネグリチュード運動の推進者たちは、「高等教育を受け、西洋的な知を内面
化した上で、戦略的な本質主義として『アフリカ』という価値をモダニスト的に
分節」したのであり、「これは、エリートにしか出来ないことである」と吉澤
（2015: 150）は特徴づけている。このような文脈において、上記のファノン（およ
び Mazrui and Mazrui（1998））によるアフリカ知識人やアフリカ性についての批判
的言辞は解される必要がある。

参考文献

Ammon, Ulrich. (2010) [1999] Western Europe. In Joshua A. Fishman and Ofelia García.
　　(eds.) *Handbook of Language and Ethnic Identity*, Vol. 1: *Disciplinary and Regional
　　Perspectives*, second edition, pp. 207–220. Oxford: Oxford University Press.

Auer, Peter. (1995) The Pragmatics of Code-switching: A Sequential Approach. In Lesley
　　Milroy and Pieter Muysken. (eds.) *One Speaker, Two Languages: Cross-Disciplinary
　　Perspectives on Code-Switching*, pp. 115–135. Cambridge: Cambridge University
　　Press.

Auer, Peter. (2009) Bilingual Conversation. In Nikolas Coupland and Adam Jaworski.
　　(eds.) *The New Sociolinguistics Reader*, pp. 490–511. Basingstoke: Palgrave Macmil-
　　lan.

Bateson, Gregory. (1958) *Naven*, second edition. Stanford: Stanford University Press.

Bowker, Geoffrey C. and Susan Leigh Star. (1999) *Sorting Things Out: Classification and its
　　Consequences*. Cambridge: MIT Press.

Dewey, John. (1916) *Essays in Experimental Logic*. Dover: New York.

Fox, James J. (ed.) (1988) *To Speak in Pairs: Essays on the Ritual Languages of Eastern Indo-
　　nesia*. Cambridge: Cambridge University Press.

Gumperz, John J. (1982) *Discourse Strategies*. Cambridge: Cambridge University Press.

Hill, Jane H. (1985) The Grammar of Consciousness and the Consciousness of Grammar.
　　American Ethnologist 12(4): pp. 725–737.

Irvine, Judith T. and Susan Gal. (2000) Language Ideology and Linguistic Differentiation. In Paul V. Kroskrity. (ed.) *Regimes of Language: Ideologies, Polities, and Identities*, pp. 35–83. Santa Fe: School of American Research Press.

小山亘 (2011)『近代言語イデオロギー論—記号の地政とメタ・コミュニケーションの社会史』三元社

小山亘 (2016)「メタコミュニケーション論の射程—メタ語用的フレームと社会言語科学の全体」『社会言語科学』19(1): pp. 6–20.

Labov, William. (1972a) *Sociolinguistic Patterns*. Philadelphia: University of Pennsylvania Press.

Labov, William. (1972b) Rules for Ritual Insults. In *Language in the Inner City: Studies in the Black English Vernacular*, pp. 297–353. Philadelphia: University of Pennsylvania Press.

Li, Wei. (1998) The 'Why' and 'How' Questions in the Analysis of Conversational Code-switching. In Peter Auer. (ed.) *Code-switching in Conversation: Language, Interaction, and Identity*, pp. 156–176. London: Routledge.

Lippi-Green, Rosina. (1997) *English with an Accent: Language, Ideology, and Discrimination in the United States*. London: Routledge.

Massumi, Brian. (2015) *Politics of Affect*. Malden: Polity.

Mazrui, Ali A. and Alamin M. Mazrui. (1998) *The Power of Babel: Language and Governance in the African Experience*. Oxford: James Currey.

Milroy, James and Lesley Milroy. (1997) Varieties and Variation. In Florian Coulmas. (ed.) *The Handbook of Sociolinguistics*, pp. 47–64. Malden: Blackwell.

Morgan, Marcylinea. (2002) *Language, Discourse and Power in African American Culture*. Cambridge: Cambridge University Press.

Patrick, Peter L. (2002) The Speech Community. In J. K. Chambers, Peter Trudgill and Natalie Schilling-Estes. (eds.) *The Handbook of Language Variation and Change*, pp. 573–597. Malden: Blackwell.

Posnock, Ross. (1998) *Color and Culture: Black Writers and the Making of the Modern Intellectual*. Cambridge: Harvard University Press.

Richardson, Elaine. (2003) *African American Literacies*. London: Routledge.

Rickford, John R. (1999) *African American Vernacular English: Features, Evolution, Educational Implications*. Malden: Blackwell.

Rose, Nikolas. (1996) *Inventing Our Selves: Psychology, Power, and Personhood*. Cambridge: Cambridge University Press.

Silverstein, Michael. (1996) Monoglot "Standard" in America: Standardization and Metaphors of Linguistic Hegemony. In Donald Brenneis and Ronald H. S. Macaulay. (eds.) *The Matrix of Language: Contemporary Linguistic Anthropology*, pp. 284–306. Boulder: Westview.

Stengers, Isabelle. (2011) *Thinking with Whitehead: A Free and Wild Creation of Concepts* (Michael Chase, trans.) Cambridge: Harvard University Press. (Stengers, Isabelle. (2002) *Penser avec Whitehead: "Une libre et sauvage création de concepts."* Paris: Seuil.)

Stroud, Christopher. (1998) Perspectives on Cultural Variability of Discourse and Some Implications for Code-switching. In Peter Auer. (ed.) *Code-switching in Conversation: Language, Interaction, and Identity*, pp. 321–348. London: Routledge.

Taeldeman, Johan. (2005) The Influence of Urban Centres on the Spatial Diffusion of Dialect Phenomena. In Peter Auer, Frans Hinskens and Paul Kerswill. (eds.) *Dialect Change: Convergence and Divergence in European Languages*, pp. 263–283. Cambridge: Cambridge University Press.

Urciuoli, Bonnie. (1996) *Exposing Prejudice: Puerto Rican Experiences of Language, Race, and Class*. Boulder: Westview.

Williams, Glyn. (1992) *Sociolinguistics: A Sociological Critique*. London: Routledge.

Wolfram, Walt and Erik R. Thomas, in collaboration with Elaine W. Green, Becky Childs, Dan Beckett and Benjamin Torbert. (2002) *The Development of African American English*. Oxford: Blackwell.

Woolard, Kathryn A. (1989) Language Convergence and Language Death as Social Processes. In Nancy C. Dorian. (ed.) *Investigating Obsolescence: Studies in Language Contraction and Death*, pp. 355–367. Cambridge: Cambridge University Press.

吉澤英樹（2015）「歴史と向き合う二人のセネガル狙撃兵―バカリ・ジャロ『善意の力』、ラミン・サンゴール『蹂躙された祖国』」吉澤英樹編『ブラック・モダニズム：間大陸的黒人文化表象におけるモダニティの生成と歴史化をめぐって』pp. 125–154. 未知谷

あとがき

　言語人類学は、世間一般では未だ極めてマイナーな学問分野です。それで
も、これまでは北米や欧州の一握りの研究者によって牽引されてきたという
印象すらあるこの分野の研究が、近年じわりじわりと増えつつあるように思
います。熱狂とは程遠いまでも、静かに浸透している言語人類学。近代言語
学が目指す科学的な言語研究に、ある種ディスコーダンスを感じ、ビッグ
データでは分かり得ない人間や社会、言語に触れたとき、言語人類学の礎を
作った偉大な先人たちから引き継がれる領域横断的で壮大な理念、その宇宙
観に共鳴したくなるのは、もはや驚きではありません。

　本書は、そんな言語人類学に惹きつけられた同志に声掛けする形で始まり
ました。編者自身が尊敬してやまない方々とのコラボレーションには責任と
おそれが伴いました。けれども、言語コミュニケーションにみるディスコー
ダンスを語るのに、〇〇言語文化といった括りに頼るのでも、その都度をコ
ンテクストに拠るものと片付けるだけでもなく、人間・言語・文化・社会を
取り巻く記号過程の一環と捉えようという勇気は、このメンバーでこそ出せ
たものと思います。

　出版に至るまでにはたくさんの方からのご支援やご助言を賜り、その1つ
1つによって本企画は前進してまいりました。第14回国際語用論学会での
パネル"Discourse and Discordance"、第38回社会言語科学会大会ワーク
ショップ「インターアクションにおける不調和を再考する」の発表の際に
は、聴衆から数多くの質問やコメントをいただきました。とりわけ、ひつじ
書房の松本功社長は、社会言語科学会大会ワークショップの趣旨説明以来、
このテーマに心を寄せて下さいました。同意や協調に重きが置かれてきた言
語コミュニケーション研究に、別の新たな尺度・物差し(scale)を提示しよう
と試みた本書は、松本氏の温かい後押しがあってこそ可能となったもので

す。厚く御礼申し上げます。同書房の相川奈緒氏にも全行程においてご尽力いただきました。ありがとうございました。

　本書のテーマ、ディスコーダンス(不一致・不調和・葛藤)の原点にあるのは、プラグマティズムの見方によれば、他者との遭遇で味わう「驚き」となります(詳細は第9章参照)。本書を手に取って下さった方がどのような驚きを持たれたのか、気になるところです。

2018年3月

武黒麻紀子

索引

あ

アイデンティティ　4, 15, 68, 253, 254, 257

イデオロギー　4, 14, 20, 113, 156, 187, 217, 221, 222, 248, 249, 254

驚き　32, 50, 51, 53, 85, 111, 239, 240

オリゴ（origo）　66, 76, 163

か

葛藤　9, 20, 21, 85, 237, 238, 239, 240, 241, 247, 248, 256

記号　21, 143, 155, 156, 204, 211, 212, 219, 220, 222, 228, 229, 239

記号イデオロギー　230, 232

記号論　142, 144, 145, 222

言及指示　15, 65, 66, 86, 88, 142, 144, 145, 151, 153, 163, 206, 212, 244, 245

言及指示的　16, 139, 155, 187, 188

言及指示のテクスト　242, 243

言語イデオロギー　11, 12, 85, 106, 112, 131, 132, 232

コンテクスト化　145, 163, 219, 228, 245

さ

詩的機能　16, 20, 225, 250, 257

詩的構造　151, 163, 164, 179, 180, 225, 228, 229

詩的構造化　245, 257

指標

指標　16, 91, 104, 112, 116, 155, 204, 217, 219, 222, 223, 224, 228, 229, 245, 246, 252

指標性　86, 88, 89, 144, 151, 152, 153, 212

指標的　89, 115, 139

指標的意味　163

指標的連鎖　203

社会記号　230

社会記号的　217

社会記号論　14, 15, 16, 20, 66, 84, 86, 87, 88, 139, 143, 144, 145, 238

社会指標　15, 16, 65, 66, 89, 103, 105, 131, 139, 142, 153

社会指標性　189, 203, 207, 208, 210, 211

社会指標的　145, 155

社会的指標　88

尺度・物差し　32, 33

象徴　207, 212

象徴性　88, 89, 152, 206, 210

スケール（scale）　182, 218

相互行為のテクスト　242, 243, 244, 246

た

対称的分裂生成　218

テクスト　244

テクスト化　145, 163, 219

等価性（類像性）　155

は

パース　240

パース記号論　15, 16, 66, 88, 132, 143, 144, 163, 212, 223, 239, 242

プラグマティズム　20, 32, 53, 85, 111,

238, 239, 240, 241, 242, 255

文化的ステレオタイプ　152, 166, 169,
170

分裂生成　20, 217, 228, 230, 240, 244,
250, 251, 252, 257

ま

名詞句階層　152, 206, 212

メタ言語　156

メタ語用　11, 12, 84, 85, 86, 89, 90, 102,
103, 104, 106, 115, 116, 143, 144, 145,
155, 163, 172, 173, 175, 211, 217, 218,
219, 220, 222, 223, 224, 225, 226, 227,
228, 229, 230, 245, 246, 251

や

ヤコブソンのコミュニケーション論
242

ヤコブソンのモデル　15, 223, 227

ら

類似性・類像性　180

類像　16, 89

類像化　112, 115, 116, 132

類像性（等価性）　88, 139, 144, 151

執筆者紹介（＊は編者）

武黒麻紀子（たけくろ　まきこ）＊
早稲田大学法学学術院教授。
専門は社会言語学、語用論、言語人類学。
（主著・主論文）『言語の間主観性—認知・文化の多様な姿を探る』（編著、早稲田大学出版部、2011）、"Describing space as an intersubjective activity: Examples from Ishigaki" *Papers on and around the Linguistics of BA* (2017)、"Compass-based use of language and gesture among speakers of Ishigaki" *Berkeley Linguistics Society* 33 (2013)、"From *keigo* ('honorifics') to *keii-hyougen* ('respect-expressions'): Linguistic ideologies of Japanese honorification" *Barkeley Linguistics Society* 32 (2012)。

砂押ホロシタ（すなおし　ほろした）
京都精華大学・関西大学非常勤講師。
専門は言語人類学、社会言語学、異文化間コミュニケーション、言語習得の場でのウェルビーイング。
（主著・主論文）"Historical context and intercultural communication: Interactions between Japanese and American factory workers in the American South" *Language in Society* 34–2 (2005)、「異文化コミュニケーションにジェスチャーが果たす役割—ある日系工場における日米従業員間での意思疎通の事例」『ジェスチャー・行為・意味』（共立出版、2002）、"Meditation, mantric poetry, and well-being: A qualitative, cross-cultural, cross-disciplinary exploration with American secondary and Japanese post-secondary adolescents" *Venture into a New Realm of Cross-Cultural Psychology* (ebook)（共著、International Association for Cross-Cultural Psychology、2018）。

荻原まき（おぎわら　まき）
立教大学大学院異文化コミュニケーション研究科博士後期課程。日本語教師。
専門は言語人類学、ライフストーリー研究、異文化コミュニケーション学。
（主著・主論文）「語りにおける臨場感—「引用」と「コンテクスト化の合図」に着目して」*Human Linguistics Review* 2 (2017)、「台湾原住民族の日本語の語りから見えるもの」中国語文学会 150 回記念論文集（印刷中）。

山口征孝(やまぐち　まさたか)

神戸市外国語大学外国語学部准教授。

専門は言語と文化、語用論、認識人類学、社会言語学。

(主著・主論文) *Approaches to Language, Culture, and Cognition: The Intersection of Cognitive Linguistics and Linguistic Anthropology* (Dennis Tay, Benjamin Blount と共編著, Palgrave MacMillan, 2014)、*Discourse & Society, Journal of Sociolinguistics, Language & Communication* 等の国際学術誌に論文を寄稿。

杉森典子(すぎもり　のりこ)

カラマズー大学日本語准教授。

専門は社会言語学、言語人類学。

(主著・主論文)「皇室敬語簡素化過程の再検証―国語審議会「これからの敬語」と新聞民主化運動」『社会言語学』XVI (2016)、「「メアリーはたけしを愛していない」―初級日本語教科書のイデオロギーについてのディスカッション」『リテラシーズ』16 (2015)、"Censoring imperial honorifics: A linguistic analysis of Occupation censorship in newspapers and literature," In Rachael Hutchinson (Ed.), *Negotiating Censorship in Modern Japan*, (Routledge, 2013).

坪井睦子(つぼい　むつこ)

順天堂大学国際教養学部准教授。

専門はメディア翻訳論、言語人類学、異文化コミュニケーション学、談話分析。

(主著・主論文)『ボスニア紛争報道―メディアの表象と翻訳行為』(みすず書房、2013)、「メタ・コミュニケーションとしてのメディア翻訳―国際ニュースにおける引用と翻訳行為の不可視性」『社会言語科学』19–1 (2016)、「"nation" の翻訳―明治期における翻訳語の創出と近代イデオロギーの構築」『通訳翻訳研究』15 (2015)、「国際ニュース報道における民族カテゴリーの訳出に関する考察―異文化間の仲介としての翻訳実践の課題」『インターカルチュラル』12 (2014).

浅井優一(あさい　ゆういち)
東京農工大学工学研究院講師。
専門は言語人類学、文化人類学、オセアニア地域研究。
（主著・主論文）
『儀礼のセミオティクス—メラネシア・フィジーにおける神話／詩的テクストの言語人類学的研究』(三元社、2017)、"Environmentalism and its ritualized fakeness: A semiotic analysis of onomatopoeic discourse on nature" *RASK: International Journal of Language and Communication* 42 (2015)、「首長再生と悪魔排除—フィジーにおける神話化過程としての首長制」『アジア・アフリカ言語文化研究』85 (2013)、「行為の詩、あるいは、儀礼としての自然インタープリテーション—環境ディスコースの言語人類学的考察」『社会言語科学』11–2 (2009)。

野澤俊介(のざわ　しゅんすけ)
東京大学大学院情報学環客員研究員。
専門は言語人類学、記号論。
（主著・主論文）"Ensoulment and effacement in Japanese voice acting" in *Media Convergence in Japan*, edited by Patrick Galbraith and Jason Karlin (Kinema Club, 2016); "Life encapsulated: addressivity in Japanese life writing," *Language & Communication* 46 (2016); "Phatic traces: sociality in contemporary Japan," *Anthropological Quarterly* 88(2) (2015); "Characterization," *Semiotic Review* (2013).

小山　亘(こやま　わたる)
立教大学異文化コミュニケーション学部教授。
専門は言語学、社会言語学、語用論、言語人類学、記号論、コミュニケーション論。
（主著）『記号の系譜—社会記号論系言語人類学の射程』(三元社、2008)、『記号の思想—現代言語人類学の一軌跡　シルヴァスティン論文集』(編著・共訳、三元社、2009)、『近代言語イデオロギー論—記号の地政とメタ・コミュニケーションの社会史』(三元社、2011)、『コミュニケーション論のまなざし』(三元社、2012)。

相互行為におけるディスコーダンス

―言語人類学からみた不一致・不調和・葛藤

Discordance in Interaction:

A Linguistic Anthropological View of Disharmony and Conflict

Edited by Makiko Takekuro

発行	2018 年 5 月 17 日　初版 1 刷
定価	3200 円＋税
編者	©武黒麻紀子
発行者	松本功
装丁者	大崎善治
印刷・製本所	三美印刷株式会社
発行所	株式会社 ひつじ書房
	〒112-0011 東京都文京区千石 2-1-2 大和ビル 2 階
	Tel.03-5319-4916　Fax.03-5319-4917
	郵便振替 00120-8-142852
	toiawase@hituzi.co.jp　http://www.hituzi.co.jp/

ISBN978-4-89476-920-5

造本には充分注意しておりますが、落丁・乱丁などがございましたら、
小社かお買上げ書店にておとりかえいたします。ご意見、ご感想など、
小社までお寄せ下されば幸いです。

ひつじ研究叢書（言語編）　第 129 巻

コミュニケーションへの言語的接近

定延利之著　定価 4,800 円＋税

ひつじ研究叢書（言語編）　第 136 巻

インタラクションと学習

柳町智治・岡田みさを編　定価 3,200 円＋税

シリーズ　話し合い学をつくる　1

市民参加の話し合いを考える

村田和代編　定価 2,400 円＋税

共生の言語学
持続可能な社会をめざして

村田和代編　定価 3,400 円＋税

シリーズ　文化と言語使用　1

コミュニケーションのダイナミズム
自然発話データから

井出祥子・藤井洋子監修
藤井洋子・高梨博子編　定価 2,600 円＋税

雑談の美学
言語研究からの再考

村田和代・井出里咲子編　定価 2,800 円＋税